U0632062

诉之有道

商品房交易案例实证

马宏利　邹永闯◎主编

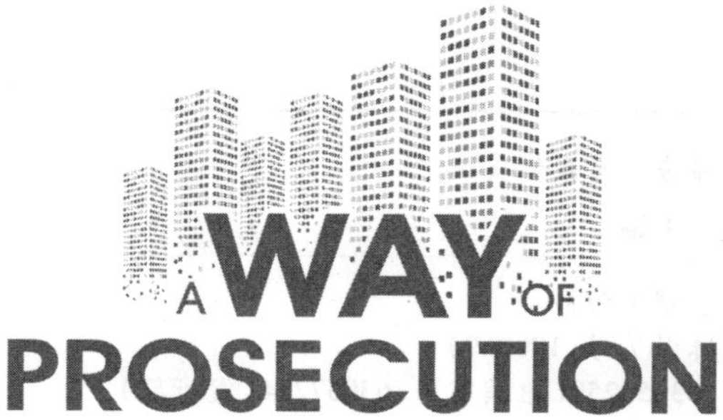

中国民主法制出版社
全国百佳图书出版单位

图书在版编目(CIP)数据

诉之有道．商品房交易案例实证/马宏利，邹永闯主编．—北京：中国民主法制出版社，2018.6

ISBN 978-7-5162-1835-8

Ⅰ．①诉…　Ⅱ．①马…　②邹…　Ⅲ．①住宅—商品交易—经济纠纷—案例—中国　Ⅳ．①D920.5

中国版本图书馆 CIP 数据核字(2018)第 138613 号

图书出品人：刘海涛

出 版 统 筹：乔先彪

责 任 编 辑：逯卫光

书名/ 诉之有道——商品房交易案例实证

作者/ 马宏利　邹永闯　主编

出版·发行/ 中国民主法制出版社

地址/ 北京市丰台区玉林里 7 号(100069)

电话/(010) 63292534　63055259(总编室)　63057714(发行部)

传真/(010) 63056975　63292541

http://www. npcpub. com

E-mail:mzfz@ npcpub. com

经销/ 新华书店

开本/ 16 开　710 毫米 ×1000 毫米

印张/ 16.25　**字数**/ 249 千字

版本/ 2018 年 7 月第 1 版　2018 年 7 月第 1 次印刷

印刷/ 北京中兴印刷有限公司

书号/ ISBN 978-7-5162-1835-8

定价/ 48.00 元

出版声明/ 版权所有，侵权必究。

(如有缺页或倒装，本社负责退换)

前　言

商品房交易因其涉及数额大、影响范围广等原因，向来受到社会各界的关注。在实践中，商品房交易的纠纷层出不穷，案件内容千差万别，裁判结果也各不相同。为了便于广大法律职业者、法律爱好者及商品房买卖双方能够便捷地查找商品房交易过程中的典型案例和裁判结果，并快速领会各类纠纷中的风险点，我们团队萌生了编辑这样一本案例分析书籍的念头。于是，经过紧张的资料收集、撰写和编辑，本书——《诉之有道——商品房交易案例实证》终于和读者见面了。

众所周知，商品房交易的过程比较漫长，从最初的认筹、认购、预约到随后的签约、按揭以及付款、履行，直至交房时的验房、交接、办证，每个阶段都有可能发生各种矛盾和纠纷。案件数量大、内容复杂，裁判结果不一的客观情况使得即便是法律专业人士都很难准确地判断某个案件的处理结果。作为专业从事建筑房地产纠纷解决的我们，除了不断学习收集各种法律法规、司法解释等文件资料外，还需要谙熟商品房交易的流程惯例，更需要不断地针对个案检索大量案例，从中提炼司法裁判的共性，从而对办理的各类事务作出清晰、准确的判断。一次又一次的检索工作使我们很早就萌生了编写这样一本案例分析书籍的念头，但是当时各种客观条件的限制使得这个愿望迟迟无法落实。现在，随着我们业务的扩展、团队成员的增加、相关裁判文书的公开以及我们日常对案例的不断积累，本书的编写时机已经成熟。

本书是我们针对日常执业中处理各类案件和事务的过程中所积累的案例进行筛选后作出的分析、点评和总结。作为执业律师，我们期望从务实的角度出发，提供更加具有实用性的实务指导。因此，我们以最高人民法院裁判文书网以及浙江省高级人民法院网上公开的各类房地产案例为依托，以浙江省这样一个房地产大省为主导，结合我们自身办理的案件，从百件裁判文书中筛选出本书中的35个案例，分为“商品房合同效力”“虚假宣传与赔偿”“商品房合同履行”“商品房配套设施纠纷”“商品房规划变更纠纷”“房屋质量争议与赔偿”

以及"商品房合同解除与赔偿"七个章节,以便于读者有针对性地查找和使用。

另一方面,在每个案例的撰写中,我们摒弃了以往就案论案的传统模式,将我们在执业中所遇到的相关问题以及司法实践中处理类似问题的共性思路有针对性地穿插到律师点评中,使得读者通过阅读案例不仅能了解本案的事实过程和裁判结果,还可以通过律师点评的方式了解此类案件的处理思路,达到举一反三、事半功倍的效果。我们希望本书不仅仅是法律职业者的参考,同时也能让广大法律爱好者甚至无任何法律基础的人从中汲取商品房交易的基本法律常识,从而更好地理解法律思维和司法裁判的过程,促进法治社会的协调发展。

法律及司法实践观点本身就在不停地变化,本书只是一个阶段性的总结和成果。而且,由于时间和水平的限制,本书涉及的观点也仅仅是我们执业经验的总结,难免有不当之处,欢迎广大读者能多提宝贵意见,以便于我们更好地总结经验、提高水平。

马宏利

2018 年 1 月

目　录

第一章　商品房合同效力

第二章　虚假宣传与赔偿

第四章　商品房配套设施纠纷

第五章　商品房规划变更纠纷

第六章　房屋质量争议与赔偿

第七章　商品房合同解除与赔偿

第一章 商品房合同效力

一、如何判断本约与预约

案例1　浙江省××医院与长兴××然××有限公司、长兴××然××开发有限公司合同纠纷上诉案

□ 王　钦

关 键 词：回购；预订；预约；本约

案件索引：一审案号：浙江省湖州市长兴县人民法院(2009)湖长民初字第510号
二审案号：浙江省湖州市中级人民法院(2009)浙湖民终字第314号

判决结果

一审：1. 长兴××然××有限公司于判决生效后十日内向浙江省××医院交付坐落于甲县雉城镇解乙路皇家湾名邸2号楼一楼营业房88号、90号两间和二楼东面营业房六间；2. 长兴××然××有限公司赔偿浙江省××医院损失477701元，限于判决生效后十日内付清；3. 驳回浙江省××医院其余的诉讼请求。

二审：1. 维持长兴县人民法院(2009)湖长民初字第510号民事判决书第1项、第3项；2. 变更长兴县人民法院(2009)湖长民初字第510号民事判决书第2项为，长兴××然××有限公司赔偿浙江省××医院损失26669元，定于本判决生效后十日内付清。

案情简介

上诉人(原审被告)：长兴××然××有限公司

被上诉人(原审原告):浙江省××医院

原审被告:长兴县××然××开发有限公司

2002年4月30日,华裕某某作为拆迁人,与被拆迁人浙江省××医院签订了《房屋拆迁安置补偿协议书》一份,该协议约定华裕某某拆迁浙江省××医院坐落于甲县雉城镇皇家湾新港弄2号房屋,建筑面积为1108.08平方米,支付浙江省××医院各项补偿费1395562.46元。同日,华裕某某与浙江省××医院签订了《营业房回购协议书》一份,该协议约定的主要内容如下:1.华裕某某拆除浙江省××医院坐落于甲县雉城镇解甲路68号营业房,建筑面积122.29平方米,华裕某某已按拆迁政策予以货币安置;2.华裕某某同意浙江省××医院回购营业房,回购面积122.29平方米,回购价格每平方米6000元,计733740元。如不足面积由华裕某某按拆迁补偿价格每平方米2850元退赔给浙江省××医院,超出面积由华裕某某按市场价格与浙江省××医院结算;3.华裕某某同意浙江省××医院在二楼购买医疗用房,面积、价格另行协商签订补充协议;4.华裕某某将根据浙江省××医院要求在原地段临近安排回购营业房;5.具体结算办法:华裕某某交房时,回购房款及二楼房款在浙江省××医院的总安置补偿费1395562.46元中扣除,多退少补,并办理正式购房手续;6.华裕某某原则上在2004年12月底前交房,延期按安置补偿费总额计息(银行同期利息)。2002年5月8日,华裕某某又与浙江省××医院签订了《回购房补充协议书》一份,该协议系在2002年4月30日签订的营业房回购协议的基础上,对部分未尽事宜达成协议如下:1.华裕某某同意浙江省××医院在原拆迁地段临近购买二楼医疗用房,面积500平方米,价格每平方米1800元,计900000元;2.结算方式:自本协议签订之日起五日内,一次性支付总补偿款中的50%,剩余50%作为回购房预付定金;3.原协议与本协议相抵触部分以本协议为准。上述协议签订后,长兴县拆迁事务所于2002年5月17日支付浙江省××医院拆迁款的50%,即697781.23元,其余的50%拆迁款作为浙江省××医院支付回购房的定金。长兴县公证处于2002年5月27日对《房屋拆迁安置补偿协议书》进行了公证。

另查明,2003年5月8日,华裕某某向长兴县建设局递交《关于要求接转皇家湾旧城改造项目报告》一份,该报告中载明经华裕某某全体股东商量,要求将皇家湾旧城改造项目接转给萧某某公司全权开发。2003年5月15日,长兴县发展计划与经济委员会下发了长计经发(2003)358号文件《关于皇家湾小区旧城改造调整项目业主的批复》,同意皇家湾小区旧城改造建设项目业主调整为萧某某公司,其他内容不变。

又查明,萧某某公司接转皇家湾旧城改造项目后,对该地块楼盘进行了分期开发建设。2004 年 7 月,前期楼盘办理了商品房预售证,开始预售房屋。该地块的后期楼盘于 2008 年 5 月、11 月办理商品房预售证,开始预售房屋。2009 年 3 月 21 日,浙江省 × × 医院委托浙江兴长律师事务所发函,要求华裕某某、萧某某公司履行交房义务,但华裕某某、萧某某公司均置之不理。浙江省 × × 医院诉至法院,请求华裕某某、萧某某公司立即向浙江省 × × 医院履行《营业房回购协议书》及《回购房补充协议书》约定的一楼营业房面积为 122. 29 平方米、二楼医疗用房面积 500 平方米的交房义务;赔偿浙江省 × × 医院损失 444525. 57 元(自 2005 年 1 月 1 日至 2008 年 12 月 31 日止,按月利率 6. 636‰ 计算,之后的利息损失计算至履行交房义务时止)。诉讼中,长兴法院进行了现场勘查,目前萧某某公司开发的后期楼盘坐落于甲县雉城镇解乙路皇家湾名邸 2 号楼一楼营业房 88 号、90 号两间和二楼东面营业房六间尚未销售。法院已对上述房屋采取了保全措施。

二审查明:涉案房屋一层营业房建筑面积为 142. 1 平方米,夹层为 22. 17 平方米,二楼营业房的建筑面积为 492. 81 平方米。2009 年 5 月,涉案房屋一楼营业房的市场价为 34000 元/平方米,夹层的市场价为 17000 元/平方米左右。

各方观点

上诉人萧某某公司观点:一、浙江省 × × 医院与华裕某某所签订的《营业房回购协议书》及《回购房补充协议书》从性质上应属于商品房买卖合同中的预约合同,而非正式的商品房买卖合同。根据《最高人民法院关于审理商品房买卖合同纠纷案件适用法律若干问题的解释》(以下简称为《商品房买卖合同司法解释》)的规定,认定预订协议为商品房买卖合同必须具备两个条件,一是合同内容符合《商品房销售管理办法》第十六条中规定的主要内容;二是已按约定收取购房款。本案中所涉上述回购协议与回购补充协议没有确定房屋的基本情况,如房屋位置、幢号、房号等,还缺少《商品房销售管理办法》第十六条规定的诸多必备条款,如商品房销售方式、交付使用条件等有关事宜。所以应属于预约合同。浙江省 × × 医院所支付的款项不是购房款,一审法院对该款项认定有误。二、一审认定华裕某某对浙江省 × × 医院的债权债务已经转移给萧某某公司,从而确定由萧某某公司对浙江省 × × 医院承担民事责任错误。萧某某公司系浙江省 × × 医院的房屋被拆迁之后由浙江萧某工贸有限公司与浙江中秦房地产开发有限公司投资新设,与华裕某某不存在法律上的改制、合并、分立或其他形式的承接关系。萧某某公司也不存在约定的继承华裕某某的房产债权债务关系。一审中,浙江省××医院所提供的一份华裕某某与萧某某公司签署的股权转让协议系复印件,也没有其他证据佐证,故该证据不应予以认定。萧某某公司实际从华裕某某处承接的是"皇家湾项目"的项目开发权,而不是承接其债权债务,项目开发权的转移并不会引起债权债务转移的法律后果。三、原审法院认定浙江省××医院的诉讼请求并未超过诉讼时效错误。一审法院认定房屋交付的期限为2004年12月底,否则不会产生违约赔偿问题。既然确定了最后交付期限,诉讼时效应从2005年1月1日开始计算,至2007年1月1日止。浙江省××医院于2009年才向法院起诉,向上诉人主张怠于行使民事权利,超过诉讼时效期间,相应民事权利不应得到法律的保护。四、一审法院存在超越本案审理范围进行责任认定等情形,客观上会产生损害萧某某公司的法律后果。一审法院根据其所查封的房屋来确定本案双方交易的房屋标的物,明显违背了当事人的意思自治原则,而且一审直接认定萧某某公司承担配合过户的义务,超越了浙江省××医院的诉请范围,有可能导致浙江省××医院在未能付清房款的情况下,萧某某公司无法行使先履行抗辩权,从而损害了萧某某公司的合法利益。五、如法院认定涉案合同属于商品房预售合同,对于违约金也应当自浙江省××医院主张要求交房之日起计算,即从2009年3月开始计算。故请求二审法院撤销原判,改判驳回浙江省××医院的诉讼请求。

被上诉人浙江省××医院观点:本案所涉两份协议书符合商品房买卖合同的相关要件,也符合《商品房买卖合同司法解释》第五条规定,房屋标的物坐落地点明确,所以并不属于购房意向书,而且被上诉人已支付了预付房款,上诉人认为支付款项不是购房款没有相应依据。一审中被上诉人所提交的股权转让协议是浙江省××医院的委托代理人从长兴县工商行政管理局的工商档案中调取的,属于原件,该协议明确约定了债权债务的处理方式,由此可以认定萧某某公司承接了华裕某某相关的债权债务。涉案协议虽约定了上诉人应在2004年年底交房,但属于原则性约定,双方在合同履行过程中可以做变更调整,所以被上诉人主张履行营业房回购协议及补充协议时并未超过诉讼时效。综上所述,一审认定事实清楚,适用法律正确,请求二审维持原判。

原审被告华裕某某观点:拆迁房屋地块的楼盘已经由相关部门批准调整给萧某某公司进行开发建设,故涉及该地块的债权债务也应由萧某某公司承担,其不承担任何责任。其与浙江省××医院所签订的房屋拆迁安置补偿协议已履行完毕，至于浙江省××医院所主张履行营业房回购协议及补充协议，应由萧某某公司承担。

法院观点

本案二审的争议焦点是：

一、浙江省××医院与华裕某某所签订的《营业房回购协议书》及《回购房补充协议书》是属于商品房预约合同还是商品房买卖合同。《最高人民法院关于适用〈中华人民共和国合同法〉若干问题的解释（二）》第一条规定，人民法院能够确定当事人名称或者姓名、标的、数量的，一般应当认定合同成立。本案中双方当事人对上述两份协议的真实性均无异议，而且协议对双方当事人的名称、房屋的坐落地点、面积、价格、付款方法、原则交付时间、违约责任等均作了较为明确的约定，同时浙江省××医院将应得的拆迁补偿款的一半即697781.23元以预付款的形式予以了支付，这说明被上诉人也已经在积极履行上述协议确定的合同义务。所以双方所签订协议中对于标的物及数量约定基本明确，具备商品房买卖合同成立条件，可以认定合同依法成立。该合同是双方真实的意思表示，内容也不违反我国法律、法规的强制性规定，应确认为合法有效。关于上诉人萧某某公司认为上述协议的性质应属于预约合同，尚不符合买卖合同的要件的主张，本院认为协议中对于交付房屋的具体位置虽未作明确约定，但华裕某某或上诉人萧某某公司在实际开发过程中，根据有关部门的审批，在原拆迁地段建造了合同所约定的相关营业用房，双方约定的合同标的物可以交付履行，同时该标的物的数量、价格、交房时间等均做了具体约定，两份协议在性质上已经符合商品房买卖合同的要件，不属于商品房预约合同，上诉人的该上诉意见本院不予采纳。

二、萧某某公司是否应当承接华裕某某的债权债务。双方当事人对于萧某某公司将原华裕某某的皇家湾项目承接转让的事实并无异议。但萧某某公司认为其承接的是华裕某某关于该项目的开发权，而不涉及债权债务。浙江省××医院则认为该项目所产生的债权债务应由萧某某公司承担。本院认为，萧某某公司系由浙江萧某某公司与浙江中秦房地产开发有限公司投资设立的，经营范围主要为长兴县雉城镇皇家湾地块旧城改造建设项目开发经营的房地产开发公司。其投资主体浙江萧某某公司于2003年4月16日与华裕某某的投资主体所签订的股权转让协议中约定，浙江萧某某公司接受股份后，承担皇家湾项目所发生的一切正常费用并承担一切债权债务。浙江萧某某公司与股权转让方所签订的合同以及合同中所约定的义务自然对于萧某某公司也具有法律约束力。而华裕某某为了皇家湾项目的正常进行，与浙江省××医院签订房屋拆迁安置补偿协议书、营业房回购协议书、回购房补充协议书等行为，并由此产生的债权债务，属于皇家湾项目开发形成的债权债务，依据合同约定应由萧某某公司承担。因此华裕某某对浙江省××医院的债权债务已经转移给萧某某公司，应由萧某某公司承担相应的民事责任。上诉人萧某某公司认为其从华裕某某处承接的是"皇家湾项目"的项目开发权，而不是承接其债权债务的上诉意见与查明的事实不符，本院不予采纳。

三、浙江省××医院的诉讼请求是否超过诉讼时效。《中华人民共和国民法通则》第一百三十五条规定，向人民法院请求保护民事权利的诉讼时效期间为二年，法律另有规定的除外。本案中双方当事人间的商品房买卖合同纠纷，属于合同债权，适用二年诉讼时效期间。浙江省××医院与华裕某某所签订的营业房回购协议书第6条约定，华裕某某原则在2004年12月底交房。该约定表明合同双方对于交房的时间并未做硬性的、一成不变的规定，而仅仅做了一个时间范围的大致约定。事实上萧某某公司在开发皇家湾项目过程中，可以交房的时间在2004年之后，第二、三期的房屋预售证直到2008年才取得，而且萧某某公司也未提供证据证明其在2004年年底已经完工、符合交房条件，要求浙江省××医院来领取房屋、付清房款的证据，所以实际交付房屋的时间认定在浙江省××医院于2009年3月主张要求交房时更为客观合理。浙江省××医院主张合同权利的时间并未超过诉讼时效期间，其要求交房的民事权利应受法律保护。上诉人认为浙江省××医院主张已过诉讼时效期间的上诉意见也不能成立。

四、一审判决是否超越本案审理范围。在一审过程中，法院依据浙江省××医院的财产保全申请，对萧某某公司所有的坐落于甲县雉城镇解乙路皇家湾名邸2号楼一楼营业房88号、90号两间和二楼东面营业房六间进行了查封。由于萧某某公司并不能提供其他一、二层营业房来履行本案所涉的两份合同，在法院征询浙江省××医院的意见后，把审理期间所查封的房屋作为本案合同标的物既不违反双方合同的约定，也有利于本案双方纠纷的彻底解决，所以一审法院判决萧某某公司将坐落于甲县雉城镇解乙路皇家湾名邸2号楼一楼营业房88号、90号两间和二楼东面营业房六间交付给浙江省××医院的处理意见并无不当之处。由于上述房屋的实际面积与合同约定交付房屋的面积并不一致且又属于无法再予分割的整体房屋，根据合同约定，对于超出合同约定的面积应按市场价格双方进行结算。二审中，上诉人萧某某公司提供了与涉案房屋相同地段的有关商品房买卖合同，浙江省××医院也表示至少应当以一审判决时间即2009年6月21日前房屋实际销售价格对超面积部分房屋的价款进行结算，据此，本院确定涉案房屋超面积部分一层营业房的价格为34000元/平方米，夹层的价格为17000元/平方米。在房屋交付时，浙江省××医院就合同约定价款与超面积部分的价款应当一并支付给萧某某公司。

五、上诉人是否存在延期交房及如何确定违约损失。根据前述分析认定，华裕某某与浙江省××医院所签订的两份协议均可认定为商品房买卖合同。回购协议书第6条双方约定，华裕某某原则在2004年12月底前交房，延期按安置补偿费总额计息（银行同期利息）。此条款应当理解为双方就交房时间和延期交房违约责任的约定。由于该条款对交房时间仅仅做了初步、原则的约定，并不属于明确具体固定的交房时间约定。延期交房时间也应当理解为××公司具备交房条件，浙江省××医院主张要求交房后仍未交房的迟延履行交付房屋的时间。萧某某公司于2009年3月21日收到浙江省××医院委托律师发送的要求交付房屋函告时，已完全具备交付房屋的条件，应当立即履行交房义务，但其未实际交房，已构成延期交房，应承担相应的违约责任。据此，违约时间应认定为2009年3月21日至一审判决时2009年6月21日止，按每日万分之二点一计，应为26669元。对于其余浙江省××医院所主张的逾期违约损失，本院不予支持。一审对于违约损失认定不符本案实际情况，本院予以纠正。

综上，一审法院认定浙江省××医院与华裕某某间的协议为商品房买卖合同，萧某某公司承担交房义务及浙江省××医院主张交房时并未超过诉讼时效是正确的，但认定违约损失有误。

律师点评：

商品房买卖实践中，或因商品房尚不具备预售、出售条件，或因其他特殊原因，购房者与开发商、售房者常常签订各类预订、预购、认筹、回购等协议。对于这类协议，通常认为系预约合同。由于预约合同系约定在将来一定期限内订立合同，明确双方之间形成某种法律关系的具体内容，并不能据此要求转移房屋所有权等，对双方权利义务的确定影响极大。故当购房者与开发商发生纠纷时，往往首先争议的是这类协议是预约合同还是本约合同。

根据《最高人民法院关于审理商品房买卖合同纠纷案件适用法律若干问题的解释》第五条的规定："商品房的认购、订购、预订等协议具备《商品房销售管理办法》第十六条规定的商品房买卖合同的主要内容，并且出卖人已经按照约定收受购房款的，该协议应当认定为商品房买卖合同。”根据该解释，预约合同是否被认定为商品房买卖合同，即本约合同，关键看两点。一是是否具备《商品房销售管理办法》第十六条规定的商品房买卖合同的主要内容；二是出卖人是否已按约定收受了购房款。其中，商品房买卖合同的主要内容一般包括交易双方的名称、商品房的基本状况、价款确定方式、总价款、付款方式及时间、交付条件及时间、违约责任等。同时，在具体认定中，也应判断双方当事人的真实意思表示，否则即便有关协议、合同约定了商品房买卖合同的主要内容，也有可能被认定为具备了主要条款的预约合同。

本案中，当事人签订的《营业房回购协议书》及《回购房补充协议书》已对各方的名称、房屋的地点、面积、总价款、付款方式、交付时间等做了约定，具备了履行商品房买卖义务的可能性。同时，浙江省××医院也已按协议约定支付了部分购房款并被开发商接受，双方具备建立商品房买卖关系的真实意思的表示。故本案中，当事人之间的商品房买卖关系已实际成立，有关协议应当被认定为商品房买卖合同，双方应据此履行付款义务及房屋交付义务。

除了各类预订、预购等协议外，实践中还存在通过投资合作等名目进行商品房交易的情形。根据《最高人民法院关于审理涉及国有土地使用权合同纠纷案件适用法律问题的解释》第二十五条规定，“合作开发房地产合同约定提供资金的当事人不承担经营风险，只分配固定数量房屋的，应当认定为房屋买卖合同”。

综上所述，无论是购房者还是开发商在签订各种名目的预订、预购、认筹协议时，都应当意识到此类协议可能存在的性质争议，进而评估自身相应的风险。

二、商品房认购协议被解除时定金的处理

案例 2　黄永金与富阳复润置业有限公司定金合同纠纷房屋买卖合同纠纷案

□ 胡梦平

关 键 词：定金；双倍；认购协议

案件索引：富阳市人民法院(2015)杭富商外初字第14号

判决结果

一、解除原告黄永金与被告富阳复润置业有限公司于2014年9月15日签订的《复城国际中心商铺认购协议书》；

二、被告富阳复润置业有限公司于本判决生效之日起十日内双倍返还原告黄永金定金200000元。

案情简介

原告：黄永金。

被告：富阳复润置业有限公司。

2014年9月15日，原告（乙方、预购方）与被告（甲方、卖方）在原富阳市金桥北路69号复城国际展示中心签订《复城国际中心商铺认购协议书》，就原告向被告预定商铺事宜，订立认购书，具体约定如下："一、乙方认购复城国际中心19号202室商铺。甲方已领取该房屋商品房销售许可证（证书号：现房售备字〔2014〕第006号）并经具有房产测绘资质的测绘机构实测，该商铺建筑面积为89.88平方米。二、甲乙双方约定按下述方式计算该商品房价款：按实测面积计

算,该商铺单价为每平方米 17771 元人民币,总金额为人民币 1597295 元整。三、乙方同意签订本认购书时,支付定金人民币 100000 元,作为甲乙双方当事人订立《商品房买卖合同》的担保,在签订《商品房买卖合同》时,乙方支付的定金直接转为房价款。四、甲乙双方约定,乙方于 2014 年 9 月 15 日(以下简称合同签订日)前到富阳市金桥北路 69 号复城国际展示中心与甲方签订《商品房买卖合同》、签署银行按揭《贷款合同》的手续,甲方已向乙方告知并解释本认购书相关条款且提醒乙方注意,在乙方理解并确认的前提下双方签订本认购书。五、甲方发布或提供的广告、售楼书、样板房所标明的房屋平面布局、结构、建筑质量、装饰标准及附属设施、配套设施等状况仅作为销售展示及演示用途,房屋实际交付标准由双方在《商品房买卖合同》及其补充合同、合同附件中另行约定,并以双方最终签署的《商品房买卖合同》及其补充合同、合同附件为准。六、除认购书第七条约定的情形外,若乙方在双方约定合同签订日后 15 天内未至本认购书约定地点签订《商品房买卖合同》,甲方有权向第三方出售该套房屋,并不予退还乙方所缴纳的定金。七、如有下列情况的,乙方拒绝签订《商品房买卖合同》,甲方应全额返还乙方已支付的定金。甲乙双方签订本协议后、签订商品房买卖合同前,由司法机关、行政机关依法限制该房屋房地产权利的。八、如果甲方拒绝按照本认购书第四条约定的合同签订日与乙方签订《商品房买卖合同》的,则甲方应当双倍返还已收取乙方缴纳的定金。……”认购协议书签订当日,原告向被告交付 100000 元,发票载明系“预售定金”。该认购协议书签订后,原、被告之间至今未签订正式的商品房买卖合同。关于未签订的原因,原告认为,涉案房屋在签订认购协议书时已被抵押,导致双方迟迟无法签订合同,未签订合同的责任在被告方;被告则认为,原告在签订认购协议书当日未向被告提出要求签订合同,且原告事后也未向被告主张要求双倍返还定金,反而是继续与被告协商签订合同事宜,后因双方对合同条款无法达成一致意见而未签订,故未签订合同的责任在原告方。

2015 年 3 月 20 日,被告向原告邮寄《签约通知书》,载明:“尊敬的黄永金,您于 2014 年 9 月 15 日认购复城国际中心富春街道金平路 19 号 202 室商铺。依据您与我公司签订的《复城国际中心商铺认购协议书》约定,应于 2014 年 9 月 28 日前,双方签订《商品房买卖合同》。因前期政府部门对房产权证审批手续滞后,导致房屋不具备房管部门现房销售签约规定,故签约延缓。我公司及时办理各项手续,现该房已具备签约条件,请您于 2015 年 3 月 27 日前至富阳市金桥北路东方茂购物中心 D 座东方金街租售展示中心与我公司签订《商品房买卖合同》。若您如期至上述地点与我公司签订《商品房买卖合同》,则认购期间优惠仍有效;若您未能如期至上述地点与我公司签订《商品房买卖合同》,则我公司有权不予退还认购所缴纳定金。特此通知!”原告自认收到该通知书。2015 年 4 月 30 日,被告向原告邮寄《关于复城国际中心金平路 19 号 202 室商铺认购业主定金没收的通知函》,载明:“致黄永金先生:我公司已于 2015 年 3 月 20 日向您发出《签约通知书》(以下简称该通知书),告知您应于 2015 年 3 月 27 日前前往我公司富阳市金桥北路东方茂购物中心 D 座东方金街租售展示中心与我公司签订复城国际中心金平路 19 号 202 室商铺(以下简称该商铺)的《商品房买卖合同》并办理相关购房手续。但令人遗憾的是,您至今未前往我公司销售现场,也未与我公司相关工作人员联络。经主动与您电话沟通了解情况后方得知,您至今仍未应允完成合同签订及办理相关购房手续。现该商铺已有多位意向客户向我公司咨询可售情况并明确表示具有购买意向,鉴于市场需求及对其他客户平等商业机会的考量,万般无奈下,我公司不得不通知您,我公司于本函落款之日没收您已缴纳的认购定金人民币 100000 元,并将您认购的复城国际中心金平路 19 号 202 室商铺房屋另行出售给第三方。特此函告!”

被告名下包括涉案房屋在内坐落于杭州市富阳区富春街道金平路 19 号建筑面积 4098.96 平方米的房产于 2014 年 1 月 21 日办理抵押权登记,抵押权人为交通银行股份有限公司杭州众安支行,该笔抵押权已于 2014 年 12 月 26 日办理注销登记。

各方观点

原告黄永金观点:原告经多方寻找并通过被告产品推介会的介绍,在 2014 年 9 月 15 日与被告签订《复城国际中心商铺认购协议书》1 份,并缴纳定金 100000 元。因原告已找好了愿意承租该商铺的租房人,故当时就准备了相应的资金确切要购买协议书确认的被告位于杭州市富阳区富春街道金平路 19 号 202 室商铺。但原告在约定的时间准备签订正式的商品房买卖合同时,却被被告的工作人员告知无法与原告签订正式的商品房买卖合同。此后,原告多次到被告工作场所询问签订合同事宜,但多次无果。因无法在约定时间内签订合同,导致原告谈下的商业项目及租房事宜也一再搁浅,并最终导致承租人另行寻找商铺。被告的上述行为显然已违约并造成了原告的损失,故原告要求按双方签订的《复城国际中心商铺认购协议书》的约定解除认购协议书,双倍返还定金。

被告富阳复润置业有限公司观点:原告认为被告违约缺乏依据。2014年7月30日前双方不能签订买卖合同的原因不是被告拒绝签订,而是因为杭州市政府5月23日出台了楼市限价令,实际成交价格低于备案价格的85%将限制网签。本案涉案房屋的备案价格1809330元,成交价格1470000元,比例只有81%,因此低于85%,这个情况是属于不能归责于当事人的事由,因此被告只需要承担返还定金的责任。原告诉称多次催促办理签约不是事实,相反双方在4月27日签订认购协议与政府限价令相差近一个月的期间内被告多次催促原告签订买卖合同,且原告应该在三天内提交相关审核材料,但是原告一直没有提交,因此是原告违约,按照订购协议,定金不予返还。原告的真实意图不是签订商品房买卖合同而是希望解除订购协议归还定金,因为当年楼市不是很好,楼房都降价销售,因此被告认为原告的目的在于此。而且双方沟通中原告也多次表示如果可以退定金,可以出2万元给售楼小姐。7月29日,原告联系被告要求签约,此时原告明知不符合政府限价令,原告此时提出是想将不能签约的责任推到被告身上,要求双倍返还定金。8月29日之后被告已经完成修改备案价格的手续,此时被告和原告是可以签约的,被告通知原告来签约,但原告不同意,原告的真实意图是因为房价下跌而要取消预订。

法院观点

《最高人民法院关于审理商品房买卖合同纠纷案件适用法律若干问题的解释》第四条约定:"出卖人通过认购、订购、预定等方式向买受人收受定金作为订立商品房买卖合同担保的,如果因当事人一方原因未能订立商品房买卖合同,应当按照法律关于定金的规定处理;因不可归责于当事人双方的事由,导致商品房买卖合同未能订立的,出卖人应当将定金返还买受人。"原告黄永金与被告富阳复润置业有限公司于2014年9月15日签订的《复城国际中心商铺认购协议书》约定原告在签订认购协议书当日交付被告定金100000元,并约定"如果甲方(指被告,下同)拒绝按照本认购书第四条约定的合同签订日与乙方(指原告,下同)签订《商品房买卖合同》的,则甲方应当双倍返还已收取乙方缴纳的定金"。且原告已于当日交付该定金,故该约定系双方的真实意思表示,内容也不违反法律、行政法规的强制性规定,应属合法有效,双方均应按该约定履行。现原告诉请要求解除该认购协议书,被告对该诉请没有异议,本院予以准许。

根据原、被告的诉辩主张,本案的争议焦点在于:一、原告有无在认购协议书约定的期限内向被告提出要求签订商品房买卖合同;二、被告有无拒绝按照认购协议书约定的合同签订日与原告签订商品房买卖合同。针对争议焦点一，原、被告在认购协议书中约定，原告应于2014年9月15日即签订认购协议书当日前往位于原富阳市金桥北路69号复城国际展示中心与被告签订商品房买卖合同，现原告虽无直接证据证明其已于当日要求与被告签订商品房买卖合同，但鉴于认购协议书签订的地点与认购协议书中约定的商品房买卖合同签订地点一致，而认购协议书签订的日期与认购协议书中约定的商品房买卖合同签订日期也一致，根据被告于2015年3月20日向原告发出的《签约通知书》可推断，原告在认购协议书签订后确与被告协商过签约事宜，根据日常生活经验判断，原告在签订认购协议书的同时向被告提出要求签订正式的商品房买卖合同，应属常理，原告实无必要在签订认购协议书后离开，然后于一定日期返回签订地再要求与被告签订商品房买卖合同，故本院认定原告在签订认购协议书当日已向被告提出签订商品房买卖合同事宜。针对争议焦点二，被告向原告发出的《签约通知书》载明“因前期政府部门对房产权证审批手续滞后，导致房屋不具备房管部门现房销售签约规定，故签约延缓。我公司及时办理各项手续，现该房已具备签约条件，请您于2015年3月27日前至富阳市金桥北路东方茂购物中心D座东方金街租售展示中心与我公司签订《商品房买卖合同》”，从中可推断涉案房屋在2015年3月27日前尚无法签订正式的商品房买卖合同，且涉案房屋在认购协议书约定的签订日尚处于被抵押状态，被告未将该情形告知原告，导致双方在约定日无法签订商品房买卖合同的责任归咎于被告，应认定被告拒绝签约。至于被告提出的原告在起诉前并未向被告提出要求双倍返还定金、仍继续与被告协商签约事宜，该情形的存在，并不表明双方已变更合同条款，原告仍可按双方原约定主张权利。综上所述，原告的诉讼请求，有理有据，本院予以支持。被告的辩称意见，没有事实和法律依据，本院不予采纳。

律师点评

在本案中，法院认为原告在签订认购协议书当日已向被告提出签订商品房买卖合同事宜，原、被告未能如约签订买卖合同系因被告违约所致，因此支持原告解除协议并双倍返还定金的请求。下面笔者结合本案的事实及相关法律规定，对于本案所涉及的相关问题进行分析和探讨。

一、主张双倍返还定金的条件

根据《最高人民法院关于审理商品房买卖合同纠纷案件适用法律若干问题的解释》第四条的规定，出卖人通过认购、订购、预订等方式向买受人收受定金作为订立商品房买卖合同担保的,如果因当事人一方原因未能订立商品房买卖合同,应当按照法律关于定金的规定处理。结合《最高人民法院关于适用〈中华人民共和国担保法〉若干问题的解释》第一百一十五条规定,当事人约定以交付定金为订立主合同担保的,接收定金的一方拒绝订立合同的,应当双倍返还定金。因此,若导致商品房认购协议解除的原因归属开发商一方,则购房者有权主张双倍返还定金。

在实务中,明显属于开发商过错的主要包括以下几种情形:开发商无故拖延未在认购协议约定的时间内与购房者签订房屋买卖合同;开发商与购房者签订认购协议后擅自将该房屋出售、抵押给他人;开发商在签订认购协议时故意隐瞒所售房屋已经抵押、出卖给第三人或者该房屋为拆迁补偿安置房屋或其他限制交易的房屋的事实。其他因政策原因或自然灾害等不可抗力导致商品房买卖合同无法正常签订或履行的,购房者主张双倍返还定金的,法院不会予以支持。必须说明的是,定金合同属于实践合同,需实际支付定金后才成立,因此购房者主张双倍返还的定金基础应当是其实际已经支付的定金数额。

二、违约金与定金双倍返还只能择一

一般来说,商品房认购协议或者意向合同书在违约责任条款中既会约定违约金条款又会约定定金双倍返还条款,虽然定金与违约金的性质不同,定金是一种担保方式,而违约金是对违约的一种制裁和补偿手段,但这些条款实质上都是对违约责任的约定,适用的情形范围存在重叠性。在合同约定中,往往上述两种违约责任条款并未明确写明二选一,但是根据《中华人民共和国合同法》第一百一十六条的规定:"当事人既约定违约金,又约定定金的,一方违约时,对方可以选择适用违约金或者定金条款。"因此,法律已经明确了在主张对方违约责任时,违约金与定金双倍返还只能择一,不能并用,法律将违约金与定金双倍返还的选择权给予守约方,结合《最高人民法院关于审理商品房买卖合同纠纷案件适用法律若干问题的解释》第十六条对违约金过高、过低的调整,既保护了守约方的利益,又防止违约方承担过重的违约责任。

三、能否一并主张定金利息

实践中,不少购房者在主张双倍返还定金的同时,要求被告支付定金占有期间的利息,但是均未得到支持,原因有二:(一)定金与购房款不同,属于立约保证金,不直接发生支付的效应,法官往往以定金利息无法律依据为由进行否定,因此往往购房款的利息得以支持而定金利息不予支持;(二)若属于开发商过错得以双倍返还定金,则购房者实际已经通过定金罚则得到赔偿,在此基础上若开发商还需赔偿定金利息损失，不符合合同法原则，若未双倍返还定金，说明被告不存在过错，更不可能要求被告支付利息损失。

四、认购协议中明确约定转为购房款的定金能否再主张双倍返还

若认购协议中明确约定，定金在双方签订正式房屋买卖合同后抵作购房款，即使是约定抵作最后一期的购房款，双方解除房屋买卖合同后，购房者也不能再以定金罚则要求双倍返还定金。因为定金的性质是立约保证，在双方签订正式的房屋买卖合同之后，定金的作用已经达成，此时就算双方对定金的返还方式约定为抵作购房款，此定金已经非彼定金，应当直接认定为购房款，然后按照法律约定根据具体案情处理，不能将该笔款项从购房款中扣除后以定金性质主张适用定金罚则。

三、未取得预售许可证预售合同的效力

案例3　浙江融华置业有限公司与余其强商品房预售合同纠纷上诉案

□ 王　钦

关键词：预售许可证；无效

案件索引：原审案号：浙江省义乌市人民法院(2011)金义民初字第3188号
再审案号：浙江省高级人民法院(2013)浙金民提字第5号

判决结果

原审：被告浙江融华置业有限公司于本判决生效后五日内返还原告余其强购房暂收款人民币120万元并赔偿利息损失(其中，50万元自2010年11月22日起，另70万元自2011年3月9日起，均按中国人民银行同期同类贷款基准利率计付至本判决指定的履行之日止)。

再审：维持义乌市人民法院(2011)金义民初字第3188号民事判决。

案情简介

再审申请人(原审被告)：浙江融华置业有限公司

被申请人(原审原告)：余其强

浙江融华置业有限公司(以下简称融华公司)系坐落于义乌江东街道商博路"商博国际"楼盘的开发商。2010年11月中旬，余其强、融华公司就前述楼盘的商品房预售事宜达成买卖意向。2010年11月22日、2011年3月9日，余其强分别向融华公司支付了预付款50万元、70万元。现余其强得知，融华公司

至今仍未取得该楼盘的商品房预售许可证。融华公司在未获商品房预售许可证的情形下兜售该房的行为是违法的,融华公司应当全额返还余其强已付的购房款。请求判令:融华公司返还预付款人民币120万元并按银行同期贷款利率支付利息(其中,50万元自2010年11月22日计息至实际返还之日止;其中70万元自2011年3月9日计息至实际返还之日止)。

再审另查明,2010年11月22日,余其强与融华公司签订了商博国际房号确认单,内容为"本人愿在开发商指定的时间地点补足余款,签订购房合同,并办理好按揭手续。若逾期未办理,开发商有权处置该房源,并没收30%的预约款作为违约金。如由于本人原因不能办理按揭贷款,本人愿意在规定时间内全额付清余款。若规定时间未能付清,开发商有权处置该房源,并没收已付款的30%为违约金。所有对外资料以本次确认为准,但规划、面积及图文信息、数据资料以政府部门批文为准,以上内容经本人确认无误"。

各方观点

再审申请人融华公司观点:一、原判决认为融华公司与余其强并未成立商品房买卖合同,明显与事实不符。从余其强提交的证据和其签字确认的房号确认单可以明确,融华公司已与余其强就房屋买卖达成了以下几点共识:1. 明确了买卖双方的主体;2. 确定了合同标的房屋为商博国际3-901号;3. 房屋单价为23500元每平方米,面积以测绘部分为准;4. 约定了违约责任。由此,可以得知双方当事人之间通过协商确定的内容已经具备了《商品房销售管理办法》第十六条规定的商品房买卖合同的主要内容,根据《最高人民法院关于审理商品房买卖合同纠纷案件适用法律若干问题的解释》第五条之规定:商品房的认购、订购、预订等协议具备《商品房销售管理办法》第十六条规定的商品房买卖合同的主要内容,并且出卖人已经按照约定收受购房款的,该协议应当认定为商品房买卖合同。融华公司和余其强达成的商品房预订协议应当认定为商品房买卖合同关系已成立。二、合同解除是建立在合同有效的基础上,原审判决实际确认了合同效力,但本案并不存在《中华人民共和国合同法》第九十四条规定的合同解除的法定事由,本案原合同应当继续履行,余其强应当与融华公司签订正式的商品房买卖合同,原审法院判决解除预订合同,于法无据。综上所述,请求:1. 撤销义乌市人民法院(2011)金义民初字第3188号民事判决,并驳回余其强的诉讼请求;2. 依法改判余其强承担全部诉讼费用。

被申请人余其强观点：一、余其强在2010年11月22日仅向融华公司预订了商品房，双方并未签订商品房买卖合同，也没有签署其他完全具备商品房买卖要素的协议。双方根本未约定房屋的交付时间、交付条件、装修标准、面积差异处理办法、产权登记办理等一系列买卖合同所必备的要素，不符合《商品房销售管理办法》第十六条和最高人民法院关于商品房买卖合同司法解释之规定，双方所签署之协议不能构成商品房买卖合同，应当认定为预约合同。二、2011年3月，余其强在交齐120万元后要求签订商品房买卖合同，但融华公司拒绝协商商品房买卖合同的相关条款，也拒绝签订商品房买卖合同。余其强见融华公司的地块迟迟未破土施工，在多次交涉未果的情况下，感觉到受骗上当，无法实现此预约合同的购房目的，故而于2011年10月28日向义乌市人民法院起诉。而融华公司是在起诉后（2011年11月14日）才取得商品房预售证，所以本案的情形是预约合同在起诉后取得预售证，而不是买卖合同在起诉后取得预售证。故融华公司之再审申请的理由不能成立。请求驳回融华公司的再审申请。

法院观点

余其强与融华公司签订的商博国际房号确认单的内容并不具备《商品房销售管理办法》第十六条规定的商品房买卖合同的主要内容，因此，不能认定该协议为商品房买卖合同，且在签订该协议时，融华公司尚未取得商品房预售许可证，依照国家法律相关规定，对商品房屋预售必须是房地产开发企业获得商品房的预售许可资格后才能对外进行，否则不能进行商品房的买卖。《最高人民法院关于审理商品房买卖合同纠纷案件适用法律若干问题的解释》第二条亦规定了“出卖人未取得商品房预售许可证明，与买受人订立的商品房预售合同，应当认定无效，但是在起诉前取得商品房预售许可证明的，可以认定有效”。在本案起诉前，融华公司仍未取得商品房预售许可证，则该商品房的买卖行为属于无效的民事行为。融华公司因无商品房预售房屋资格而与余其强进行商品房买卖，导致买卖行为无效的责任在于融华公司，融华公司依法应当退还余其强的购房款并赔付资金占用的利息损失。原审法院的“双方至今未签订商品房预售合同致余其强不能达到购买商品房的目的，该预订合同应予解除”的裁判理由存在瑕疵，应予以纠正，但实体处理并无不当，应予维持。融华公司的再审申请，理由不能成立，本院不予支持。

律师点评

《最高人民法院关于审理商品房买卖合同纠纷案件适用法律若干问题的解释》(以下简称《商品房买卖合同解释》)第二条规定,“出卖人未取得商品房预售许可证明,与买受人订立的商品房预售合同,应当认定无效,但是在起诉前取得商品房预售许可证明的,可以认定有效”。该条款明确了商品房销售应当具备的条件——取得商品房预售许可证明。

然而,实践中开发商为尽快销售房产、筹集资金,在未取得预售许可证的情况下,时常以认购、认筹、预订、排号、发卡等方式向买受人收取定金、预订款等费用,规避有关法律规范的限制,并在实质上进行商品房的提前销售。

本案中,虽然余其强与融华公司签订确认单虽不符合《商品房买卖合同解释》第五条的规定,不属于商品房买卖合同。但双方实际上已实行了商品房买卖行为,在融华公司未取得商品房预售许可证的情况下,该买卖行为应属无效。即便双方已签订正式的商品房预售合同的,该合同也应处于无效状态,对双方当事人没有法律约束力,当事人无须按照合同的约定履行合同的义务。此时,购房者如提起诉讼要求确认合同无效,返还已缴纳的购房款的,应当予以支持。但购房者并未提起相应的诉讼,而开发商在起诉前已取得预售许可证的,则合同效力应由无效转为有效,合同的效力溯及既往,即自合同签订时有效。当然,在此情形下,一般并不能要求一方当事人承担在合同处于无效状态时未完全履行合同的违约责任。

开发商在未取得商品房预售许可证的情况下,通过各种名目收取定金、预订款等费用已是行业内的普遍现象。过去,行政主管部门并未采取相关措施加以制止,致使实践中各种乱象、纠纷丛生。2016 年 10 月 10 日,住房和城乡建设部发布《关于进一步规范房地产开发企业经营行为维护房地产市场秩序的通知》,强调对房地产开发企业违法违规等不正当经营行为进行查处,包括未取得预售许可证销售商品房。此后,各地也陆续制定了具体的政策措施,相信会对规范开发商的经营行为起到积极的作用。

四、商品房认购协议被解除时可否主张赔偿可得利益损失

案例4 周苏波与吕旸房屋买卖合同纠纷案

□ 胡梦平

关 键 词：商品房；预约合同；可得利益

案件索引：杭州市西湖区人民法院（2009）杭西民初字第1953号

判决结果

一、吕旸双倍返还给周苏波定金80000元，该款于本判决生效之日起十日内付清；二、驳回周苏波的其他诉讼请求。

案情简介

原告：周苏波

被告：吕旸

2009年6月3日，原告（乙方）、被告（甲方）、杭州链家房地产代理有限公司（丙方）签订一份《房屋认购协议书》，约定："1. 乙方自愿购买甲方位于世纪新城15幢1306室房屋，该房总建筑面积为69平方米，总价金额人民币110万元；2. 乙方于签订本协议之日向丙方交付意向金人民币4万元；3. 乙方购买1306室房屋价款支付形式为部分银行贷款；4. 甲乙双方约定在2009年6月15日之前，带上有效证件、印章及协议书，签订《杭州市房屋转让合同》，同时交付相关房款（意向金可冲抵房款）和相关税费；5. 认购期间甲方中途反悔，拒绝签订《杭州市房屋转让合同》的，甲方需承担违约金4万元，如乙方中途反悔，拒绝

签定《杭州市房屋转让合同》的，乙方需承担违约金 4 万元。同日，原告支付给被告 4 万元，被告向原告出具一份收条，载明：收到周苏波购买世纪新城 15 幢 1306 室定金肆万元整（￥40000）。之后，原、被告一直未能签订《杭州市房屋转让合同》。在本案审理中，被告于 2009 年 11 月将 1306 室房屋以 140 万元的价格转让给他人。

各方观点

原告周苏波观点：原、被告于 2009 年 6 月 3 日签订一份房屋买卖合同，约定：被告将坐落于杭州市西湖区世纪新城 15 幢 1306 室的房屋（以下简称 1306 室房屋）以 110 万元的价格卖给原告；原告于合同签订之日支付被告定金 4 万元；双方于 6 月 15 日办理相关房屋过户手续，同时原告付清余款，被告交付房屋。合同签订后，原告将 4 万元定金支付给被告。之后，原告多次与被告联系，要求向被告付清房款并办理过户手续，但被告因房屋价格上涨，不愿意履行合同义务。原告委托律师先后两次向被告发函，要求被告履行合同义务，被告均置之不理。故被告存在违约行为，应当双倍返还定金 8 万元并赔偿原告经济损失 10 万元。

被告吕旸观点：原告在诉状中所述与事实不符。原、被告于 2009 年 6 月 3 日签订的合同不是房屋买卖合同，而是《房屋认购协议书》，是房屋买卖合同的预约合同。双方约定在 2009 年 6 月 15 日之前签订正式的购房合同，但在 2009 年 6 月 15 日到来时，被告约原告到中介机构签约，原告未按约到中介机构进行签约。原告在 2009 年 6 月 3 日签订预约合同时告知被告是用杭州市公积金贷款的方式付款，但之后却又告知被告只能以省公积金贷款的方式付款。因此，被告不存在任何的违约行为，不应承担违约责任。综上所述，请求驳回原告的诉讼请求。

法院观点

《房屋认购协议书》系原、被告双方真实意思表示，且未违反法律的禁止性规定，应认定为有效合同，双方均应按协议内容履行自己的权利义务。原告提供的证据显示，原告在协议签订后按约支付了 4 万元并多次催促被告签订房屋转让合同，但被告在协议签订后借故拖延及提出 2010 年年底交房等不合理要求导致双方未能签订正式的房屋转让合同，被告的行为已构成违约，应当承担相应的违约责任。被告辩称原告未履行如实告知义务，擅自改换贷款方式的意见，本院认为，双方签订的《房屋认购协议书》只是约定“部分银行贷款”，用省公积金或市公积金贷款均符合合同约定，且采用何种贷款方式对被告的利益并不产生实质的影响，故被告的抗辩于法无据，本院不予采纳。关于4万元的款项性质问题，虽然《房屋认购协议书》格式条款中名为“意向金”，但被告手写的收条中名为“定金”，格式条款与非格式条款不一致的，应当采用非格式条款，且在庭审中被告并未否认4万元的定金性质，故4万元属于定金。因此，收受定金的被告不履行约定的合同义务依法应向原告双倍返还定金，故原告的该项诉讼请求，本院予以支持。至于原告要求赔偿经济损失的主张，因双方签订的协议书在性质上属于预约合同，故原告不能向被告主张可得利益损失，原告的该项主张缺乏法律依据，本院不予支持。

律师点评

在本案中，法院认为双方签订的协议书在性质上属于预约合同，故原告不能向被告主张可得利益损失，因此未支持原告该项请求。下面笔者结合本案的事实及相关法律规定，对于商品房认购协议被解除时可否主张赔偿可得利益损失进行分析和探讨。

一、首先明确商品房协议书的性质

商品房认购协议或者购房意向书属于预约合同，一般指当事人双方为将来订立确定性本合同而达成的合意。预约合同在当事人之间产生的届时签订本约的权利和义务，属于诺成合同，其效力仅在实际签约方之间产生约束力，在没有特别约定的情况下，一旦签署即告成立并生效。商品房认购协议与正式的房屋买卖合同的区别在于，商品房认购协议是对签约行为的约定，正式的房屋买卖合同是对房屋权属的约定，因此商品房认购协议本身的法律效力不受房屋其他权利人是否同意出售房屋的意志的影响，而正式的房屋买卖合同需要房屋全体共有人共同签署。正因商品房认购协议属于预约合同，法院对商品房认购协议被解除时可得利益损失的赔偿与商品房买卖合同被解除时可得利益损失的赔偿采取不同的处理方式。

二、商品房认购协议在特定条件下可认定为商品房买卖合同

《最高人民法院关于审理商品房买卖合同纠纷案件适用法律若干问题的解释》第五条规定：“商品房的认购、订购、预订等协议具备《商品房销售管理办法》第十六条规定的商品房买卖合同的主要内容，并且出卖人已经按照约定收受购房款的，该协议应当认定为商品房买卖合同。”可见，认定商品房认购协议

为商品房买卖合同的前提是协议的内容须具备《商品房销售管理办法》第十六条规定的商品房买卖合同的主要内容,包括商品房总价款、付款方式、付款时间、交付使用条件及日期、装饰设备标准承诺、面积差异的处理办法、办理产权登记的有关事宜及解决争议的方法等。若一份认购协议仅具备当事人名称、所购商品房房号、建筑面积、房屋单价等内容,即使买受人在协议签订后向出卖人支付了部分购房款,该认购协议仍不能认定为商品房买卖合同。

因此,在符合上述条件的情形下,若商品房认购协议能够被认定为商品房买卖合同,则可依据商品房买卖合同的相关法律规定主张可得利益损失赔偿。

三、可得利益数额的主张依据

在房屋买卖合同关系中,一般而言,房屋的价差属于可得利益损失最重要的组成部分,但实务中经常面临着原告方无法进入涉案房屋从而导致无法通过评估计算房屋价差。所以为了计算房屋溢价,实务中除了通过评估鉴定机构出具鉴定报告外,亦可通过"透明购房网""房多多"等较为具有公信力的网站或者在司法拍卖的相关网站上查询同小区同楼层同户型或同地段相类似房屋的交易价格、拍卖价格作为房屋价格的比较依据。

四、实务中对于是否支持商品房认购协议被解除时可得利益损失的赔偿的处理方式

在法院的实务操作中,若原、被告双方签订的是正式的商品房买卖合同,对于原告主张可得利益损失赔偿的诉讼请求,上海、江苏、深圳等多地都明确规定可以结合房屋差价损失等因素进行考虑,对损失赔偿金额进行调整。但是,对商品房认购协议被解除时可得利益损失的赔偿则基本上持不予支持态度。

较早的个别判例曾经出现过支持商品房认购协议被解除时可得利益损失的赔偿,例如,2006 年成都市中级人民法院处理的成都南星实业有限责任公司与周琦商品房预售合同纠纷(成都市中级人民法院〔2006〕成民终字第 1850 号)中,法官完全支持了一审原告周琦要求赔偿房屋差价损失的诉请,二审判决:"南星公司与周琦签订《商品房认购协议》后,违背诚实信用原则,未按约与周琦签订商品房买卖合同,已违反先合同义务,应依法承担缔约过失责任,赔偿周琦相关的直接损失和间接损失。一审中,周琦主张南星公司承担房屋出售的差价损失,该损失可视为周琦在订立合同中所产生的间接损失。故上诉人南星公司所提不应赔偿周琦 48522.74 元损失的上诉主张本院不予支持。"

又如,2008 年杭州市上城区人民法院处理的陈勇与杭州小营房地产开发有限公司商品房预售合同纠纷(杭州市上城区人民法院〔2008〕上民一初字第 919

号)中,法院酌定补偿部分损失,可以看出该案法官当时对房屋差价损失的赔偿持肯定态度:"关于原告陈勇请求判令被告赔偿损失870466.88元的诉讼请求,一方面由于被告在签订《商品房预定书》时已经取得了杭州市大塔儿巷17号的预售许可证及涉案房屋所有权证,对涉案房屋能否销售应当有所预见,现被告由于其主张的主、客观等原因而不能将涉诉房屋售予原告,违反了双方约定,导致正式合同不能成立,应当承担违约责任;另一方面,由于双方签订的预约合同毕竟与正式合同存在法律性质上的差异,同时原告也未充分举证其实际损失,故原告主张的赔偿金额,本院不能完全支持,为促使民事主体以善意方式履行民事义务,保护双方的合法权益,在综合考虑杭州市房地产市场发展情况以及双方实际情况的基础上,酌定由被告赔偿原告损失120000元。"

但是,结合近年来的司法判例,对于商品房认购协议被解除时可否支持原告主张赔偿可得利益损失的观点较为明确,基本持否定态度。特别是2010年11月《杭州市中级人民法院民一庭关于审理建设工程及房屋相关纠纷案件若干实务问题的解答》第二部分房屋买卖部分第三问中,明确了对于因买卖中一方违反意向书约定,致使正式房屋买卖合同无法签订而产生的违约责任,应如何认定处理。"首先,根据本地区的房产交易实际情况及相关规定,房屋交易必须要签订相应的正式房屋转让合同方可实施。因此,上述意向书的内容约定即使完备,但也只能认定为正式房屋交易行为实施前的预约。其次,因一方违约行为而无法达成本约,即签订正式的房屋买卖合同情形下,其违约责任也仅能是该预约合同项下的违约责任,交易双方的实际损失也应限定在为准备达成本约而支出的费用范围内。对于未达成本约所产生的预期利益损失,即房屋交易的价差,则一般情形下不属于赔偿范围。"该解答认为意向书、认购协议均为预约性质,在上述合同关系中不存在未达成本约而产生的预期利益损失,因此对商品房认购协议被解除时可得利益损失的赔偿不予支持。基于法院对商品房认购协议被解除时可得利益损失的赔偿基本不予支持的态度,原告在起诉时应当考虑到风险以及可得利益损失赔偿部分金额所增加的诉讼费用等。

第二章 虚假宣传与赔偿

一、开发商故意隐瞒商品房已出售、抵押事实的法律责任

案例5　盛陆富与浙江十里潜溪旅游开发有限公司商品房预售合同纠纷上诉案

□ 王　钦

关 键 词：一房二卖；先抵后卖；隐瞒；赔偿

案件索引：一审案号：浙江省新昌县人民法院(2015)绍新民初字第1227号
二审案号：浙江省绍兴市中级人民法院(2016)浙06民终224号

判决结果

一审：1. 原告盛陆富与被告浙江十里潜溪旅游开发有限公司签订的御景湾商品房预购协议书于2015年9月21日解除；2. 被告浙江十里潜溪旅游开发有限公司赔偿原告盛陆富已付120万元购房款按中国人民银行同期同档次贷款基准利率计算的利息损失22300元，限于原审判决生效后二十日内履行完毕；3. 被告浙江十里潜溪旅游开发有限公司支付原告盛陆富赔偿金80万元，限于原审判决生效后二十日内履行完毕；4. 驳回原告盛陆富的其他诉讼请求。

二审：1. 维持浙江省新昌县人民法院(2015)绍新民初字第1227号民事判决第一、四项；2. 变更浙江省新昌县人民法院(2015)绍新民初字第1227号民事判决第二项为浙江十里潜溪旅游开发有限公司赔偿盛陆富已付120万元购房款按中国人民银行同期同档次贷款基准利率计算的利息损失21821.4元，限于本判决生效后二十日内履行完毕；3. 变更浙江省新昌县人民法院(2015)绍新民初字第1227号民事判决第三项为浙江十里潜溪旅游开发有限公司支付盛陆

富赔偿金60万元，限于本判决生效后二十日内履行完毕。

案情简介

上诉人（原审被告）：浙江十里潜溪旅游开发有限公司

被上诉人（原审原告）：盛陆富

2015年5月6日，原告盛陆富、被告浙江十里潜溪旅游开发有限公司签订御景湾商品房预购协议书一份，约定：原告向被告购买坐落于新昌县七星街道御景湾住宅区御湖苑3幢2号商品房一幢，建筑面积（暂测）583平方米（以双方签订的商品房买卖合同建筑面积为准）；标的物优惠后的成交价格为600万元，付款方式采用公积金或组合贷款；购房意向金标准为人民币80万元整，原告应于协议签订当日将购房意向金一次性支付给被告；原告应按被告指定的方式缴纳购房意向金，否则被告可单方解除协议书；原告须于协议书签订之日起30日内至被告公司所在地签署《商品房买卖合同》《前期物业服务协议》等相关法律文件，届时原告已付购房意向金全额转为首期购房款。如原告未按协议约定日期签订以上相关文件，原告可享受的任何购房优惠政策均不得享受，同时被告有权单方解除合同，将本标的物收回另行出售，并且原告已付的购房意向金不予退还；在双方签订正式商品房买卖合同前，如遇不可抗力等非被告原因导致双方无法签署商品房买卖合同，本预订协议自动解除。被告有权将本标的物另行出售，除将购房意向金退回原告外，不再承担其他责任；有关商品房买卖需由原告缴纳之税费等，均由原告承担。协议签订后，被告分别于2015年5月7日、2015年6月10日向原告开具收款收据各一份，载明收到原告购房款80万元、40万元，共计120万元。原告付款后，在协议约定期限届满前，双方未签订正式商品房买卖合同并办理相关手续。2015年6月10日，被告向原告出具承诺书一份，承诺原告可以于2015年6月26日前签订购房合同并办理银行按揭。2015年7月30日，被告又出具承诺书一份，载明：原告认购御湖苑3幢2号商品房一套，已付款120万元整，被告公司承诺上述房产于2015年8月15日与原告签署正式买卖合同，届时如无法签署则退回已付房款，双方另行协商补偿数额。此后，被告仍然未按约定承诺期限与原告签署正式买卖合同。2015年9月6日，原告向新昌县公安局控告被告合同诈骗，新昌县公安局对相关事实进行审查后认为没有犯罪事实，故作出新公（经）不立字（2015）1004号不予立案通知书，决定不予立案。2015年9月21日，被告退还原告全部购房款120万元。因就赔偿事宜双方未能协商达成一致意见，原告为此起诉法院。

另查明，涉案房屋已于2014年8月12日在新昌县房地产管理局进行预购商品房预告登记，预告登记证号为房预2014字第2955号，预告登记权利人为张一鸣、吕君芳，预告登记义务人为被告。

各方观点

上诉人浙江十里潜溪旅游开发有限公司观点：一、上诉人在预售涉案商品房时不存在欺诈行为，涉诉房屋仅是用于“融资抵押”，原审法院认定上诉人在预售涉案房屋时存在“故意隐瞒”，属于“一房二卖”“先抵后卖”等欺诈行为系事实认定不符。（一）上诉人不存在欺诈的故意；（二）上诉人未实施欺诈行为，相反上诉人实施了一系列公开涉案房屋已用于“融资抵押”情况的行为。二、本案双方签订的《商品房预购协议书》系预约合同，非本约合同，本案双方签订的《预购协议书》不具备《商品房销售管理办法》第十六条规定的商品房买卖合同的主要内容；本案上诉人亦未按约定收受购房款；双方在该《预购协议书》中明确约定双方需要在一定时限内重新签订《商品房买卖合同》《前期物业服务协议》等，故本案《预购协议书》系预约合同，而非本约合同。三、本案不适用《商品房买卖合同司法解释》第九条之规定。适用《商品房买卖合同司法解释》第九条的前提条件系双方签订的应是商品房买卖合同；出卖人须实施了欺诈行为，本案中上诉人并未实施欺诈行为，故适用不能成就；本案不存在《商品房买卖合同司法解释》第九条规定的可适用惩罚性赔偿责任的三种情形。四、上诉人所收款项为“意向金”而非“购房款”，且原审利息计算有误。请求：一、撤销浙江省新昌县人民法院（2015）绍新民初字第1277号民事判决第二项，改判“浙江十里潜溪旅游开发有限公司赔偿盛陆富已付款项120万元按中国人民银行同期同档次贷款基准利率计算的损失为20614元”；二、撤销浙江省新昌县人民法院（2015）绍新民初字第1277号民事判决第三项，改判驳回盛陆富要求浙江省十里潜溪旅游开发有限公司承担赔偿240万元的诉讼请求。一、二审的诉讼费用由被上诉人承担。

被上诉人盛陆富观点：一、被上诉人作为普通购房者到房产公司买房，讼争房屋应当可合法用于销售，上诉人认为不存在欺诈，但又未将实际情况告知被上诉人。关于留置担保问题，不管其概念怎样，都不影响房子抵押给别人的事实，对被上诉人来讲讼争房屋抵押也好，第三方代售也好，均系欺诈行为。二、关于上诉人认为已经公开了融资行为，被上诉人在二审中才知情。三、商品房预购协议书的性质应认定系商品房买卖合同。四、关于利息计算问题，请求法院审核。请求驳回上诉，维持原判。

法院观点

第一个争议焦点，对于双方当事人是否形成商品房买卖合同关系这一问题。本院认为，双方签订的《商品房预购协议书》虽然名为预购协议书，但具备《商品房销售管理办法》第十六条中规定的主要内容，包括当事人名称或者姓名和住所、商品房坐落位置、面积、商品房的销售方式、商品房价款的确定方式及总价款、付款方式等，且上诉人在签订该协议书后收取了被上诉人的部分购房款，并且出具承诺书承诺与被上诉人签订正式的商品房买卖合同，故原审认定双方当事人之间形成商品房买卖合同关系并无不当。上诉人主张被上诉人支付的 120 万元系意向金而非购房款，本院认为，上诉人出具给被上诉人收款收据明确被上诉人支付的 80 万元、40 万元为购房款，且在上诉人于 2015 年 7 月 30 日出具的承诺书亦明确该两笔款项为房款，故原审认定该笔款项为购房款并无不当。

第二个争议焦点，本案是否可适用《最高人民法院关于审理商品房买卖合同纠纷案件适用法律若干问题的解释》第九条规定。该条规定，出卖人订立商品房买卖合同时，具有下列情形之一，导致合同无效或者被撤销、解除的，买受人可以请求返还已付购房款及利息、赔偿损失，并可以请求出卖人承担不超过已付购房款一倍的赔偿责任：(一)故意隐瞒没有取得商品房预售许可证明的事实或者提供虚假商品房预售许可证明；(二)故意隐瞒所售房屋已经抵押的事实；(三)故意隐瞒所售房屋已经出卖给第三人或者为拆迁补偿安置房的事实。上诉人主张被上诉人可通过房管处查询本案讼争房屋的真实状态，故其未故意隐瞒所售房屋的真实状态，本院认为，本案中双方签订《商品房预购协议书》时，上诉人实际已经将房屋以其所谓的“融资抵押”的方式将所有权以预售的方式转让并登记于第三人张一鸣、吕君芳名下，却仍以房屋所有人的身份与被上诉人签订《商品房预购协议书》，且上诉人亦未将这一真实情况告知被上诉人；上诉人在后续与被上诉人交涉过程中，虽向被上诉人承诺在相应日期签订正式商品房买卖合同却仍未向被上诉人告知“融资抵押”的相关情况。故上诉人与案外第三人张一鸣、吕君芳之间的购房合同无论系买卖或抵押，上诉人均未向被上诉人履行相应的如实告知义务，主观上确实存在故意，已构成“故意隐瞒”。上诉人主张其与案外人签订的所谓的“融资抵押”合同无效，其与被上诉人之间的协议书可以完全履行，故其不需要向被上诉人承担相应的责任，对此，本院认为，本案中，上诉人已经承认其与第三人之间存在着“融资抵押”的事实，且被上诉人无法依据双方的《商品房预购协议书》签订正式的房屋买卖合同，因此无论“融资抵押”是否有效，均不影响上诉人隐瞒房屋真实状况的事实，本院对上诉人该项主张不予支持。

第三个争议焦点，关于原审确定的赔偿数额及利息计算是否正确、合理的问题。上诉人主张双方已协商一致解除合同并退还购房款，故上诉人不需要向被上诉人支付相应的赔偿款。被上诉人对该主张不予认可，上诉人亦未能提供证据证明双方已就赔偿达成一致意见，应承担举证不利的后果。在本案中，上诉人、被上诉人的预购协议仅约定签订当日支付款项80万元，后在商品房买卖合同未能如期订立的情况下被上诉人又另行支付40万元。对于另行支付的40万元，被上诉人对商品房买卖合同不能如期订立的原因未能进行关注和审查，未尽审慎义务，存在过失。上诉人与被上诉人签订《商品房预购协议书》时系接受第三方张一鸣、吕君芳委托，客观上而言上诉人有权代替第三人张一鸣、吕君芳出卖讼争房屋，上诉人两次向被上诉人出具《承诺书》，主观上上诉人希望通过采取相应措施与被上诉人签订《商品房买卖合同》，促成交易，最终上诉人与被上诉人未能达成一致签订《商品房买卖合同》。本院综合考虑上述因素，确定上诉人应向被上诉人支付60万元的赔偿款。对于利息问题，原审计算确有错误，本院予以纠正，自2015年5月7日至9月21日80万元的利息损失共计16064.7元，自2015年6月10日至9月21日另外40万元的利息损失共计5756.7元。

律师点评

在商品房买卖过程中，购房者相比开发商，无论在专业知识上还是在信息资源上都处于劣势地位。购房者能在约束繁多的买卖合同条款中理清头绪实属不易，若开发商再有意隐瞒有关信息（如房屋已出售、抵押的），则购房者更是无可奈何，难以在第一时间发现有关事实。所幸有关法律规范对开发商故意隐瞒有关事实的法律责任作出规定，为购房者提供了合法的维权途径。

根据《最高人民法院关于审理商品房买卖合同纠纷案件适用法律若干问题的解释》第九条的规定，出卖人订立商品房买卖合同时，具有下列情形之一，导致合同无效或者被撤销、解除的，买受人可以请求返还已付购房款及利息、赔偿损失，并可以请求出卖人承担不超过已付购房款一倍的赔偿责任：

（一）故意隐瞒没有取得商品房预售许可证明的事实或者提供虚假商品房预售许可证明；

（二）故意隐瞒所售房屋已经抵押的事实；

(三)故意隐瞒所售房屋已经出卖给第三人或者为拆迁补偿安置房屋的事实。

本案中,开发商在所谓"融资抵押"的名义下,将涉案商品房过户至第三人名下后,又与购房者签订《商品房预购协议书》。该预购协议书中已对包括总价款、付款方式在内的商品房买卖的主要内容进行了约定,且开发商收取了购房者交付的部分购房款。双方当事人之间已形成商品房买卖合同关系,且已开始部分履行。同时,开发商也并未有证据证明已将涉案商品房的真实状态如实告知购房者或向购房者披露,即开发商存在"故意隐瞒"的情形。因此,本案中可适用前述司法解释第九条的规定。无论本案中开发商属于"故意隐瞒所受房屋已经出卖给第三人的事实"或者"故意隐瞒所售房屋已经抵押的事实",购房者均有权要求解除双方之间的买卖合同关系,并要求开发商返还已付购房款及利息、赔偿损失,并可以请求开发商承担不超过已付购房款一倍的赔偿责任。

在对赔偿数额的认定上,法院考虑到了双方当事人在本案中的过错程度。首先,开发商承担的是不超过已付购房款一倍的赔偿责任。本案中,购房者虽然先后支付 80 万元、40 万元,总计 120 万元购房款。但购房者对于买卖合同不能如期订立的原因未及时进行关注和审查,反而另行支付了后一笔 40 万元购房款,未尽审慎义务,存在一定的过失。虽不能就此将该 40 万元从赔偿基数(即已付购房款)中扣除,但也影响了法院对于赔偿数额的认定。其次,开发商两次与购房者签订《承诺书》,主观上是希望双方签订《商品房买卖合同》的,恶意程度相对较小。故二审法院最终酌情减轻了开发商的赔偿责任。笔者认为,法院认为购房者存在过失的论述尚可商榷。即便如此,购房者较好地维护了自身的权益,也给予了开发商一定的教训。

二、欺诈未必致合同撤销

案例6　程锡权与温州市瓯海房屋开发有限公司商品房预售合同纠纷上诉案

□ 王永皓

关 键 词：效果图；户型图；面积差；违约；欺诈

案件索引：一审案号：温州市瓯海区人民法院（2014）温瓯民初字第332号
二审案号：温州市中级人民法院（2015）浙温民终字第1331号

判决结果

一审：驳回程锡权的诉讼请求。

二审：驳回上诉人程锡权的上诉请求，维持原判。

案情简介

上诉人（原审原告）：程锡权

被上诉人（原审被告）：温州市瓯海房屋开发有限公司（下称“瓯海公司”或“开发商”）

坐落于温州市瓯海中心区中心单元D-10-01地块“半塘佳苑”商住项目（推广名：国际华府）系被告温州市瓯海房屋开发有限公司开发建设，于2013年1月开工，3月以推广名“国际华府”对外宣传，5月21日项目名称经温州市地名委员会审核批准为“半塘佳苑”，6月正式公开销售，其宣传楼书、广告上载明“89平方米挑战130平方米，三房两卫两厅双阳台”“115平方米挑战150平方米，四房两卫两厅双阳台”“127平方米挑战170平方米，大四房两卫两厅三阳台”“传承30载,集瓯海房开30载大成”等。2013年6月6日,原告程锡权与被告温州市瓯海房屋开发有限公司签订一份《商品房买卖合同》(编号:201390005960343)及附件,约定原告向被告购买“半塘佳苑”3幢2504室商品房,建筑面积为117.83平方米,单价为22500元/平方米,总房价为2651175元,合同签订时支付不低于总房款30%的首付款801175元,剩余房款1850000元,原告同意按银行或公积金管理中心贷款设定的条件,向被告指定的银行或公积金管理中心申请个人住房按揭贷款予以付清,被告应当在2015年12月31日前,将符合约定的房屋交付给原告使用。合同附件八第十一条特别约定,如原告申请深圳十方设计顾问有限公司对房屋内部、小区内部进行相应的优化改造的,被告可根据原告的授权将房屋直接交付给该公司,以便该公司完成优化改造后再将房屋交付给原告。合同签订前有关文件、楼书及其他资料中就商品房买卖合同项下商品房及相关设备设施(含建筑区划内公共部分、绿化)所做的表述,与《商品房买卖合同》及其附件规定不一致的,以《商品房买卖合同》及其附件为准,原有的表述不视为合同要约或组成部分。销售宣传资料、户型布置图、精装修示意图、沙盘模型、样板房等仅作为参考,没有任何合同约束力,最终以竣工后的建筑区划内的房屋效果为准。本合同在办理产权证时以政府部门提供的公安编号及地名办批文等政府部门为准,本小区地名批复为“半塘佳苑”等。同日,原告在被告处签订一份《装修委托书》(含附件户型平面图),委托深圳十方设计顾问有限公司对原告购得的商品房公共阳台、构架等区域(详见附件:户型平面图中A区、B区、C区等部分)进行优化改造,将A区封闭为厨房、客厅,B区增加钢砼楼地面为客厅,C区增加钢砼楼地面为阳台。上述合同签订后原告依约向被告支付首付款801175元。合同履行过程中双方发生争议,原告起诉至原审法院。现该讼争预售商品房及所在小区尚在施工建设。

各方观点

上诉人程锡权观点:一、原审判决程序违法。一审上诉人提供的宣传资料、户型图、精装修示意图、证人证言等证据均能证明被上诉人虚假宣传的事实,原审法院未对上述证据进行举证质证,也未进行认证,显属错误。涉案《商品房买卖合同》附件八“销售宣传资料、户型布置图、精装修示意图、样板房等仅作为参考,没有任何合同约束力,最终以竣工后的建筑区划内房屋效果为准”系格式条款,应认定为无效。根据《最高人民法院关于审理商品房买卖合同纠纷案件适用法律若干问题的解释》第三条的规定,出卖人就商品房开发规划范围内的房屋及相关设施所作的说明和允诺具体确定,并对商品房买卖合同的订立以及房屋价格的确定有重大影响的,应当视为要约。原审判决未对该条款进行分析认定,造成认定事实错误。上诉人与深圳十方设计顾问有限公司从未有过接触,《装修委托书》是在上诉人不知情的情况下签署的,并非上诉人的真实意思表示。二、原审判决理由和结果不公平、不合理。原审判决结果相当于向社会宣告房地产开发公司作为经营者误导、虚假宣传不需要承担任何责任,而消费者的利益将无法保障,将会树立非常负面的社会引导。三、被上诉人虚假宣传的行为也违反了《中华人民共和国民法通则》《中华人民共和国合同法》《中华人民共和国消费者权益保护法》要求经营者诚实信用及消费者充分的知情权的规定和要求。四、在当前的社会环境下,房屋购买者与经营者相比处于绝对弱势,上诉人作为一般老百姓在社会认知和法律认知上均远远不及被上诉人,并且在被上诉人营销手段的操作下,签订房屋买卖合同时,上诉人根本没有充分的时间阅读合同条款。考虑到交易双方的合同地位及合同签订形式,在被上诉人明显存在虚假宣传的情况下,单单要求上诉人在本案中保持审慎注意义务,显然有失偏颇。综上,请求撤销原判,依法改判支持上诉人的原审诉讼请求或发回重审。

被上诉人瓯海公司观点:一、原审法院在一审庭审中对上诉人提供的证据均进行了举证、质证,并在判决书中进行了认证,不存在程序错误的问题。二、原审判决认定事实清楚,判决结果正确,不存在上诉人所称的不公平、不合理的问题。上诉人认为被上诉人作为经营者存在误导、虚假宣传,进而导致上诉人产生重大误解,其关于重大误解的主张不符合法律规定和司法实践的做法。三、上诉人一审系以重大误解为由要求撤销涉案《商品房买卖合同》,并非基于《中华人民共和国消费者权益保护法》向被上诉人主张索赔。现其二审主张本案应适用《中华人民共和国消费者权益保护法》缺乏依据。四、合同一经签署,双方均有义务严格履行合同的义务。签订购房合同系购置重大财产的一项重大决定,上诉人理应保持审慎的注意义务,对于合同条款应仔细解读、充分磋商,现上诉人以没有充分时间阅读以及社会认知和法律认知不足为由不履行合同义务,有违诚实信用原则和相关法律规定。综上所述,请求驳回上诉,维持原判。

法院观点

上诉人以被上诉人在开发资质和历史、涉案商品房“赠送面积”的宣传上存在欺诈行为并导致上诉人产生重大误解为由请求撤销涉案《商品房买卖合同》，应以其提供的证据足以证明被上诉人在上述问题的宣传上存在欺诈，使得上诉人在违背真实意思的情况下签订涉案《商品房买卖合同》为前提。关于被上诉人是否在上述两个方面的宣传上存在欺诈的问题，本院分别分析、认定如下。

首先，关于被上诉人在其开发资质和企业历史的宣传上是否存在欺诈的问题，本院认为，上诉人在一审中明确表示不要求对被上诉人的开发资质进行审查，现其又对被上诉人的开发资质提出异议，本院二审也不作审理。被上诉人的企业历史与其提供的商品及服务的质量不存在必然联系，对双方的权利义务不构成影响，故上诉人以被上诉人在企业历史的宣传上存在欺诈为由主张撤销涉案《商品房买卖合同》，其理由不能成立。

其次，关于被上诉人在“赠送面积”的宣传上是否存在欺诈的问题，本院认为，房屋系大价值财产，上诉人作为完全民事行为能力人，在签订涉案商品房买卖合同之前应仔细审查房屋的面积、户型等因素。涉案《商品房买卖合同》当中已包含了房屋平面图这一附件，上诉人理应知晓该平面图与被上诉人宣传的效果图之间的差异。另外，在涉案《商品房买卖合同》约定的面积与此前被上诉人在宣传资料中所标注的面积不一致的情况下，上诉人不可能不去考虑多出来的面积来自何处。况且上诉人在与被上诉人签订涉案《商品房买卖合同》的同时，又签署申请书委托深圳十方设计顾问有限公司对其购得的商品房进行优化改造，综合考虑以上事实，原判认定上诉人对于被上诉人在宣传时所称的“赠送面积”系通过对结构空井部位进行改造搭建得出的事实是明知的，符合本案实际。有关“赠送面积”的宣传并未对上诉人产生误导，况且被上诉人也未就“赠送面积”收取价款，故上诉人主张被上诉人“赠送面积”的宣传上存在欺诈并导致其产生重大误解，其理由同样不能成立。

另外，原审法院在一审庭审中已就上诉人提供的证据组织双方进行了举证和质证，上诉人以原审法院未对其提供的证据进行举证、质证为由主张原判程序违法，缺乏事实依据。综上所述，涉案《商品房买卖合同》不存在法定的撤销事由，原审法院对上诉人要求撤销该合同、返还购房款及利息的诉讼请求不予支持，并无不当。原判认定事实清楚，适用法律正确，审判程序合法。上诉人的上诉理由均不成立，对其上诉请求本院不予支持。

律师点评

我国商品房销售采取预售制度，即买房者须先向开发商支付全部房款，在一段时期后，开发商再将建成的房屋交付给买房者。那么从签约到交房这段时间内，买房者就会关注房屋的具体建设施工情况。一旦买房者发现房屋的实际情况与当时开发商宣传的不符，就很容易产生“上当受骗”的想法，并以“欺诈”为由向开发商主张权利。但是这种主观的感受往往不一定会得到法律的认同，原因就在于其对所谓“欺诈”的概念理解存在错误。

一、何为“欺诈”

《中华人民共和国合同法》第五十四条第二款规定：“一方以欺诈、胁迫的手段或者乘人之危，使对方在违背真实意思的情况下订立的合同，受损害方有权请求人民法院或者仲裁机构变更或者撤销。”

那么何为“欺诈”呢？所谓欺诈，指故意以虚构事实或者隐瞒真相等方式欺骗他人，使其陷于错误判断，并基于此错误判断而为意思表示之行为。由此可见，欺诈行为的成立要件必须包含“欺诈人之主观故意”和“受骗作出错误判断”等要素。

二、本案为何不成立“欺诈”

按照前述，欺诈行为的成立要件必须包含“欺诈人之主观故意”和“受骗作出错误判断”等要素，下面笔者就结合本案的实际情况予以一一分析。

1. 关于主观故意

欺诈行为的成立要求欺诈人必须故意以虚构事实或者隐瞒真相等方式对他人作出虚假的陈述。所谓“虚构事实”即欺诈人所称的事实全部或者部分不真实、不存在；所谓“隐瞒真相”即欺诈人所称的事实并非事实之全部。

买房者认为开发商提供的效果图和平面图不一致，构成欺诈。但是众所周知，开发商在宣传时提供的效果图只是为了楼盘销售便利所提供的装修建议图，而并非房屋实际交付现状。举个最简单的例子，开发商总会在效果图中画上各种家具、家电、装修、地板等效果，买房者显然不会将这种效果当真并作为房屋实际交付的标准，只会以开发商在商品房买卖合同附件中注明的装修标准为准。这也充分说明了效果图与附件平面图的适用先后顺序。对于这种具有商业惯例性质的效果图，显然不能认为开发商在“虚构事实”。

另一方面，开发商不仅提供了效果图，也同时在合同附件中提供了平面图，并注明以平面图为准。开发商通过这种方式向买房者陈述了全部的事实，并无刻意隐瞒的情况，故也不能认为开发商在“隐瞒真相”。

2. 关于“受骗作出错误判断”

买房者在同时看到效果图和附件平面图的情况下，是否会对房屋产生“错误判断”呢？答案显然是否定的。对于效果图这种明显有别于房屋实际情况的宣传图，正常的买房者只会用作参考，而不会当成交房的依据。附件平面图位于商品房买卖合同后面，与合同具有相同的法律效力，合同也注明以附件平面图为准。对于这两个图的差异，正常买房者完全可以识别其中的差异并作出对于房屋实际情况的正常判断。更何况本案中，买房者还签约委托了第三方进行优化改造，显然更加不可能不知道房屋需要改造才会符合效果图这一事实。因此，买房者执意用所谓“欺诈”来要求法院撤销商品房买卖合同，当然不可能得到法院的支持和肯定。

综上所述，对于商品房买卖中的所谓“欺诈”的主张，买房者应当积极举证，慎重提出。对于买房时开发商提供的各种资料、合同、附件等买房者均应当详细阅读，慎重签字确认。

三、开发商对商品房开发规划范围内的房屋及相关设施所作的宣传是否构成要约

案例7　顾其、顾佳润与浙江厚源房地产开发有限公司商品房预售合同纠纷上诉案

□ 王　钦

关 键 词:宣传广告;规划范围;要约

案件索引:一审案号:浙江省桐乡市人民法院(2011)嘉桐民初字第2991号

二审案号:浙江省嘉兴市中级人民法院(2012)浙嘉民终字第367号

判决结果

一审:判决驳回原告顾其、顾佳润诉被告厚源房产公司的诉讼请求。

二审:驳回上诉人顾其、顾佳润的上诉,维持原判。

案情简介

上诉人(原审原告):顾其

上诉人(原审原告):顾佳润

被上诉人(原审被告):浙江厚源房地产开发有限公司(下称"厚源房产公司")

2008年8月19日,原告顾其、顾佳润与厚源房产公司签订商品房买卖合同一份,合同约定:顾其、顾佳润购买厚源房产公司开发的"香港城"6幢1层383号房(此后办理的房产证地址为:桐乡市梧桐街道香港城6幢112号),建筑面积为53.83平方米,总价为849321元;房屋交付时间为2008年9月30日,办理

产权证时间为交付后60日内,如因厚源房产公司责任逾期不能取得权属证书的由厚源房产公司按日赔偿顾其、顾佳润已付房价的万分之三,累计最高赔偿额不超过已付房价的百分之三。商品房买卖合同签订后,顾其、顾佳润依约支付了房款,厚源房产公司也交付了房屋,并办理了房产证。同日,顾其、顾佳润与案外人浙江厚源商业发展有限公司(以下简称厚源商业公司)签订了两份“桐乡香港城商铺委托经营管理协议”,一份期限为2008年10月1日至2010年9月30日,另一份期限为2010年10月1日至2011年9月30日,该两份协议已履行完毕。

另查明,厚源房产公司开发的“润丰步行街C段A、B、D、E、F(1—8#)楼”项目于2006年8月18日由桐乡市规划建设局核发建设工程规划许可证,建设规模为“38980.82(地下10095.85)平方米1—4层”,并于2007年10月通过竣工验收,2008年1月起陆续开始销售,2008年年底“香港城”商业项目陆续开业。2009年5月19日,厚源房产公司又取得“香港城”9#楼的建设工程规划许可,建设规模“9267.47(地下109.04)平方米3层”。

厚源房产公司对“香港城”房产销售时以售楼书宣传彩页、报纸等形式做了大量宣传广告,宣传“香港城”项目为“首创Outlets品牌购物、嘉年华游乐、影视娱乐中心三位一体的商业模式”,集旅游、购物、娱乐、休闲为一体的大型综合商业主题街区,并拥有Outlets、酒吧、KTV会所、影视城、五星级酒店、嘉年华游乐园等众多现代业态。2009年9月,搜房网上上传了一段该网记者采访厚源房产公司销售负责人张某的视频,张某在视频中对Outlets购物中心、嘉年华、酒店等进行了描述,对租金问题前五年为7、7、9、9、10(房价的百分比),后五年由市场决定,可能是翻两番、三番。“香港城”商铺目前有大量商铺处于非营业状态。2011年9月底,顾其、顾佳润和其他业主租赁合同到期,因与厚源商业公司就续租问题未能达成一致,双方不再继续签订租赁合同,顾其、顾佳润遂以厚源房产公司曾承诺包租十年未兑现,相关配套设施未到位或缩水,造成其损失为由提起诉讼,请求:1. 厚源房产公司赔偿商铺经营损失327481.83元(按房价的39%计算4年租金);2. 厚源房产公司按照承诺将相关配套设施到位,并按房价的20%计167939.40元赔偿损失;3. 厚源房产公司逾期办理产权登记赔偿97992.40元。审理中,顾其、顾佳润撤回了第三项诉讼请求,并将第一、二项诉讼请求的赔偿数额分别变更为159542.43元(按房价的19%计算)和335878.80元(按房价的40%计算),原审认为,顾其、顾佳润将第一项请求数额降低,第三项请求撤回系正当行使诉权,应予准许。但根据《最高人民法院关于民事诉讼证据的若干规定》第三十四条第三款的规定，当事人增加、变更诉讼请求的应当在举证期限届满前提出。故顾其、顾佳润在举证期限届满后对第二项请求数额增加不符合法律规定，不予准许。

一审法院判决：驳回原告顾其、顾佳润诉被告厚源房产公司的诉讼请求。

二审法院判决：驳回上诉人顾其、顾佳润的上诉，维持原判。

各方观点

上诉人顾其、顾佳润观点：一、关于经营损失问题。1. 顾其、顾佳润通过视频证据证明厚源房产公司承诺的规划方案、经营模式、投资回报、租赁期限等均是符合实际情况的，是对全体业主的承诺，视频形成时间的滞后更加说明其以这种方式改变之前的书面协议，也是符合法律规定的，只不过顾其、顾佳润不能提供签订合同当时厚源房产公司在售楼现场做出过承诺的证据。2. 厚源房产公司承诺系争商铺要打造成一个以“Outlets”品牌购物中心为主，集休闲娱乐为一体的商业城堡，顾其、顾佳润及众业主购买商铺的初衷就是看重“Outlets”的品牌，厚源房产公司没有塑造、管理、规划、持续经营“Outlets”属严重违约。3. 厚源房产公司承诺的五星级酒店、嘉年华游乐园、影视城等配套设施或项目，均已成为泡影，厚源房产公司应承担经营损失。

二、关于配套设施、设备认定问题。顾其、顾佳润原审中提供的广告、报纸、宣传彩页、售楼书的内容是前后呼应、相互映衬的，这些资料并没有任何矛盾之处。原审法院不能将证据单纯从时间上割裂开来，以顾其、顾佳润签订合同的时间做出认定，应综合看待证据形成时间问题。顾其、顾佳润提供的两户业主与厚源房产公司签订的《商品房买卖合同》补充条款第四条也充分证明厚源房产公司有承诺，这些承诺与先前厚源房产公司在报纸、售楼书、宣传彩页、视频中的宣传是一致的，也是明确、具体的，是对所有“香港城”业主的承诺。

三、《最高人民法院关于审理商品房买卖合同纠纷案件适用法律若干问题的解释》第三条是开发商在自己规划许可范围内的说明和允诺的具体明确，是一种自认行为，原审不把这些广告内容列入规划范围作为构成要约的要件，与法律规定相违背。

综上所述，顾其、顾佳润请求：1. 撤销桐乡市人民法院（2011）嘉桐民初字第 2991 号民事判决书的判决结果，发回重审或依法改判支持顾其、顾佳润的诉讼请求；2. 一、二审诉讼费用由厚源房产公司承担。

被上诉人厚源房产公司观点：一、关于经营损失问题。厚源房产公司从未向顾其、顾佳润承诺事后包租及包租的年限，顾其、顾佳润提供的证据也不能证明厚源房产公司有过这方面的承诺。厚源房产公司向顾其、顾佳润交付房屋，顾其、顾佳润向厚源房产公司交付房款，至于顾其、顾佳润购买系争商铺后如何加以利用，是自己经营管理还是委托他人经营管理，应该属于顾其、顾佳润自由范畴，厚源房产公司无权进行干涉，也无须承担其经营损失的风险。桐乡"香港城"还是能出租出去的，只是顾其、顾佳润对租金的要求跟市场行情存在巨大的差距。二、关于系争商铺损失问题。顾其、顾佳润提出的星级酒店、嘉年华游乐园、饮食城等设施并不在"香港城"的规划范围内，"香港城"的规划范围已经实施完毕。至于"香港城"9号楼位置，厚源房产公司向规划局报批时准备做酒店，但规划局未批准。顾其、顾佳润购买商铺属于投资，投资本身就存在商业风险，顾其、顾佳润不能将投资活动中的风险转嫁给厚源房产公司。厚源房产公司已将符合商品房买卖合同约定的房屋交付给顾其、顾佳润，合同已经履行完毕，厚源房产公司不存在违约。因此，顾其、顾佳润的上诉请求和事实理由不能成立，恳请二审在依法查明本案事实的基础上驳回顾其、顾佳润的上诉请求。

法院观点

根据《最高人民法院关于审理商品房买卖合同纠纷案件适用法律若干问题的解释》第三条规定："商品房的销售广告和宣传资料为要约邀请，但是出卖人就商品房开发规划范围内的房屋及相关设施所作的说明和允诺具体确定，并对商品房买卖合同的订立以及房屋价格的确定有重大影响的，应当视为要约。该说明和允诺即使未载入商品房买卖合同，亦应当视为合同内容，当事人违反的，应当承担违约责任。"商品房开发规划范围应是管理部门许可或批准的建设范围。厚源房产公司宣传广告中"香港城"1—8号楼是在许可规划范围内，五星级酒店、影视城、嘉年华游乐园等并未列入许可规划范围，且没有明确具体的建成标准或投入运行的时间。从其宣传彩页中的模拟规划图也可得知，相关的经营项目只是对将来要发生情况的渲染，或其他公司的开发、合作意向，也非厚源房产公司企业注册经营范围内的事项，不能认定为厚源房产公司的开发规划。可见厚源房产公司的宣传内容不属司法解释规定的可认定为要约的情形。因此厚源房产公司的宣传广告不能视为其与顾其、顾佳润签订的合同的内容。顾其、顾佳润认为厚源房产公司违反宣传广告内容构成违约没有事实和法律依据，其诉讼请求应予驳回。关于要求完善配套设施的问题，并非购房合同约定的内容,故对顾其、顾佳润要求厚源房产公司完善配套设施的诉讼请求本院也不予支持。

律师点评

小区周边的配套设施是影响商品房销售的重要因素。发达的交通系统、完善的商业配套、良好的周边环境等,均是开发商着力宣传的卖点,也是购房者决定购房意向的重要参考。除非业已建设完毕、投入运营,否则这些规划中的周边设施完全会有落空的风险,而开发商又不具备开发、实现这些配套设施的可能性。此时,购房者自然十分不满,甚至提起诉讼。遗憾的是,诉讼的结果往往对购房者不利。开发商在前期宣传时明明信誓旦旦地表示有相关配套及设施,既已食言,为何仍无须承担责任?这里涉及对上述配套设施的宣传能否被认定为"要约"的问题。

一、要约的认定

宣传广告通常系要约邀请,但开发商对房屋及相关设施(包括水电气的供应设施、商业、医疗、教育、交通设施等)所作的宣传,在特定条件下也可以被认定为要约。根据《最高人民法院关于审理商品房买卖合同纠纷案件适用法律若干问题的解释》第三条规定:"商品房的销售广告和宣传资料为要约邀请,但是出卖人就商品房开发规划范围内的房屋及相关设施所作的说明和允诺具体确定,并对商品房买卖合同的订立以及房屋价格的确定有重大影响的,应当视为要约。该说明和允诺即使未载入商品房买卖合同,亦应当视为合同内容,当事人违反的,应当承担违约责任。"

从该条文看,购房者如主张开发商对房屋及相关设施所做的宣传属于要约的,须具备以下条件。首先,该"房屋及相关设施"必须在商品房开发规划范围内。本案中,开发商此前所宣称的"五星级酒店、影视城、嘉年华游乐园"等,并未列入开发规划范围,因而最终未被法院认定为是要约,进而驳回了购房者的诉请。其次,"说明和允诺具体确定"。因此,如果开发商做出一些含糊、笼统的宣传介绍的,往往不能被认定为是要约。最后,"对商品房买卖合同的订立以及房屋价格的确定有重大影响的"。因此,如果开发商所做的宣传足以影响购房者的相关心理和判断的,应当认定为要约[参照(2013)浙杭民终字第3261号民事判决书]。

二、虚假宣传的责任

开发商被认定为虚假宣传的,应当由行政主管部门给予相应的处罚、勒令改正。如该宣传构成要约的,应当将该要约作为商品房买卖合同的具体内容予以履行,并根据具体情形(如是否存在欺诈),依据合同法等有关法律的规定,承担包括解除合同、赔偿损失在内的各项法律责任。

当然,即便有关宣传未被认定为是要约,也并不意味着开发商在此情形下完全无须承担责任,购房者仍具备向开发商主张违约责任或损害赔偿的可能。现实中,开发商的有关说明和允诺虽不构成要约,但仍可能被认定为是虚假宣传。购房者有时也可利用此点维护自身的合法权益。

在姚伟诉宁波华丰建设房产有限责任公司商品房预售合同纠纷一案中[二审案号:(2008)甬民二(一)终字第61号],开发商为说明涉案小区交通的便捷性,在广告中宣称涉案小区与另一村庄距离为4.5公里左右,后查明实际距离为7公里。因涉及虚假宣传,工商行政主管部门对开发商作出行政处罚决定书。购房者就此要求开发商承担赔偿责任。一审中,法院认为该距离表述中宣传的距离与实际距离存在较大差异,属于虚假宣传。虽然因不符合《最高人民法院关于审理商品房买卖合同纠纷案件适用法律若干问题的解释》第三条中销售广告视为合同要约的条件,不构成要约,但开发商的有关宣传在一定程度上会影响购房者的心理,对购房者的买房行为确实存在一定的影响。开发商违背诚实信用原则,购房者与开发商虽然对此行为未做违约金的约定,但开发商应当按照公平原则给予购房者适当的补偿。二审中,宁波市中级人民法院认定开发商的虚假宣传行为违背了诚实信用原则。因开发商就虚假宣传行为与涉案小区的部分业主达成了和解协议,自愿做出补偿,基于公平的原则,购房者顾伟也应当获得同等补偿。

综上所述,开发商在宣传中夸大甚至虚构有关宣传内容时有可见,且利用自身的优势地位通过各种手段规避相应的法律责任。购房者对于开发商就开发规划范围外的房屋及有关设施所做的宣传应当格外留意,切莫轻易当真。如确实需提起诉讼的,应根据案情,合理确定自己的诉讼理由,争取获得法院支持。

四、得不到的得房率

案例8　杭州云恒置业有限公司与朱增荣商品房预售合同纠纷上诉案

□ 王永皓

关　键　词：得房率；差异；违约；赔偿

案件索引：一审案号：杭州市余杭区人民法院(2015)杭余余民初字第602号
二审案号：杭州市中级人民法院(2015)浙杭民终字第3136号

判决结果

一审：判决云恒公司赔偿朱增荣部分损失。

二审：判决驳回云恒公司的上诉，维持原判。

案情简介

上诉人（原审被告）：杭州云恒置业有限公司（下称"云恒公司"或"开发商"）

被上诉人（原审原告）：朱增荣

2011年4月27日，朱增荣与云恒公司签订《浙江省商品房买卖合同》及《补充协议书》各一份，《浙江省商品房买卖合同》约定朱增荣向云恒公司购买位于杭州市余杭区五常街道爱丁郡公寓10幢2单元701室商品房一套，建筑面积共88.95平方米，其中，套内面积75.68平方米，应分摊的共有建筑面积13.27平方米。按建筑面积计算，该商品房单价为每平方米12907.21元，房屋总价1148096元。合同第六条面积确认和面积差异处理中规定："合同约定面积与产权登记面积有差异的，以产权登记为准。1. 当事人选择【√建筑面积】【×套内建筑面积】(本条款中均简称面积)作为计价方式时，商品房交付后，产权登记面积与合同约定面积发生差异，双方同意按以下方式处理：(1)面积误差比绝对值在3%以内(含3%)的，据实结算房价款。……"

《补充协议书》对合同第六条的补充中规定："1. 该商品房的合同约定面积系按现行房产测量规范及有关补充文件预测所得，在该商品房交付前，如因政府的相关房产测量规范、文件调整导致合同约定面积与产权登记面积产生差异的，不视为出卖人违约，也不适用本条款之面积差异处理方式，而按产权登记面积据实结算房屋价款。2. 按上述方式进行商品房建筑面积差异处理的，即不存在对商品房建筑面积构成部分套内建筑面积或公摊面积单项差异的处理……"《补充协议书》中关于广告、楼书等宣传资料的约定中规定："出卖人的广告、楼书、沙盘及其他宣传资料为买受人在选择楼盘时的参考，属于要约邀请，不作为合同的组成部分。双方同意，以上宣传资料如与合同约定有冲突的，以合同约定为准。"

2013年6月29日，朱增荣与云恒公司签订商品房交接书一份，对诉争房屋的实测面积和房价款都作了书面确认，朱增荣依约支付购房款1149774元(以建筑面积89.08平方米计价)。涉案商品房竣工后，经测绘，由于将该商品房电梯前室至入户门之间的空间调整计入分摊共有面积，故实际测得的套内面积为71.25平方米。另查，云恒公司在商品房开发过程中，在相关媒体宣传推广时曾有得房率达80%以上的表述。朱增荣于2015年5月22日向原审法院起诉，请求判令云恒公司向朱增荣赔偿损失50000元并承担案件诉讼费。

各方观点

上诉人云恒公司观点：一、原审法院认为讼争房屋已约定"得房率"且"得房率明显降低"，属认定事实错误。1.《商品房买卖合同》并未约定讼争房屋的"得房率"。《商品房买卖合同》及《补充协议书》全文中均未出现"得房率"三字，更未约定"得房率"发生误差如何处理，朱增荣主张的"得房率"没有合同依据。2. 根据《商品房买卖合同》约定的建筑面积、套内建筑面积、应分摊共有建筑面积，并无法确定讼争房屋的"得房率"。《商品房买卖合同》第四条约定了讼争房屋的建筑面积、套内建筑面积、应分摊共有建筑面积，原审法院据此认为：通过相关数据完全可以计算出"得房率"。但《商品房买卖合同》以及《补充协议书》中均明确约定了，讼争房屋的建筑面积、套内建筑面积、应分摊共有建筑面积均为预测面积，均可能与产权登记面积发生差异，并已经明确约定了差异处理办法。试问，无论是“除数”——套内建筑面积，还是“被除数”——建筑面积，都是变量，那么又如何能够计算“商”——“得房率”呢？3. 原审法院并未依据证据认定事实，而是根据主观推断“计算出”讼争房屋“得房率”。假如按照原审法院认定事实的方式来确定讼争房屋的“得房率”，那么不但导致《商品房买卖合同》无法履行，反而有悖房地产市场交易的基本惯例，扰乱房地产市场秩序。假设一下，按照原审法院方法计算出讼争房屋“得房率”，那么，当讼争房屋交付时如何确定最终房价款呢？原审法院随意计算出的“得房率”，将直接导致所有预售商品房的最终房价款无法确定，所有《商品房买卖合同》的履行都将陷入争议导致无法履行。按照原审法院认定，那么，所有商品房要先按合同约定的建筑面积确定最终房价款，再按照所谓的“得房率”高低情况确定是赔偿损失还是返还房款，至此，市场的基本秩序和规则被完全打破，彻底扰乱了房地产市场。二、原审法院认定“云恒公司的行为构成违约”进而酌情确定“云恒公司赔偿损失 13000 元”，明显缺乏依据、适用法律错误。1.《商品房买卖合同》已经明确约定了面积差异处理办法，云恒公司交付的房屋虽然存在面积差异，但按照《商品房买卖合同》约定的面积差异处理办法执行即可，云恒公司并不构成违约；朱增荣不按合同约定执行，反而提出有悖合同的无理主张，朱增荣的行为才构成违约。(1)云恒公司和朱增荣在《商品房买卖合同》第六条已经做出明确选择，即选择“建筑面积”、不选择“套内建筑面积”作为计价方式，双方在“建筑面积”一栏打“√”，在“套内建筑面积”一栏打“×”。(2)《补充协议书》第四条第二款明确约定“按上述方式进行商品房建筑面积差异处理的，即不存在对商品房建筑面积构成部分套内建筑面积或公摊面积单项差异的处理”。由此可见，云恒公司和朱增荣在订立《商品房买卖合同》时已经达成一致约定，只按照建筑面积确定房价并进行面积补差，套内建筑面积的增加和减少均不再进行差异处理。朱增荣对套内建筑面积可能发生误差，且发生差异后不再进行差异处理是明知的、可预见的。(3)根据《最高人民法院关于审理商品房买卖合同纠纷案件适用法律若干问题的解释》第十四条以及《商品房销售管理办法》第二十一条规定，双方当事人应当在合同中约定建筑面积、套内建筑面积发生误差时的处理方式，云恒公司和朱增荣在《商品房买卖合同》及《补充协议书》中关于面积差异的相关约定合法有效，并不存在违反法律、行政法规的强制性规定，对双方均具有约束力。2. 原审法院酌情确定朱增荣的损失为 13000 元，明显缺乏依据。一方面，朱增荣在与云恒公司订立《商品房买卖合同》时即已明知其对套内建筑面积可能发生误差,且其对套内建筑面积的增加或减少不享有相应的财产权利;另一方面,云恒公司交付的讼争房屋无论在户型、结构、空间尺寸、朝向、功能等方面均与《商品房买卖合同》约定一致,并未给朱增荣造成任何损失。但朱增荣却置合同约定于不顾,提出无理主张。原审法院在没有任何依据的情况下,随意地确定了朱增荣的损失为 13000 元并判令云恒公司承担赔偿责任,明显缺乏依据。3. 云恒公司和朱增荣已经按照约定对房价款及房屋面积补差进行了处理,《商品房买卖合同》已经履行完毕,朱增荣无权另行主张赔偿责任。云恒公司和朱增荣已签署了《商品房交接书》,对讼争房屋的房价款、面积差异处理等进行了核对和确认,并补差了相应房款,开具了相应发票。作为出卖方,云恒公司已经向朱增荣交付了房屋,作为买受人,朱增荣也向云恒公司支付了全部房款,双方在《商品房买卖合同》项下的主要权利义务已经履行完毕且无异议。朱增荣单方推翻原有的约定,其主张既无合同依据也不受法律保护。综上所述,请求:1. 判决撤销一审判决,并依法判决驳回朱增荣原诉讼请求。2. 判决朱增荣承担一、二审诉讼费用。

被上诉人朱增荣二审未发表意见。

法院观点

云恒公司与朱增荣签订的《浙江省商品房买卖合同》系双方当事人真实意思表示,且不违反法律、行政法规的强制性规定,合法有效。该合同虽然没有对“得房率”这一概念直接做出约定,但按照该合同,可以计算得出涉案房屋套内建筑面积与建筑面积之间的比例。云恒公司最终交付的房屋在建筑面积上确实符合合同约定的标准,但该房屋套内建筑面积与建筑面积之间的比例与合同中所体现出的比例存在较大差距。原审法院考虑到这一差距明显超过了合理范围,酌情判令云恒公司赔偿朱增荣损失 13000 元,尚属合理。综上所述,原审法院认定事实清楚,适用法律正确。

律师点评

在我国现行的商品房预售制度下,开发商在预售房屋时并不能准确计算房屋的具体面积等情形,只能按照施工图进行平面预测,这与最终的房屋面积可能存在一定的出入。另外,我国销售商品房的惯例是以建筑面积计价,而非套内面积,这就导致房屋户型的设计和公摊面积的计算变得对买房者来说非常重要，从而产生了“得房率”这个说法。

一、何为“得房率”

开发商在上诉中反复强调，“得房率”这个说法是模糊不清的，缺乏实际标准。的确，纵观我国目前的法律法规，对于“得房率”这个概念均没有详细的定义。但是法律法规没有定义不代表这个概念就缺乏实际标准或者操作性。按照商品房的交易惯例，“得房率”就是指套内建筑面积（套内面积）与每户建筑面积（建筑面积）的比值。套内面积和建筑面积本身是确定的，也是开发商必须要告知买房者的，在这个基础上，得房率也是确定的。

更何况，开发商在前期宣传中也提到过“80%得房率”（相信绝大多数开发商都会在宣传时提到“得房率”）这个说法，现在开发商再来纠结“得房率”这个概念是否清晰显然是缺乏诚信的。

二、面积差异的处理

由于建设工程的复杂性和变化性，要求建成的商品房和施工图完全一致几乎是不可能的，合理的误差是完全允许的。《最高人民法院关于审理商品房买卖合同纠纷案件适用法律若干问题的解释》第十四条规定：“出卖人交付使用的房屋套内建筑面积或者建筑面积与商品房买卖合同约定面积不符，合同有约定的，按照约定处理；合同没有约定或者约定不明确的，按照以下原则处理：（一）面积误差比绝对值在3%以内（含3%），按照合同约定的价格据实结算，买受人请求解除合同的，不予支持；（二）面积误差比绝对值超出3%，买受人请求解除合同、返还已付购房款及利息的，应予支持。买受人同意继续履行合同，房屋实际面积大于合同约定面积的，面积误差比在3%以内（含3%）部分的房价款由买受人按照约定的价格补足，面积误差比超出3%部分的房价款由出卖人承担，所有权归买受人；房屋实际面积小于合同约定面积的，面积误差比在3%以内（含3%）部分的房价款及利息由出卖人返还买受人，面积误差比超过3%部分的房价款由出卖人双倍返还买受人。”

从前述司法解释的规定中可以看出，最高法院对于面积差问题是分成两个阶段来处理的。正负3%以内的面积差，并非违约行为，双方据实结算；超过3%的，买房者有选择权——选择解除合同收回房款及利息或者要求开发商承担违约责任（赠送超过3%的面积或者双倍返还价款）。从这个角度来看，最高法院认可的商品房合理的面积差为3%，超过该面积差的按照违约处理，未超过的按照合同正常处理。这也是符合现实情形和商品房开发实际的一种制度性安排。

三、本案的面积差来源

本案中涉案房屋买卖合同中约定的套内面积为75.68平方米，实际套内面积为71.25平方米，差异达到了5.9%，显然超过了前述司法解释规定的3%的合理范围。这种差异主要是因为对于“门厅”（电梯前室到入户门部分的通道）是否要计入房屋套内面积所致。

按照我国现行法律法规，商品房在建成后必须由有资质的测绘机构测绘并绘制户型图，该图作为不动产权证书（房产证）的附图，具有法律效力。本案中，开发商认为“门厅”应当计入套内面积，而测绘机构则持相反意见，在两者发生争议的时候，显然测绘机构更有权威性，应当以测绘机构的测绘结果为准。

另外，之所以产生“门厅”是否应当计入这样的争议，显然说明开发商在预测房屋面积时没有咨询测绘机构的意见，也没有按照相关测绘标准进行预测。这也并不奇怪，买房者对于那些公摊面积小、套内面积大的房屋总是有着天生的好感，开发商迎合买房者的这种选择偏好，投其所好，夸大宣传也在所难免。

正是基于以上的理由，法院认为开发商在本案中应当按照司法解释的规定支付买房者面积损失赔偿款是于法有据的。

当然，本案中法院考虑到了“门厅”在这个户型中的使用特殊性。与其他公共面积，例如，电梯井、安全通道等不同的是，“门厅”虽然不能计入套内面积，但是与露台一样，基本上只能由本案的买房者单独使用，具有一定的专用性。由此法院对于该赔偿款进行了一定调整也是可以理解的，也是法院行使自由裁量权、维护各方当事人利益平衡的体现。

需要指出的是，本案中的开发商云恒公司与其买房者就该楼盘的纠纷并非本案个例，类似的案件尚有多起。说明开发商为了将房屋推销出去，在宣传时使用了夸大的手法。这样的开发商显然谈不上诚信，这样的案件也会使得开发商的口碑和品牌蒙受损失。在目前房地产进入转型期的当下，更多的资源会向那些品牌开发商进行倾斜，靠这种夸大的方式进行宣传的开发商，最终只会得不偿失，被市场所淘汰。

五、商品房代理销售中“一房二卖”的惩罚性赔偿责任

案例9　湖北金华实业有限公司与武汉皓羽地产顾问有限公司包干销售合同纠纷案

□ 胡梦平

关　键　词： 商品房；销售代理；一房二卖；惩罚性赔偿

案件索引： 最高人民法院再审(2012)民抗字第24号

判决结果

一审：一、解除苏金水与湖北金华实业有限公司签订的06号商铺《武汉市商品房买卖合同》；二、武汉皓羽地产顾问有限公司于本判决生效之日起十日内向苏金水返还购房款5631010元并赔偿其资金占用损失(以购房款为基数，自2006年5月1日起至2008年4月7日止，按中国人民银行规定的同期贷款利率计付)；三、驳回苏金水的其他诉讼请求。

二审：一、维持湖北省武汉市中级人民法院(2008)武民初字第56号民事判决主文第二项；二、撤销湖北省武汉市中级人民法院(2008)武民初字第56号民事判决主文第一、三项；三、解除苏金水与湖北金华实业有限公司签订的06号、07号商铺《武汉市商品房买卖合同》；四、湖北金华实业有限公司对武汉皓羽地产顾问有限公司的给付义务承担补充赔偿责任；五、湖北金华实业有限公司于本判决生效之日起十日内赔偿苏金水2815505元；六、驳回苏金水的其他诉讼请求。

再审：维持原判。

案情简介

抗诉机关:中华人民共和国最高人民检察院

申诉人(一审被告、二审被上诉人):湖北金华实业有限公司(以下简称“金华公司”)

被申诉人(一审原告、二审上诉人):苏金水

被申诉人(一审被告):武汉皓羽地产顾问有限公司(以下简称“皓羽公司”)

2005年3月12日,金华公司与皓羽公司签订一份《“楚天星座”商品房保底包干销售合同》,同年6月,双方签订一份《销售代理补充协议》。2006年3月28日,双方签订一份《〈“楚天星座”商品房保底包干销售合同〉补充协议》。双方在《“楚天星座”商品房保底包干销售合同》中约定:皓羽公司代理销售由金华公司开发的“楚天星座”项目,项目位于武汉市江汉区青年路与万松园横路交会处,该商品房建筑面积约5万平方米;金华公司委托皓羽公司代理销售的商品房建筑面积除住宅两层、商铺700平方米外,其余全部属于代理范围,所有对外销售面积由金华公司签字盖章后,交由皓羽公司负责对外销售,具体房型面积作为本合同的附件;为保证销售工作的正常进行,金华公司指定一名销售负责人联系及配合皓羽公司的销售工作,指定财务人员负责收取客户支付的房款并开具有效收据;该项目的《商品房买卖合同》以及文件均需由金华公司加盖公章后方能生效,其他任何单位和个人签订均属无效。在《〈“楚天星座”商品房保底包干销售合同〉补充协议》中约定有:2006年4月为宣传炒作本楼盘的策划月,此月暂封盘1个月。

2006年4月,苏金水与金华公司就购买06号、07号商铺,双方签订了《〈楚天星座〉商品房认购合同》,该两份认购合同均载明甲方(出卖方)为金华公司,乙方(买受方)为苏金水,并均加盖有“湖北金华实业有限公司楚天星座销售合同专用章”,该两份认购合同亦载明售楼部地址是青年路与万松园横路交会处以及认购房号分别是06号和07号商铺。同月,苏金水与金华公司的房屋销售代理商皓羽公司销售人员签署了两份《武汉市商品房买卖合同》。其中第一份合同约定:出卖人为金华公司,委托代理机构为皓羽公司,买受人为苏金水;买受人所购商品房为一层06号商铺;建筑面积为145.39平方米,价款为每平方米30476.72元,合计4431010元;该合同出卖人一份,买受人一份,房产部门一份,银行一份。在该合同的出卖人签章处盖有“湖北金华实业有限公司楚天星

座销售合同专用章”,买受人签章处有苏金水的签字。该合同有多处涂改及所附图纸齐缝印不全的现象。另外,第二份合同约定的当事人与上述合同一致,其约定的买受人所购商品房为一层07号商铺;建筑面积64.40平方米,价款为每平方米33385.09元,合计2150000元;该合同出卖人一份,买受人一份,房产部门一份。在该合同的委托代理机构签章处盖有“武汉皓羽地产顾问有限公司销售合同专用章”,买受人签章处有苏金水的签字,金华公司未在该合同的出卖人签章处签章。苏金水除20000元系现金支付外,于2006年4月11日和4月30日分五次通过皓羽公司报批安装在“楚天星座”的POS机向皓羽公司支付购房款4211010元,并于2006年5月17日通过银行转账支付了购房款1400000元。皓羽公司分别于2006年4月11日、4月30日和5月17日向苏金水开具2000000元、2231010元和1400000元三张收款收据,其金额共计5631010元,其中,皓羽公司开具的2000000元收据载明为定金,与两份认购合同记载的定金合计金额相符。

皓羽公司于2006年6月20日向金华公司发出《解除〈“楚天星座”商品房保底包干销售合同〉的通知》,表示因金华公司提供不具备合法销售资格的房产,不能按约支付代理佣金,导致合同目的不能实现,故通知解除合同。此后,皓羽公司销售人员退出售楼部并于2006年7月30日对安装在“楚天星座”的POS机办理了撤机手续,金华公司重新组织人员对该项目进行销售。皓羽公司向金华公司发出解除合同通知后,仍持有部分房屋销售合同等材料的原件,湖北省武汉市中级人民法院已于2006年8月29日组织双方办理了移交手续。2006年9月29日,金华公司将本案讼争的07号商铺出售给李晶,商品房买卖合同于2006年9月30日向武汉市房产管理局备案。2006年10月31日,苏金水到“楚天星座”售楼部要求办理交房手续时,金华公司以该公司并未与其签订合同,也未收到其购房款为由拒绝办理交房手续,从而引起本案纠纷。苏金水于2006年11月14日向武汉仲裁委员会申请仲裁。2007年1月16日,金华公司将本案讼争的06号商铺出售给李少伟,商品房买卖合同于2007年1月17日向武汉市房产管理局备案。2007年7月16日,武汉仲裁委员会作出(2006)武仲裁字第00858号裁决书。2007年9月20日,金华公司向湖北省武汉市中级人民法院申请撤销该裁决书。2008年1月11日,湖北省武汉市中级人民法院以(2007)武仲监字第369号民事裁定书撤销该裁决书。2008年4月7日,苏金水向湖北省武汉市中级人民法院提起本案诉讼,请求判令:1. 确认苏金水与金华公司就“楚天星座”06号、07号商铺签署的《武汉市商品房买卖合同》有效;

2. 金华公司的行为导致合同目的无法实现，判决解除苏金水与金华公司就“楚天星座”06号、07号商铺签署的《武汉市商品房买卖合同》；3. 金华公司返还苏金水购房款5631010元，并赔偿利息损失689235元；4. 金华公司赔偿苏金水5631010元及仲裁费107240元；5. 皓羽公司就上述第三项请求承担连带责任；6. 由金华公司、皓羽公司承担本案全部诉讼费用及财产保全费用。

各方观点

抗诉机关最高人民检察院认为二审判决适用法律错误：一、《最高人民法院关于审理商品房买卖合同纠纷案件适用法律若干问题的解释》第八条第二款规定，商品房买卖合同订立后，出卖人又将该房屋出卖给第三人的，可向出卖人主张不超过购房款一倍的赔偿。该条款作为对惩罚性赔偿金的规定，旨在制裁和遏制欺诈、恶意毁约等摒弃诚实信用原则、严重损害市场交易安全的行为。因此其适用的前提是出卖人具有恶意违约故意的情形。二、根据庭审查明的事实：皓羽公司并未将出售两处涉案商铺的事实告知金华公司。金华公司于2006年9月30日出售07号商铺时，苏金水尚未向其主张交房，该房屋纠纷亦未进入仲裁或诉讼程序，也即金华公司是在不知07号商铺已售的前提下另售他人，且07号商铺合同“出卖人”处无签章，仅“委托代理机构”处盖有皓羽公司的公章。金华公司并无《最高人民法院关于审理商品房买卖合同纠纷案件适用法律若干问题的解释》第八条第二款中“一房数卖”的主观恶意，更没有隐瞒实情的欺诈故意；而金华公司出售06号商铺是在2007年1月16日，在苏金水向其主张交房，且涉房纠纷已进入仲裁审理过程之中而为，也即金华公司系在明知06号商铺存在纠纷且尚未解决的前提下再次出售，具有明显的故意，其行为是导致06号商铺存在纠纷且尚未解决的情形下，出现“一房二售”客观事实的根本原因。由此可见，06号合同与07号合同目的无法实现的根本原因不同，适用法律的前提亦不相同。二审判决适用该《最高人民法院关于审理商品房买卖合同纠纷案件适用法律若干问题的解释》第八条第二款判令金华公司向苏金水支付06号、07号两套商铺购房款50%的惩罚性赔偿，判令金华公司赔偿苏金水2815505元，适用法律确有错误。三、二审判决判令解除苏金水与金华公司签订的合同错误，06号合同上盖有金华公司销售合同专用章，而07号合同“出卖人”处无签章，仅“委托代理机构”处盖有皓羽公司的公章，即皓羽公司出卖07号商铺与金华公司无关。且苏金水向皓羽公司支付的购房款5631010元，皓羽公司并未交付金华公司。金华公司完全在不知情的情况下将07号商铺另卖他人，金华公司不存在恶意。故07号商铺不存在解除合同的问题。二审判决判令解除苏金水与金华公司签订的07号合同错误。同理,金华公司对皓羽公司返还苏金水购房款5631010元承担的补充赔偿责任亦不应包含07号商铺的购房款。

申诉人金华公司同意抗诉意见并认为:一、皓羽公司无权销售"楚天星座"06号、07号商铺,该公司违反双方合同约定,超出代理销售范围,在楚天星座楼盘封盘期间,将"楚天星座"06号、07号商铺出售给苏金水是越权行为,该行为对金华公司没有约束力,其责任由行为人皓羽公司承担。二、苏金水在购房中存在严重过错,不构成表见代理的法律特征。广告宣传系2006年5月1日"倾情推出",苏金水却在2006年4月与皓羽公司签订合同;苏金水对存在明显缺陷的购房合同未尽到必要的审查义务,06号合同和07号合同版本不一致,两份合同主体印章不一致、内容不同,06号合同有多处涂改粘贴痕迹,付款收据由皓羽公司而非金华公司出具,苏金水部分房款系支付给了曾庆婷个人。三、本案中皓羽公司超越代理权销售"楚天星座"06号、07号商铺,且金华公司无过错,本案也不构成表见代理的法律特征,金华公司销售06号、07号商铺的行为不构成违约,金华公司不应当承担对皓羽公司返还苏金水购房款的补充责任和向苏金水承担购房款50%的赔偿责任。请求撤销湖北省高级人民法院(2009)鄂民一终字第28号民事判决并改判06号合同、07号合同无效,驳回苏金水要求金华公司返还购房款、赔偿利息损失、赔偿5631010元及仲裁费的诉讼请求,一、二审诉讼费及财产保全费全部由苏金水承担。

被申诉人苏金水答辩称:一、抗诉书认为两份购房合同是有效的,申诉人却认为两份合同无效,根据《最高人民法院关于适用〈中华人民共和国民事诉讼法〉审判监督程序若干问题的解释》第三十三条的规定,抗诉再审案件审理范围必须是抗诉支持当事人请求的范围,鉴于抗诉并未支持金华公司的申诉请求,本案再审程序应到此(指本案庭审时)终结,金华公司的观点不应纳入再审范围。二、就检察机关现有抗诉理由而言,违背了民事代理制度的基本原则,以牺牲交易安全为代价,对民事交易活动的诚信环境造成了极大损害。皓羽公司系金华公司授权销售代理人,皓羽公司有权代理销售涉案的房屋,本案是代理销售,不是表见代理,涉案合同直接约束商铺的出卖人。就07号商铺而言,购房合同首页已明确表明了金华公司的出卖人身份和皓羽公司的代理人身份,皓羽公司在合同尾页代理人签章处盖章,这是代理人表明被代理人身份情况下做出的代理销售行为,而抗诉书的观点仅仅因为尾页上只有皓羽公司的公章,就认为该合同与金华公司无关,绝对是对代理制度的严重误解。无论事实上金华公司是否知晓,皓羽公司的行为都代表了金华公司,在民事法律关系上只能认定金华公司知晓,即在房产已经销售后再次销售,导致苏金水合同目的无法实现,应承担双倍赔偿责任。二审判决仅判令金华公司承担对房款的补充赔偿和50%的违约赔偿责任,已是绝对宽容。三、湖北省武汉市中级人民法院撤销本案仲裁裁决、一审判决结果和执行行为均存在违法情形。四、金华公司逃避责任,其相关观点缺乏法律基础。本案仅需查明代理关系是否成立;金华公司认为合同存在涂改所以无效,但其提交一审法院的授权委托书、律所所函等均有明显涂改;苏金水作为购房人六年多以来房款没退、房产被另售,而皓羽公司与金华公司既无任何损失也未实际承担责任;金华公司是在利用诉讼推卸自己选择伙伴不当的责任。五、本案应认定金华公司在两份销售合同中,具有"一房二售"的违约行为,导致合同目的无法实现,应判决金华公司承担全部款项的双倍赔偿责任,但苏金水尊重二审判决结果。请求以申诉人没有同意抗诉意见为由,驳回申诉人的申诉。

被申诉人皓羽公司答辩称:一、皓羽公司作为金华公司楼盘销售代理人,其代理行为所产生的法律后果应由金华公司承受。本案中,皓羽公司作为金华公司所开发楼盘"楚天星座"的包销代理人,其代理权毋庸置疑,金华公司是否知晓皓羽公司的行为以及皓羽公司是否将苏金水交纳的房款交付金华公司的事实均不构成代理无效的事由,皓羽公司履行《商品房保底包干销售合同》所产生的违约行为不能对抗该合同以外的第三人:苏金水购买金华公司开发的"楚天星座"楼盘商铺而签署的《武汉市商品房买卖合同》合法有效,由此产生的一切法律后果依据合同法及民法通则之规定应由身为委托人的金华公司承受;皓羽公司承认截取苏金水购房款的行为不当,亦导致本案的发生,但皓羽公司的行为也系金华公司无故拒绝支付代理佣金及溢价分成之后的无奈之举,实为采取不恰当的自我救济措施将自身的经营风险转嫁与苏金水,为此,皓羽公司一再同意将对金华公司享有的近800万元债权转让与苏金水享有,以弥补自身行为给其造成的损失。二、二审判决金华公司承担"一房二卖"的赔偿责任认定事实清楚、适用法律准确。关于商品房买卖的司法解释中,未要求查明"一房二售"的主观故意。无论事实上金华公司是否知晓苏金水已签署《武汉市商品房买卖合同》,皓羽公司的行为均代表了金华公司。在民事法律事实上必然只能认定金华公司对此是知晓的。即金华公司在本案诉争商铺已经销售后再次销售的行为,导致苏金水签署的《武汉市商品房买卖合同》目的无法实现,则金华公司就应承担双倍以内的赔偿责任。请求维持二审判决。

法院观点

关于原审对金华公司与皓羽公司之间签订的包干销售合同及补充协议合法有效的认定一节，鉴于金华公司与皓羽公司对其并无争议，检察机关亦未对其提出抗诉，且上述合同不违反法律法规的强制性规定，本院予以确认。基于检察机关的抗诉及当事人的诉辩意见，本案的主要争议焦点可以归纳为：一是皓羽公司向苏金水销售06号、07号商铺行为的法律后果是否应归属于金华公司；二是金华公司是否因另售06号、07号商铺而对苏金水承担相应赔偿责任。

一、关于皓羽公司向苏金水销售06号、07号商铺行为的法律后果是否应归属于金华公司的问题

根据《中华人民共和国民法通则》第六十三条的规定，被代理人对代理人在代理权限内以被代理人名义实施的代理行为，承担民事责任。因此，本案皓羽公司销售行为的法律后果是否归属于金华公司，取决于皓羽公司的销售行为是否构成有权代理。本院认为皓羽公司的销售行为已构成有权代理，理由是：第一，在销售涉案楼盘时，金华公司已授予皓羽公司独家全程的代理权限。金华公司与皓羽公司签订的《"楚天星座"商品房保底包干销售合同》第二条约定，"甲方（指金华公司）授权乙方（指皓羽公司）为该项目独家全程销售代理，代理范围包括项目营销策划、销售代理、广告宣传等。非因本合同到期或解除及甲方前期界定之外，甲方不得自行销售，或委托其他公司、个人进行销售"，该条约定已明确授予皓羽公司销售涉案楼盘的代理权限，相关报纸广告等宣传材料上亦标明皓羽公司作为该楼盘"全程营销"的代理人的法律地位。第二，皓羽公司系以金华公司的名义而非以皓羽公司自身名义销售涉案商铺。06号合同和07号合同首部均载明出卖人为金华公司，并明确皓羽公司的身份为金华公司的委托代理机构。第三，06号合同和07号合同尾部均有苏金水签字，06号合同尾部加盖有出卖人金华公司的销售合同专用章，07号合同尾部亦有皓羽公司以金华公司委托代理人身份加盖的销售合同专用章。第四，苏金水购买商铺的过程中还取得了06号、07号商铺的《（楚天星座）商品房认购合同》，该两份认购合同均加盖有金华公司的销售合同专用章。第五，苏金水系在楼盘售楼处现场签订06号合同与07号合同并通过现场POS机支付主要购房款。可见，皓羽公司以金华公司名义向苏金水销售涉案商铺的行为，足以认定构成有权代理，且苏金水作为普通购房者亦有较为充分理由相信皓羽公司具有销售涉案商铺的代理权限。另外，部分楼盘宣传材料上虽有2006年5月1日"倾情推出"的表述，但此种表述并未包含对外宣示禁止皓羽公司于 2006 年 5 月 1 日之前销售涉案商铺的意思;同时,金华公司与皓羽公司就封盘期间、收款权限、签章权限等事项做出的若干约定均系金华公司与皓羽公司之间的内部约定,并未对外公示,不能对抗善意的购房者;而金华公司再审中主张 06 号、07 号商铺不在皓羽公司授权销售的范围之内但皓羽公司予以否认,且金华公司未能举证予以证实,故就金华公司关于皓羽公司销售涉案商铺系越权行为对金华公司无约束力的主张,本院不予支持。至于金华公司提出因存在苏金水未注意涉案楼盘广告宣传系 2006 年 5 月 1 日"倾情推出"、苏金水未对合同的版本、涂改和签章及收据出具主体等进行必要审查、苏金水部分款项系通过皓羽公司财务人员中转等情形而应认定苏金水在购房中存在严重过错从而不构成表见代理的主张,在论证前提上即与本案中皓羽公司销售行为应系有权代理的性质不符,且结合本案代理销售、广告营销、合同签订与款项支付的前述具体过程与情形,金华公司关于合同相对方过错标准的主张亦超出了苏金水作为普通购房者的合理注意义务,本院不予支持。综上所述,皓羽公司基于有效的委托代理关系所实施的代理行为不违反法律法规禁止性规定,应认定为有效,其代理行为的法律后果应直接约束被代理人,所产生的民事责任直接由被代理人承担。皓羽公司作为委托代理人签订的 06 号、07 号合同应直接约束被代理人金华公司,皓羽公司作为委托代理人收取款项的法律后果亦应归属于被代理人金华公司,皓羽公司所产生的相应民事责任应由金华公司承担。另,皓羽公司向苏金水销售涉案商铺系以被代理人金华公司的名义而并非以其自身名义,而成立隐名代理的必要前提之一系受托人以自己的名义与第三人订立合同,故二审判决适用《中华人民共和国合同法》第四百零二条认为皓羽公司销售 07 号商铺的行为构成隐名代理,对合同效力的最终认定虽无影响,但属于适用法律不当,本院予以纠正。

二、关于金华公司是否因另售 06 号、07 号商铺而对苏金水负担相应赔偿责任的问题

根据《最高人民法院关于审理商品房买卖合同纠纷案件适用法律若干问题的解释》第八条规定:"具有下列情形之一,导致商品房买卖合同目的不能实现的,无法取得房屋的买受人可以请求解除合同、返还已付购房款及利息、赔偿损失,并可以请求出卖人承担不超过已付购房款一倍的赔偿责任:(一)商品房买卖合同订立后,出卖人未告知买受人又将该房屋抵押给第三人;(二)商品房买卖合同订立后,出卖人又将该房屋出卖给第三人。"可见,只要出卖人在商品房买卖合同订立后事实上存在将该房屋出卖给第三人的行为,无法取得房屋的买受人即可请求出卖人承担不超过已付购房款一倍的赔偿责任，且上述规定中并不存在此种赔偿责任的适用以出卖人具有恶意违约故意为前提的规定。2006年4月，皓羽公司作为委托代理人与苏金水订立06号合同与07号合同，法律后果上即为被代理人金华公司已与苏金水订立06号合同与07号合同，此后金华公司向苏金水之外的第三人出卖房屋并导致苏金水无法取得06号、07号商铺，苏金水即有权依据《最高人民法院关于审理商品房买卖合同纠纷案件适用法律若干问题的解释》第八条第二项规定请求金华公司承担不超过其已付购房款一倍的赔偿责任。而金华公司的相关申诉请求实质上系将其选择及监督委托代理人的经营风险不当转嫁于购房者，本院不予支持。在金华公司另售商铺导致06号、07号合同已无继续履行可能的情况下，二审法院依据苏金水的诉讼请求而判令解除06号、07号合同并无不当。同时，二审酌情判决金华公司向苏金水承担购房款金额50%的赔偿责任，作为相关权利的有权处分人，苏金水在再审中表示尊重二审该判决结果，故本院对该赔偿比例不予调整。

（一）关于再审审理范围的问题。苏金水再审中提出因抗诉并未支持金华公司的申诉请求，应根据《最高人民法院关于适用〈中华人民共和国民事诉讼法〉审判监督程序若干问题的解释》第三十三条规定，金华公司的观点不应纳入再审范围。苏金水该项主张的基础系其认为抗诉理由与金华公司对两份购房合同效力认识理由存在不同，但当事人的诉讼请求不同于支持当事人提出请求的理由和依据，金华公司对合同效力认识所提出的理由和依据不同于抗诉所提出的理由和依据，并不意味其申诉请求未获得抗诉支持，且金华公司的再审请求并未超出本案原审的审理范围，因此对苏金水的该项主张，本院不予支持。苏金水再审中还提出此前湖北省武汉市中级人民法院撤销本案仲裁裁决、一审判决结果和执行行为均存在违法情形，因本院再审此案系基于最高人民检察院对湖北省高级人民法院二审判决所提出的抗诉，其审理范围一般应以原审审理范围为限，苏金水的前述主张并未在原审中主张，显然不属于本案再审审理范围，本院不予处理。

（二）关于二审判决确定皓羽公司所承担责任是否应当变更的问题。在委托代理人皓羽公司销售06号、07号商铺的行为构成有权代理且06号、07号合同被解除的情况下，根据法律的规定，应由被代理人金华公司单独承担向苏金水返还购房款及赔偿资金占用损失的给付义务，二审法院却判令皓羽公司向苏金水返还购房款及赔偿资金占用损失并由金华公司对此负补充赔偿责任，本院本应依法予以纠正，但考虑到如予改判将加重申诉人金华公司的责任负担，加之二审判决关于赔偿责任的此种认定既未超出苏金水诉讼请求的总体范围,也未实质损害苏金水的利益,还未损害国家利益和社会公共利益,同时苏金水再审中对此未提出异议,作为有权处分其自身权利的民事主体皓羽公司在再审中亦要求维持二审判决,故为尊重当事人的处分权和维护已进入稳定的社会关系和秩序,本院对此不做变更。

律师点评

本案涉及的经代理销售的商品房在买卖过程中存在"一房二卖"行为时的赔偿问题。商品房市场价格受政策变化、市场需求等因素影响波动性大,并且商品房的公示登记制度使得很多商品房买受人在签订了《商品房买卖合同》后并不能当然享有商品房的所有权,因此商品房买卖市场经常出现"一房二卖"的现象。本案中,商品房销售代理商将商品房销售给本案原告之后,开发商又将该房屋向他人销售并办理了产权登记,实质上影响了本案原告的利益。结合法律规定和司法实践情况,从以下几个方面对本案进行法律分析。

一、有权代理与表见代理的认定

有权代理是指代理人在授权的范围内以被代理人的名义行使代理权,其行为后果全部由被代理人承担。表见代理属于无权代理的一种,但是其行为后果的责任承担主体又区别于一般的无权代理。《中华人民共和国合同法》第四十九条规定:"行为人没有代理权、超越代理权或者代理权终止后以被代理人名义订立合同,相对人有理由相信行为人有代理权的,该代理行为有效。"该条规定的意义在于维护代理制度的诚信基础,保护善意第三人的合法权益,建立正常的民事流转秩序。

本案中,销售代理商在代理期限内将涉案商品房售予原告,属于在代理权限内的正常代理行为,且三方签订过《商品房认购合同》,可以说明开发商已经充分了解商品房的出售情况。代理人与开发商之间代理关系的终止也不影响在代理关系终止前销售代理商与购房者签订的《商品房买卖合同》的效力。

虽然销售代理人无权收取购房款,但是该表见代理行为并不影响其代理开发商进行商品房出售的基础代理行为的有效性,销售代理商将涉案房屋出售应视为开发商的出售行为,其出售商品房的行为后果亦由被代理人即开发商承担。

二、惩罚性赔偿责任的认定及承担

结合上述分析,开发商在明知涉案商品房已经有效出售的情况下,又将该商品房售予他人并完成产权登记的行为属于“一房二卖”。根据《最高人民法院关于审理商品房买卖合同纠纷案件适用法律若干问题的解释》第八条规定的“具有下列情形之一，导致商品房买卖合同目的不能实现的，无法取得房屋的买受人可以请求解除合同、返还已付购房款及利息、赔偿损失，并可以请求出卖人承担不超过已付购房款一倍的赔偿责任：（一）商品房买卖合同订立后，出卖人未告知买受人又将该房屋抵押给第三人；（二）商品房买卖合同订立后，出卖人又将该房屋出卖给第三人”。购房者可要求开发商承担不超过已付购房款一倍的“惩罚性赔偿”。

本案中，在销售代理商销售涉案房屋的行为构成有权代理且涉案房屋购买合同被解除的情况下，根据法律的规定，应由被代理人即开发商单独承担向原告购房者返还购房款及赔偿的给付义务。但是本案存在特殊性，二审判令销售代理商向购房者返还购房款及赔偿资金占用损失，开发商对销售代理商的给付义务承担补充赔偿责任，如予改判将加重申诉人的责任负担，与“上诉不加刑”原则不符，并且一审原告在再审中作为再审被申请人对此未提出异议，销售代理商在再审中亦要求维持二审判决，从尊重当事人的处分权和维护已进入稳定的社会关系和秩序的角度出发，再审法院对此未作变更。

三、惩罚性赔偿具体数额的认定

根据《最高人民法院关于审理商品房买卖合同纠纷案件适用法律若干问题的解释》第八条的规定，购房者可要求开发商承担不超过已付购房款一倍的“惩罚性赔偿”。法律规定的数额限制是“不超过已付购房款一倍”，但是在个案中赔偿的具体数额还需结合当事人的主张由法院认定。实践中，若是开发商单方过错，当事人主张的赔偿数额又在已付购房款一倍范围内，法院一般不会再进行调整。特殊情况下，若购房者自身对开发商的“一房二卖”行为亦存在过错或惩罚性赔偿数额确实与购房者因此受到的损失数额不相符合，法院可能会基于公平原则依职权对“惩罚性赔偿”的具体数额进行调整。本案中，法院便结合当事人的过错比例对购房者主张的“惩罚性赔偿”的具体数额进行了调整。

六、入户花园引起的面积差纠纷

案例10　杨文绣、林维奏与温州新雅房地产开发有限公司商品房预售合同纠纷上诉案

□王永皓

关键词：面积差；双倍；返还

案件索引：一审案号：苍南县人民法院（2015）温苍民初字第167号

二审案号：温州市中级人民法院（2015）浙温民终字第2213号

判决结果

一审：判决温州新雅房地产开发有限公司付杨文绣、林维奏面积损失赔偿金及逾期违约金。

二审：驳回上诉，维持原判。

案情简介

上诉人（原审原告）：杨文绣、林维奏

被上诉人（原审被告）：温州新雅房地产开发有限公司（下称“新雅公司”或“开发商”）

2012年8月17日，杨文绣、林维奏与新雅公司签订商品房买卖合同一份，约定购买新雅公司开发的苍南县钱库镇“钱皇绿都”第1幢1602室商品房。合同第三条约定该商品房建筑面积共137.32平方米，其中，套内建筑面积113.26平方米，应分摊的共有建筑面积24.06平方米。第五条约定该商品房按建筑面积计算单价为每平方米9819.36元，总金额为1348394元。第六条约定：合同约

定面积与产权登记面积有差异的，以产权登记为准。……面积误差比绝对值超过3%时，买受人有权退房。……买受人不退房的，产权登记面积大于合同面积时，面积误差比在3%以内（含3%）部分的房价款由买受人补足，超出3%部分的房价款由出卖人承担，产权归买受人。产权登记面积小于合同登记面积时，面积误差比绝对值在3%以内（含3%）部分的房款由出卖人返还买受人，超出3%部分的房款由出卖人双倍返还买受人。第九条约定出卖人应当在2013年9月30日前，将符合下列条件的商品房交付买受人使用：1. 建设工程经竣工验收合格，并取得建设工程竣工验收备案证明；2. 取得法律、行政法规规定应当由规划、公安消防、环保等部门出具的认可文件或准许使用文件；3. 用水、用电、用气、道路等，具备商品房正常使用的基本条件。第十条约定了出卖人逾期交房的违约责任：逾期不超过60日，自本合同第九条规定的最后期限的第二天起至实际交付之日止，出卖人按日向买受人支付已交付房价款万分之零点二的违约金，合同继续履行。……第十六条约定出卖人承诺于2014年3月30日前取得土地、房屋权属证书交付给买受人，如逾期按下列约定处理：1. 约定日期起90日内，出卖人交付权属证书可登记证明的，按已付房价款的0.01%承担违约责任；……合同签订后，杨文绣、林维奏于2014年3月12日向新雅公司支付了全部购房款。涉案房屋所属钱皇绿都商住楼B地块工程于2010年12月1日开工建设，2013年10月18日工程竣工并开始验收，并与同日通过了勘察、设计、施工、监理、建设单位联合验收；同年11月3日在苍南县住房和城乡规划建设局完成了工程竣工验收备案。其间，杨文绣、林维奏于2013年10月7日接收了新雅公司交付的涉案房屋。2013年11月，涉案商品房经苍南县房地产测绘有限公司测算，总建筑面积为138.19平方米，套内建筑面积为106.92平方米，公用分摊面积为31.27平方米，该测算结果双方均予以认可。2014年6月17日，涉案商品房以杨文绣、林维奏为共同共有人办理了房屋权属证书。杨文绣、林维奏据此向法院起诉要求新雅公司返还面积差的购房款并支付逾期交房的违约金。

新雅公司向杨文绣、林维奏交付房屋的结构与双方签订的商品房买卖合同中和建设工程规划许可证中的房屋平面图一致，面积则在合理误差范围内。苍南县房地产测绘有限公司对涉案房屋预测时将商品房买卖合同中的房屋平面图标示的“入户花园”计入套内建筑面积，经测算套内建筑面积为113.26平方米；竣工实测时将该“入户花园”计入公摊面积部分，经测算套内建筑面积为106.92平方米。

各方观点

上诉人杨文绣、林维奏观点：涉案商品房公摊面积的增加并没有让上诉人获得额外的利益。双方在合同中没有约定公摊面积增加的具体处理条款，故不应强行要求上诉人给予新雅公司补偿，该补偿亦无法律依据的。涉案房屋交付的建筑面积超出合同约定的建筑面积部分，上诉人已经支付了相应的房款。请求二审法院撤销原判第一项，依法改判支持上诉人的第一项诉讼请求。

上诉人新雅公司观点：第一，原审程序违法。上诉人新雅公司一审提供的"入伙通知书"，用以证明杨文绣、林维奏已接受房屋并对房屋面积及面积差额款予以确认，但原审法院对该证据未予质证和认证，导致对案件事实认定和责任划分有误。杨文绣、林维奏在原审中并未向法院提出要求赔偿面积差异损失，但原审法院判决上诉人赔偿面积损失，违反了"不告不理"的原则。第二，合同第六条约定了"建筑面积"作为面积差异的处理依据，且对"面积"二字做出了明确的解释，即该条中的"面积"即为"建筑面积"。涉案房屋实际建筑面积并未少于合同约定的建筑面积，且杨文绣、林维奏在接受房屋时也明确表示对房屋面积无异议，上诉人新雅公司就房屋面积问题不存在违约。杨文绣、林维奏未提供证据证明因套内面积减少而存在损失及损失具体金额，双方亦未约定"得房率"的损失赔偿。上诉人新雅公司对涉案房屋的面积差异不存在过错。原审法院酌情确定损失，缺乏依据。请求二审法院撤销原审判决第一项，依法改判驳回杨文绣、林维奏要求返还购房款的诉讼请求。

法院观点

涉案《商品房买卖合同》意思表示真实、主体适格、内容合法，其效力应予以确认。双方当事人应按照合同的约定全面履行各自的义务。根据合同第三条的约定，新雅公司向杨文绣、林维奏出卖涉案商品房的套内建筑面积为113.26平方米，但实际交付的套内建筑面积为106.92平方米。显然，新雅公司交付的商品房不符合该条约定，构成违约，应承担相应的违约责任。关于商品房面积误差的处理原则，《最高人民法院关于审理商品房买卖合同纠纷案件适用法律若干问题的解释》第十四条作了明确规定，合同第六条关于面积差异处理约定与该规定一致。原判以上述处理原则作为确定本案违约责任的标准，并无不当。至于新雅公司应承担多大的违约责任，本院认定应考量以下几个方面的因素：首先，新雅公司向杨文绣、林维奏交付的商品房与房屋平面图标示的结构一致,各部分的面积亦在合理的误差范围。该房屋平面图作为商品房买卖合同附件一,根据约定,与合同具有同等法律效力。其次,预测和实测套内建筑面积差异主要是预测时将“入户花园”计入套内建筑面积,而实测时则没有计入。此种情形不同于因建筑或规划设计变更等原因导致交付商品房存在面积误差。最后,“入户花园”虽未计入套内建筑面积,但从其构造和坐落位置来看,购房户可进行一定程度的利用,购房户系该“入户花园”的受益者。综合上述因素及结合公平公正的原则,原判酌情确定新雅公司赔偿损失45573元,并无不当,本院不做变动。关于原审法院是否存在程序违法的问题,新雅公司向杨文绣、林维奏交付的商品房套内面积减少,违反了合同第三条的约定,对杨文绣、林维奏的权益造成一定影响,杨文绣、林维奏基于《最高人民法院关于审理商品房买卖合同纠纷案件适用法律若干问题的解释》第十四条的规定要求新雅公司承担返还购房款等违约责任。原审法院据此适用《中华人民共和国合同法》第一百零七条关于违约责任承担方式的规定,并未违反“不告不理”的原则。另原审法院对新雅公司一审期间提供的“入伙通知书”未在判决书中记载,确有不妥。但该证据已经双方质证,从通知书记载的内容来看,其仅记载涉案房屋合同约定和实测的建筑面积,并未涉及套内建筑面积,杨文绣、林维奏在上面签字是对建筑面积的确认,而非对套内面积变更无异议,不能证明新雅公司的待证事实,故该证据并不影响原判的案件事实认定和责任划分。综上所述,上诉人的上诉理由不能成立,其据此提出上诉请求,本院不予支持。

律师点评

在我国现行的商品房预售制度下,开发商在预售房屋时并不能准确地说明房屋的具体面积等情形,只能按照施工图进行平面预测,这与最终的房屋面积可能存在一定的出入。另外,我国销售商品房的惯例是以建筑面积计价,而非套内面积,这就导致房屋户型的设计和公摊面积的计算变得对买房者来说非常重要。相信任何一个买房者都不愿花钱去买那些不属于自己的面积,如走廊、电梯井、消防通道等。因此,当开发商在预售时承诺的套内面积与实际交付的房屋面积存在差异(而且这种差异还是负向)时,买房者当然无法接受自己的房屋“缩水”的事实,提出像本案诉讼那样的损害赔偿请求也是意料之中的。

一、面积差异的处理

由于建设工程的复杂性和变化性,要求建成的商品房和施工图完全一致几乎是不可能的,合理的误差是完全允许的。《最高人民法院关于审理商品房买卖合同纠纷案件适用法律若干问题的解释》第十四条规定:“出卖人交付使用的房屋套内建筑面积或者建筑面积与商品房买卖合同约定面积不符,合同有约定的,按照约定处理;合同没有约定或者约定不明确的,按照以下原则处理:(一)面积误差比绝对值在3%以内(含3%),按照合同约定的价格据实结算,买受人请求解除合同的,不予支持;(二)面积误差比绝对值超出3%,买受人请求解除合同、返还已付购房款及利息的,应予支持。买受人同意继续履行合同,房屋实际面积大于合同约定面积的,面积误差比在3%以内(含3%)部分的房价款由买受人按照约定的价格补足,面积误差比超出3%部分的房价款由出卖人承担,所有权归买受人;房屋实际面积小于合同约定面积的,面积误差比在3%以内(含3%)部分的房价款及利息由出卖人返还买受人,面积误差比超过3%部分的房价款由出卖人双倍返还买受人。”

从前述司法解释的规定中可以看出,最高法院对于面积差问题是分成两个阶段来处理的。正负3%以内的面积差,并非违约行为,双方据实结算;超过3%的,买房者有选择权——选择解除合同、收回房款及利息,或者要求开发商承担违约责任(赠送超过3%的面积或者双倍返还价款)。从这个角度来看,最高法院认可的商品房合理的面积差为3%,超过该面积差的按照违约处理,未超过的按照合同正常处理。这也是符合现实情形和商品房开发实际的一种制度性安排。

二、本案的面积差来源

本案中涉案房屋买卖合同中约定的套内建筑面积为113.26平方米,实际套内建筑面积为106.92平方米,差异达到了5.6%,显然超过了前述司法解释规定的3%的合理范围。但是这么大的误差并非由于房屋结构、户型、尺寸等改动所造成的——实际上建成商品房的平面图与合同中的平面图是一致的,局部尺寸也没有差异——这种差异主要是因为对于“入户花园”是否要计入房屋套内面积所致。

按照我国现行法律法规,商品房在建成后必须由有资质的测绘机构测绘并绘制户型图,该图作为不动产权证书(房产证)的附图,具有法律效力。本案中,开发商认为“入户花园”应当计入套内面积,而测绘机构则持相反意见,在两者发生争议的时候,显然测绘机构更有权威性;更何况,开发商也认可了测绘机构的最终测绘结果。

另外,之所以产生“入户花园”是否应当计入房屋套内面积这样的争议,显然说明开发商在预测房屋面积时既没有咨询测绘机构的意见,也没有按照相关测绘标准进行预测。这也并不奇怪，正如前述，买房者对于那些公摊面积小、套内面积大的房屋总是有着天生的好感，开发商迎合买房者的这种选择偏好，投其所好，夸大宣传也是在所难免。

正是基于以上的理由，法院认为开发商在本案中应当按照司法解释的规定支付买房者面积损失赔偿款是于法有据的。

当然，本案中法院考虑到了“入户花园”在这个户型中的使用特殊性。与其他公共面积如电梯井、安全通道等不同的是，“入户花园”虽然不能计入套内面积，但是如露台一样，基本上只能由本案的买房者单独使用，具有一定的专用性。由此法院对于该赔偿款进行了一定调整也是可以理解的，也是法院行使自由裁量权、维护各方当事人利益平衡的体现。

七、开发商一房二卖的赔偿责任

案例11　胡晓丽与浙江楼厦实业有限公司商品房预售合同纠纷案

□ 王启明

关 键 词：一房二卖；惩罚性赔偿；延迟履行

案件索引：一审案号：杭州市滨江区人民法院(2012)杭滨民初字第239号
二审案号：浙江省杭州市中级人民法院(2013)浙杭民终字第2557号

判决结果

一审判决：一、原告胡晓丽与被告浙江楼厦实业有限公司于2009年11月5日签订的《浙江省商品房买卖合同》于本判决生效之日起解除。二、被告浙江楼厦实业有限公司于本判决生效之日起七日返还原告胡晓丽507875元及利息(从2009年11月5日起至本判决确定履行之日止，按中国人民银行同期同档次贷款基准利率计息)。三、被告浙江楼厦实业有限公司于本判决生效之日起七日赔偿原告胡晓丽506675元。四、被告浙江楼厦实业有限公司于本判决生效之日起七日支付原告胡晓丽鉴定费7437元。五、驳回原告胡晓丽的其他诉讼请求。

二审判决：驳回上诉，维持原判。

案情简介

上诉人(原审被告)：浙江楼厦实业有限公司

被上诉人(原审原告)：胡晓丽

2009年11月5日，胡晓丽与浙江楼厦实业有限公司（以下简称“楼厦公司”）签订《浙江省商品房买卖合同》。合同约定，出卖人（楼厦公司，以下同）将杭州市滨江区朗庭2幢205室商品房以每平方米6500元出售给买受人（胡晓丽，以下同），总价款为974285元。合同第七条约定，买受人于2009年11月5日缴纳首期款494285元，并于签署合同当日（或出卖人通知的7日内）办理银行按揭贷款手续并提供齐全贷款所需的全部资料及缴清按揭所需的费用。若因买受人原因，未在规定期限内办理按揭手续或未提供齐全贷款所需的资料视买受人违约，出卖人有权按合同第八条第一款的约定追究买受人的违约责任。合同第八条第一款约定，逾期超过30日后，出卖人有权解除合同。出卖人解除合同的，买受人按累计应付款的2%向出卖人支付违约金；出卖人愿意继续履行合同的，合同继续履行，自本合同规定的应付款期限之第二日起至实际全额支付应付款之日止，买受人按日向出卖人支付逾期应付款万分之二的违约金。合同第八条第二款约定，买受人以银行按揭方式付款的，若因买受人原因未能通过银行按揭审批手续，须在出卖人发出书面通知书后的七个工作日内与出卖人另行协商付款方式。若逾期未与出卖人协商，按本合同第八条处理。

2009年11月，胡晓丽按约定支付了楼厦公司首期款494285元、阳台款12390元及代办按揭等手续费1200元，合计507875元。之后，楼厦公司以2010年2月1日“胡晓丽、胡建发”签名的《解除商品房预售合同协议书》解除合同。经浙江汉博司法鉴定所鉴定，认定《解除商品房预售合同协议书》中“胡晓丽、胡建发”签名不是胡晓丽、胡建发书写。胡晓丽支付了鉴定费7437元。

2010年7月7日，楼厦公司将杭州市滨江区朗庭2幢205室商品房以每平方米6500元出售给黄碎舜，总价款为974285元，双方签订《浙江省商品房买卖合同》。

2011年5月6日，朱秀萍出具保证书载明，“因胡晓丽票据遗失，由朱秀萍代为办理相关交房事宜，若由此产生一切纠纷，由朱秀萍个人承担全部责任，与楼厦公司无关”。

2012年4月28日，经浙江经纬房地产评估有限公司评估，涉案商品房现总价值121.9万元，单价值8068元/平方米。胡晓丽支付了评估费5000元。

原告胡晓丽依约支付了购房款等共计人民币520985元。合同约定的交房期限到期后，被告却一直未通知原告交房，经原告多次向被告交涉，均未得到明确回复。原告至杭州市房产档案馆查询获悉，被告将涉案房屋另售他人并已登记于他人名下。为了维护自身合法权益，请求判决：1. 解除原、被告之间的商品房买卖合同;2. 被告返还原告已支付购房款等人民币520985元及利息(按年利率6.65%,从2009年11月4日至款项付清时止),另赔偿原告房屋差价等损失人民币231125元,由被告承担本案的评估、鉴定费用12437元;3. 被告承担原告已支付房款一倍的赔偿责任520985元;4. 由被告承担本案的诉讼费用。

各方观点

上诉人观点:一、交易过程充分说明上诉人并未一房二卖。本案所涉的朗庭2幢205室商品房,在销售之初,上诉人是以每平方米6500元的价格,以预售的方式销售给一客户的,后由于房价上涨,该顾客又将该商品房溢价转让给从事房产中介业务的本案第三人朱秀萍,朱秀萍又于2009年11月初将该商品房溢价转让给胡晓丽。为此,胡晓丽向上诉人支付了购房款507875元。上诉人也与胡晓丽签订了商品房买卖合同。同时,向杭州市滨江区房产管理部门办理了商品房预售备案登记。后由于胡晓丽未能办理银行按揭贷款手续,也未能向朱秀萍支付相应的溢价款,故经第三人胡晓丽同意,该房又转卖给第三人黄碎舜。应胡晓丽与朱秀萍的要求,上诉人与胡晓丽解除了商品房买卖合同,取消了备案登记。另外,又在朱秀萍的要求及保证下,上诉人又与黄碎舜签订了所涉商品房买卖合同,将胡晓丽所交的507875元购房款转让到黄碎舜名下,以上交易过程充分说明上诉人不存在一房二卖的事实。二、其他相关情况证实,上诉人不存在一房二卖的情况。首先,从胡晓丽自身的行为来推定,商品房预售合同已解除。合同约定的交房时间为2010年,但时至今日,胡晓丽对交房问题无动于衷。到目前为止,除提起诉讼外,胡晓丽从未就交房问题等与上诉人交涉。这足以说明胡晓丽是认可商品房预售合同已解除的。其次,预登记已变更的事实也从一个侧面反映了商品房买卖合同已解除。为了保障购房人的合法权益,与胡晓丽签订商品房预售合同后,上诉人即向滨江房产管理部门办理了商品房买卖的预登记,在与胡晓丽解除商品房买卖合同后,上诉人又及时地申请取消了以胡晓丽作为权利人的预登记,并请求将预登记的权利人变更为黄碎舜。在接到申请后,滨江区房产管理部门及时地进行变更登记,取消了以胡晓丽为权利人的预登记,将朗庭205室商品房预登记的权利人变更为黄碎舜。上诉人认为,取消预登记是以房产买卖双方权利人同意为前提的。因此,本案预登记的取消,至少说明房产登记机关是认定胡晓丽同意解除商品买卖合同的。房地产管理部门取消胡晓丽作为权利人的预登记,是从行政管理的角度证明上诉人与胡晓丽之间的商品房买卖合同已解除。最后,从第三人黄碎舜购买朗庭

2 幢 205 室商品房，只支付过按揭贷款，而未支付过购房的首付款的事实，也能从一个侧面证明胡晓丽是同意解除她与上诉人之间的商品房买卖合同，将已付购房款转入黄碎舜名下的。另外，从胡晓丽不再履行以按揭贷款为形式的支付购房款义务来看，商品房预售合同也是已经解除的。上诉人与胡晓丽所签订的商品房买卖合同明确约定，胡晓丽应在签订合同的当天办理好按揭贷款手续，如不能办理的，责任由胡晓丽承担。但事实上，胡晓丽到现在都没有办理好按揭贷款手续，也从未想办理此事，这也从一个侧面反映，商品房买卖合同已解除。综上所述，上诉人与胡晓丽之间的商品房买卖合同已解除。上诉人不存在一房二卖的行为，请求本院依法撤销原审判决，改判驳回胡晓丽的诉讼请求。

被上诉人观点：一、原审法院认定上诉人一房二卖证据确实充分。答辩人与上诉人签订了商品房买卖合同，并依约支付了首付款及其他相关款项，后上诉人又将涉案房屋出售给第三人黄碎舜。对此各方在原审中均无异议。显然，上诉人在将房屋销售给答辩人后，在未和答辩人解除合同的情况下，其又将房屋转让他人已经构成违约——即一房二卖。原审据此认定事实清楚、适用法律正确。

二、上诉人上诉所称的交易过程与事实不符。一方面上诉人并未出具相关证据表明涉案房屋存在的连环交易，并且本案的第三人也不认可存在连环交易；另一方面即使成立所谓的前述两个环节的连环交易，也是上诉人与相关人员之间内部的、违反相关法律的约定，与答辩人无关；答辩人是直接向上诉人买房并与其签约、向其付房款的。此后，答辩人也从未与上诉人签订过解除买卖合同的协议，也从未同意将房屋转让给第三人黄碎舜，上诉人的陈述是毫无证据的。

三、答辩人从未与上诉人解除商品房买卖合同。1. 取消预登记不能成为双方已经解约的证据。按照相关规定取消预登记确实是需要买卖双方的同意为前提的，但现有证据已经表明：上诉人提交的来证明双方同意解约的唯一证据——《解除商品房预售合同协议书》中买受人的签字不是答辩人夫妻所书写；即该协议书是虚假的。上诉人利用虚假的协议书获取了有关部门对预登记的取消，现在反过来以该预登记已取消来证明双方商品房买卖合同已经解除，这显然是不合逻辑的。2. 黄碎舜只支付按揭款、没有支付首付款；这与双方是否解约没有关系。上诉人与第三人之间的款项往来是上诉人与第三人之间的事，即使第三人至今一分钱未付，那也仅仅能证明上诉人已经将涉案房屋卖给了第三人；而并不表示答辩人同意解除双方的商品房买卖合同。3. 答辩人未再履行以按揭为形式的支付购房款的义务，那是完全按照上诉人与答辩人签订的合同办理的，根据合同第八条第二项的约定：买受人以银行按揭方式付款的，若因买受人原因未能通过银行按揭审批手续,须在出卖人发出书面通知后七个工作日内与出卖人另行协商付款方式。而答辩人此后从未收到过上诉人发出的另行协商付款方式的书面通知。故上诉人不能以此证明合同解除。4. 答辩人签订合同后,已经按照合同的约定进行履行,并不存在违约行为。上诉人从未与答辩人解除买卖合同。综上所述,上诉人的上诉没有任何事实和法律依据,请求本院查明事实,依法驳回上诉人的上诉请求。

法院观点

一审法院认为:当事人对自己提出的诉讼请求所依据的事实有责任提供证据加以证明,没有证据或证据不足以证明当事人的事实主张的,由负有举证责任的当事人承担不利后果。胡晓丽提供的楼厦公司出具的发票证明其支付首期款 494285 元、阳台款 12390 元及代办手续费 1200 元,故对胡晓丽关于购房款 520985 元的主张,不予确认,确认胡晓丽支付购房款为 506675 元及手续费 1200 元。楼厦公司未提供胡晓丽要求解除合同的相关证据,故对其关于胡晓丽要求解除合同的主张,不予采纳。商品房买卖合同订立后,出卖人又将该房屋出卖给第三人,导致商品房买卖合同目的不能实现的,无法取得房屋的买受人依法可以请求解除合同、返还已付购房款及利息、赔偿损失,并可以请求出卖人承担不超过已付购房款一倍的赔偿责任。胡晓丽与楼厦公司签订的《浙江省商品房买卖合同》系双方真实意思表示,其内容无违反法律、法规的强制性规定,合法有效,对双方均有约束力。楼厦公司未告知胡晓丽,又将房屋出卖给黄碎舜并办理产权过户,楼厦公司一房二卖的违约行为导致双方商品房买卖合同目的不能实现,故对胡晓丽要求解除与楼厦公司签订的商品房买卖合同,要求楼厦公司返还已付购房款及利息、承担已付购房款一倍的赔偿责任的诉讼请求,予以支持。合同解除的所受损失为因返还财产支出的必要费用、为订立合同或履行合同而造成的财产实际损失,不包括可得利益的损失。胡晓丽因笔迹鉴定支出的费用系诉讼纠纷支出的必要费用,故胡晓丽要求楼厦公司支付鉴定费用的诉讼请求,予以支持。胡晓丽要求楼厦公司赔偿房屋差价损失为可得利益,可得利益的取得是以合同双方继续履行为前提,故对胡晓丽要求解除合同的同时又要求楼厦公司赔偿房屋差价损失,不予支持,胡晓丽因此支出的鉴定费由其自行负担。

二审法院认为:2009 年 11 月 5 日,胡晓丽与楼厦公司签订了购买杭州市滨江区朗庭 2 幢 205 室的商品房买卖合同。该合同系双方的真实意思表示,亦不违反法律法规的强制性规定,双方均应按约履行。之后,楼厦公司用虚假的《解除商品房预售合同协议书》解除了与胡晓丽的购房合同，并将涉案房屋出售给黄碎舜。楼厦公司的行为导致商品房买卖合同的目的不能实现，胡晓丽客观上亦无法取得所购房屋，楼厦公司应承担相应的民事责任。楼厦公司认为胡晓丽同意解除其与楼厦公司之间的商品房买卖合同，但并无充分的证据予以证明。根据《中华人民共和国合同法》以及《最高人民法院关于审理商品房买卖合同纠纷案件适用法律若干问题的解释》的相关规定，胡晓丽请求解除合同、楼厦公司应返还已付购房款及利息，并承担已付购房款一倍的赔偿责任。原审法院据此部分支持胡晓丽的原审诉讼请求，并无不当。综上所述，原审判决认定事实清楚，适用法律正确，楼厦公司的上诉理由均不能成立。

律师点评：

本案属于典型的"一房二卖"案件。"一房二卖"是指业主将同一房屋先后出卖给不同的买受人。"一房二卖"产生的法律效力与我国物权变动模式密切相关。我国物权法采用的物权变动原则是合意加公示原则，即除了当事人就债权达成合意之外，还必须履行交付或登记等法定形式。本案中，胡晓丽与浙江楼厦实业有限公司签订《商品房预售合同》后，并未办理房产过户手续，故该房屋的所有权并未发生变动，其所有权仍为浙江楼厦实业有限公司所有。浙江楼厦实业有限公司有权再次出卖该房屋，其对该房屋的处分权限并无限制，故不能认为浙江楼厦实业有限公司与第三人签订的房屋买卖合同侵犯了胡晓丽对房屋的所有权，两份房屋买卖协议均应当属于有效的买卖合同。

虽然本案中，第三人已经办理了过户登记手续，取得了房屋所有权。但如果在第三人也未办理房产过户登记手续之前，胡晓丽与第三人均不能直接支配房产而成为房屋所有权人，作为合同的买受人均处于平等债权人的地位，并无位序差别。那么就应该按照以下方式处理：对于"一房二卖"中争议房屋所有权归属问题的处理原则应该是：

1. 两个买受人均未办理房屋过户登记手续的，支持已经办理房屋预告登记手续的买受人为房屋所有权人的请求。

2. 既未办理产权登记，又未办理预告登记的，已经先行合法占有争议房屋的买受人的房屋权属要求应得到支持。

3. 均未办理房屋过户登记手续和预告登记手续，又未合法占有争议房屋的，先行支付房屋价款的买受人的房屋所有权要求应得到支持。（支付全部还是大部分？）

4. 如果上述情况均未发生,则签约在先的买受人的房屋所有权要求应得到支持。

综上所述,本案原告只能请求解除《商品房预售合同》,并要求被告承担违约责任。

《最高人民法院关于审理商品房买卖合同纠纷案件适用法律若干问题的解释》第八条规定:"具有下列情形之一,导致商品房买卖合同目的不能实现的,无法取得房屋的买受人可以请求解除合同、返还已付购房款及利息、赔偿损失,并可以请求出卖人承担不超过已付购房款一倍的赔偿责任:(一)商品房买卖合同订立后,出卖人未告知买受人又将该房屋抵押给第三人;(二)商品房买卖合同订立后,出卖人又将该房屋出卖给第三人。"

本条是关于购房人因开发商私自将商品房设定抵押或一房多卖的行为而无法实现商品房买卖合同目的,可以从开发商获得何种赔偿的规定。本条解释的最大意义在于,确立了对开发商恶意违约和欺诈行为适用惩罚性赔偿责任的原则。即购房人在可以请求解除合同、返还已付购房款及利息、赔偿损失的同时,还可以要求开发商承担不超过购房款一倍的惩罚性赔偿。

本案中,一审、二审法院正是依据《最高人民法院关于审理商品房买卖合同纠纷案件适用法律若干问题的解释》第八条进行的判决。笔者虽然认同适用此法律法规进行判决,但对一审法院的论证不予认同。一审法院判决书载"胡晓丽要求楼厦公司赔偿房屋差价损失为可得利益,可得利益的取得是以合同双方继续履行为前提,故对胡晓丽要求解除合同的同时又要求楼厦公司赔偿房屋差价损失,不予支持"。一审法院认为可得利益的损失要以合同双方继续履行为前提实属错误。根据《中华人民共和国合同法》第一百一十二条的规定,当事人一方不履行合同义务,在履行义务或者采取补救措施后,对方还有其他损失的,应当赔偿。根据《中华人民共和国合同法》第一百一十三条规定:当事人一方不履行合同义务或者履行合同义务不符合约定,给对方造成损失的,损失赔偿额应当相当于因违约所造成的损失,包括合同履行后可以获得的利益,但不得超过违反合同一方订立合同时预见到或者应当预见到的因违反合同可能造成的损失。在解除合同与损害赔偿的关系问题上,我国立法历来认可合同解除与损害赔偿并存。《中华人民共和国合同法》第九十七条规定,解除合同后,当事人可以要求赔偿损失。对于违约责任的承担应当以原告因此遭受的损失额为赔偿基础,即履行利益损失。因此,笔者认为可得利益的损失是以合同解除为前提条件,而不是以合同履行为前提条件。

第三章 商品房合同履行

一、房屋实际交付及损失认定

案例12 杭州恒润房地产开发有限公司与张洁房屋买卖合同纠纷上诉案

□ 刘陈甜

关 键 词:交付;质量问题;损害赔偿;鉴定

案件索引:一审案号:杭州市下城区人民法院(2014)杭下民初字第2115号
二审案号:杭州市中级人民法院(2015)浙杭民终字第1684号

判决结果

一审:杭州恒润房地产开发有限公司赔偿张洁人民币5万元,驳回其他诉讼请求。

二审:驳回上诉人张洁的上诉,维持原判。

案情简介

上诉人(原审原告):张洁

被上诉人(原审被告):杭州恒润房地产开发有限公司(下称"恒润公司"或"开发商")

2013年7月3日,张洁、恒润公司签订《商品房买卖合同》约定:恒润公司将香石公寓1幢1单元201室、建筑面积133.88平方米的房屋出售给张洁,2013年7月3日前支付首付款81.5万元,余款190万元办理银行按揭贷款。2013年3月30日前交付房屋,如张洁银行按揭款未划入恒润公司账号或未付清房款及其他款项,合同继续履行的,交付期限顺延至买受人付清相应款项后7天内,顺延期间不视为逾期交房。如逾期交房的,超过 30 日后,张洁要求继续履行合同的,合同继续履行,自最后交付期限至实际交付之日,恒润公司按日向张洁支付已交付房价款万分之一的违约金。在签署房屋交接单前,恒润公司不能拒绝张洁查验房屋,需提供《住宅质量保证书》及《住宅使用说明书》,恒润公司不出示证明文件或出示证明文件不齐全的,张洁有权拒绝交接,由此产生的延期交房责任由恒润公司承担。房屋交付使用时,张洁对于房屋装修质量、公共设施、设备提出异议的,恒润公司应给予解释和说明,仍旧不能达成一致意见的,双方委托有相关资质单位进行质量检测,检测合格的,恒润公司书面通知的交付时间视为交付,检验单位提出返修意见的,恒润公司应当按照要求返修并承担赔偿责任。合同签订后,2013 年 9 月 2 日张洁付清房款。2013 年 9 月 5 日,张洁、恒润公司双方签订《商品房交接书》,该交接书载明:2013 年 7 月 9 日,甲乙双方对涉案房屋进行验收交接,双方确认交接的房屋为香石公寓 1 幢 1 单元 201 室,房屋总价为 2715000 元,交付时间以双方签订的商品房买卖合同为准。交接书签订后,张洁办理了房屋过户手续,取得了涉案房屋产权证书,并且在涉案房屋中放置了物品。2014 年 7 月,张洁对涉案房屋质量向杭州市建筑工程质量安全监督总站提出投诉,在杭州市建筑工程质量安全监督总站组织下,张洁、恒润公司、施工单位、设计单位对涉案房屋进行现场勘查。2014 年 9 月,浙江绿城东方建筑设计有限公司出具技术联系单,对于涉案房屋所存在的梁底粉刷层误差,墙面、窗台裂缝,卫生间地面下沉不足,地面墙面粉刷空鼓问题提出修复方案。由于张洁、恒润公司就房屋所存在质量问题如何赔偿不能达成一致意见,张洁在涉案房屋上加设门锁,拒绝恒润公司对房屋进行修复。张洁于 2014 年 10 月 29 日起诉至一审法院,请求判令恒润公司:支付逾期交房的违约金 123532 元(自 2013 年 8 月 3 日计算至 2014 年 11 月 3 日,支付至正式交房时止);支付房屋质量赔偿金 100000 元;支付房屋维修费 100000 元(暂定)。

各方观点

上诉人张洁观点:一、原审法院认定事实不清。(一)双方之间的合同明确约定张洁购买的是现房,但一审法院却认定 2013 年 3 月 30 日交付房屋。本案中支付首付款时间是 2013 年 7 月 3 日,恒润公司在张洁支付首付款前两个月将房屋交付给张洁,不符合常理。原审法院未查明这一事实。(二)原审法院已经对双方合同中关于房屋交接的约定予以确认,该些合同条文直接涉及本案争议焦点,即房屋是否已经交付。但恒润公司一审中既未提供张洁收到住宅质量保证书和住宅使用说明书的证据，也未提供合同明确约定的“入伙通知书”和“房屋交接单”，而是以一份“商品房交接书”充数。该份交接书只有房屋的面积和价款，明显是一份应付职能部门的文件。张洁提供的交房（入伙）通知书和“商品房交接书”内容翔实，系张洁从邻居处复印而来，原审法院不予认定，以致造成本案的事实不能查清。（三）原审法院依据前述“商品房交接书”认定恒润公司于2013年9月5日通知交房，但该交接书根本没有“通知交房”的意思。原审法院把“通知”和“交接”两道程序合二为一，为恒润公司违约提供理由。原审法院对房屋交付时间的认定出现3月30日和9月5日的矛盾，属事实认定不清。（四）首先，原审法院认定张洁对房屋进行了使用，其依据是张洁接收了房屋并放置了物品，还加了锁。但事实是，张洁购买的是商品房，是住人的住宅，而非仓库；其次，涉案房屋的门锁是密码锁，恒润公司已经对房屋进行过维修，因此，恒润公司知道初始密码是十分正常的；再次，张洁放入涉案房屋的是一些非生活用品，既没有床，也没有冰箱，不存在“使用”；最后，张洁对恒润公司所谓的维修失去信心，决心依据合同约定自己找人维修，又有物品放在其中，加上一把锁，严格来说，不是对商品房的使用。原审法院对此认定事实不清。二、原审判决适用法律不当。原审法院适用《最高人民法院关于审理商品房买卖合同纠纷案件适用法律若干问题的解释》第十一、十三条并酌情判决恒润公司支付张洁5万元赔偿款，回避了恒润公司违约的事实。原审判决仅引用了该司法解释第十一条的前半句，且该司法解释第十三条的规定正是针对张洁的行为和遭遇，但原审判决并未认真参照执行。另外，关于房屋的质量问题，并非如同原审判决所称张洁未申请，而是根据2013年10月25日新修订的《中华人民共和国消费者权益保护法》第二十三条规定，耐用消费品的质量问题举证责任倒置。综上所述，原审法院未查清恒润公司是否违约、房屋是否交付、房屋是否存在质量问题，三个重大事实，请求二审法院查清事实，依法撤销原审判决，改判张洁的诉请成立。

被上诉人恒润公司观点：原审认定事实准确，适用法律并无不当。请求驳回张洁的上诉请求。

法院观点

关于恒润公司是否应当支付张洁逾期交付房屋违约金的问题。双方当事人签订的《浙江省商品房买卖合同》系双方真实意思的一致表示，内容不违反法律、行政法规的强制性规定，属合法有效，原审法院予以确认并无不当。该商品房买卖合同第九条约定:“出卖人应当在2013年3月30日前,将符合下列条件的商品房交付买受人使用。”原审法院根据双方商品房买卖合同的前述约定,在事实认定中关于合同约定内容部分予以确认并无不当,并非原审法院确认双方之间的商品房已经于2013年3月30日交付。恒润公司已经于2013年9月5日通知张洁交房,而张洁对涉案房屋加设门锁、放置物品的行为表明其已经实际占有并使用涉案房屋,且张洁已经办理了产权证书,原审法院根据前述事实认定张洁已经对涉案房屋予以接收,并无不当。进而,原审法院对张洁要求恒润公司支付逾期交房违约金的主张不予支持,亦无不当。

关于恒润公司是否应当支付张洁房屋质量赔偿金及维修费的问题。恒润公司对于原审法院认定其应当支付张洁合理维修期间的不能使用房屋造成的损失没有异议,本院予以确认。本案中,涉案房屋确实存在质量问题,张洁有权依据合同要求恒润公司承担保修责任。但张洁拒绝恒润公司对涉案房屋进行维修,又不明确是否自行维修,同时对自行维修的费用以商品房为特殊商品应由恒润公司承担举证责任为由拒绝评估的情况下,原审法院不予支持并无不当。

律师点评

在商品房交易过程中,交付是其中十分重要的一环。开发商通过交付流程将商品房的风险转移给买房者,同时完成了其合同义务;而买房者可以通过对于房屋交付流程的掌控、合理的检查和发现商品房所可能存在的问题,从而向开发商提出相关主张。而且,如果开发商未能按约交房,那么买房者还可以向开发商提出逾期交房赔偿。因此如何认定房屋已经交付以及如何处理房屋存在的质量问题就成了买卖双方均十分关注的问题。

一、商品房的交付

交付在法律上定义为对某种物品的占有转移。对于商品房这种不动产而言,因为接受钥匙的一方就可以直接使用该房屋,所以一般认为交付就是钥匙交接的过程。有的时候会出现这样的情形,买房者在交接房屋前往往会进行验房,发现问题后要求开发商整改而不收房,此时如何确认双方是否完成了房屋交付呢?

1. 房屋交接书。为了固定交付过程,开发商一般都会使用交接书之类的文件来表明开发商已经完成了交付。此类房屋交接书基本都是开发商事先打印好的,上面往往已经预先印制了如“房屋无问题”等字样,留给买房者签字的地方往往很小，仅能签下名字而无法写下其他意见。那么如果买房者对于自己的权利或者诉求比较随意甚至漠视的话，仅仅签下名字而不注明自己的意见，事后也就无法提出证据证明买房者当时向开发商提出整改要求的，那么该签名自然会被法院认为是同意房屋现状交接的依据。

因此，买房者如果在验房过程中发现房屋存在质量问题而不愿收房，则不应当签署交接书，并应当及时向开发商出具书面意见。

当然，如果房屋存在结构安全等严重影响房屋正常使用的情况或者开发商交付房屋时并未按照合同办理相关验收备案手续的，属于交付不符合约定，买房者即便签署了交接书，法院也会视情形否定该交接书的法律效力。

2. 实际使用。在一些情况下，虽然买房者没有签署交接书，但是实际使用了房屋，如进行了装修等行为，开发商对此也未提出异议，该结果也会被认为房屋已经交付。因为按照前述交付的定义，房屋此时的占有状态已经发生了实质性的变化，应当认为买房者已经实际占有了该房屋，房屋交付也相应地完成了。

值得注意的是，即便开发商交付的房屋存在严重质量问题或者手续不全的情形，买房者径直使用的，实践中也会认定买房者已经同意房屋按现状交付的事实，这一点和单纯的签订房屋交接书是有所区别的。

本案中，原告张洁既签订了交接书，又实际使用了该房屋，法院据此认定张洁已经接受了该房屋，是合理合法的。

二、损失赔偿的确定及诉讼请求重叠的问题

房屋出现质量问题需要整改、维修的期间，势必影响买房者对于房屋的正常使用。同时房屋存在质量问题，属于开发商的违约行为，开发商理应就该质量问题给买房者造成的损失承担赔偿责任。

对于损失的确定的原则，按照《中华人民共和国民法通则》以及《中华人民共和国合同法》的规定，以实际损失为原则，法院对于当事人提出赔偿损失的要求有自由裁量权。法院在行使该裁量权的时候应当综合考量违约的情形、延续的时间、产生的后果和影响等因素确定违约行为的严重程度以及损失的合理范围。在这个损失确定的过程中，由于房屋维修的专业性和特殊性，可能会需要借助司法鉴定来确定。

按照《中华人民共和国民事诉讼法》确定的“谁主张、谁举证”的基本原则，一方当事人就其提出的损失赔偿数额应当提供证据加以证实。证据无法取得的，可以申请人民法院调查取证，这其中也包括司法鉴定。本案中，原告提出的房屋维修价款原本是个合理的诉求，数额完全可以通过鉴定来确定。但是由于原告错误地理解诉讼法的规定，拒绝鉴定，导致该部分款项由于证据不足不被法院支持，这是十分遗憾的。诉讼过程是个专业的过程，买房者应当委托专业的律师代理诉讼，否则就会出现错误理解法律导致败诉的不利后果。

另外，本案中买房者提出的诉请也存在着重复的情形。买房者在本案中针对房屋质量问题共提出了逾期交房违约金、质量赔偿金以及房屋维修费三项诉请。其中，逾期交房违约金本来就是针对房屋不能按期交付所提出的，其中已经包含了买房者因无法正常使用房屋所遭受的损失，其涵盖的范围最为宽泛，原则上已经包含了质量赔偿金；而质量赔偿金是针对房屋存在质量问题所提出的赔偿，原则上也应当包含房屋维修费。类似本案中买房者所提出的此类重复的诉请，现实案件中也常常可以看到。这类重复的诉请不仅仅会使得当事人多支付诉讼费用，更会导致案件焦点模糊，以及法院对于买房者陈述的不信任，最终使得相关赔偿金被法院大幅度调整，反而得不偿失，影响了案件的妥善处理。

综上所述，买房者在遭遇房屋质量问题时，应当谨慎地作出是否收房的决定。并不可自作聪明地签署交接书或者先行占用房屋使用，回头再向开发商主张逾期交付违约金等赔偿。买房者通过司法程序解决纠纷的，更加应当慎重地制定诉讼策略和方案，合理地提出诉求。切不可抱着“宁滥勿缺”的心态将所有的请求一股脑儿地提交给法院，由法院自行确定。这样做只会使得法院行使自由裁量权时缺乏必要的判断依据，最后的结果往往未必会使买房者满意。

二、开发商未尽合理告知义务应承担的法律责任

案例13 韩春华与绍兴滨江镜湖置业有限公司房屋买卖合同纠纷上诉案

□ 王永皓

关 键 词:规划;知情权;告知;诚信

案件索引:一审案号:绍兴市越城区人民法院(2013)绍越民初字第3336号
二审案号:绍兴市中级人民法院(2014)浙绍民终字第1451号

判决结果

一审:判决绍兴滨江镜湖置业有限公司支付韩春华233300元,驳回韩春华其他诉讼请求。

二审:驳回上诉,维持原判。

案情简介

上诉人(原审原告):韩春华

被上诉人(原审被告):绍兴滨江镜湖置业有限公司(下称"滨江公司"或"开发商")

2011年3月1日,韩春华与滨江公司双方签订商品房买卖合同1份,约定韩春华向滨江公司购买绍兴市金色家园兰苑第7幢101号房屋1套(边套排屋),建筑面积269.76平方米,每平方米单价23376元,总价款6305909元。合

同还对商品房户型、结构等方面作了明确约定。合同第十九条第10.1条对小区周边环境的现状对买受人进行了提醒,第10.2条对本项目进行了一些特别说明,如景苑5幢底层为物业用房,景苑5幢二层住宅平面和一层裙房的屋面相连,景苑1幢西侧和2幢东侧各设一个地下车库双车道出入口,地下室(除排屋外)设有风机房、消防间、生活泵房、变电所、泳池设备房,对住宅有一定影响,景苑9幢、10幢架空层之间设有儿童娱乐场所,对住宅有一定的噪声影响,等等。合同签订后,韩春华按约支付了全部房款。2012年12月19日,滨江公司通过中国邮政特快专递向韩春华寄送交房通知书。2013年2月1日及9月3日,滨江公司又两次通知韩春华办理商品房交付手续。韩春华认为滨江公司在出售房屋时声称排屋边套之间系绿化,没有其他建筑物,从未告知过消防通道的存在,但在交房时边套之间的绿化变成了消防应急通道,该通道的存在造成房屋的极大贬值,故于2013年8月27日向法院起诉,要求滨江公司赔偿其损失。

各方观点

上诉人韩春华观点:消防通道的存在对房屋价值造成了影响。为了确定贬值损失的存在,原审法院委托诸暨市正和房地产评估有限公司进行了评估。经过科学合理的鉴定,评估机构确定贬值损失为965941元。原审法院在没有任何事实与法律依据情况下,否认评估报告明显不当。请求二审法院撤销原判,查清事实后依法改判;本案一、二审诉讼费用由滨江公司承担。同时针对上诉人滨江公司的上诉意见答辩称:一、滨江公司未明确告知消防通道这一因素严重侵犯了购房人的知情权和选择权,原审法院予以认定完全正确。二、消防通道的存在对于通风、采光、绿化、私密性等都造成了严重影响,降低了房产价值。滨江公司应当赔偿相关损失。综上所示,请求二审法院支持韩春华上诉请求。

被上诉人滨江公司观点:一、原审法院认定上诉人未明示消防通道的存在侵害购房人权益不当。1. 本案涉案房产销售时尚属期房,相关公建配套设施细节尚处于规划之中。根据相关法律规定,只要这些设施经过有关部门审批,那么就符合合同约定。2. 合同以及合同附件已经就消防通道向购房人作了合理明示。明示的方式符合法律规定,并未侵害购房人的合法权益。3. 消防通道本身不属于国家法律规定的必须在合同中明示的内容,即使没有明示甚至在建设工程中进行修改也是符合法律规定的。二、涉案房产采光、通风、道路和绿化符合法律规定,消防通道的建设还为涉案房屋扩建出总面积达27平方米的露台,房屋价值并未贬损。同时，由于涉案房产采取一房一价，边套与中间套价格并不具有可比性。三、原审法院根据法律原则裁判案件明显不当，违背了法律适用的规则。四、原审法院未采信鉴定报告，并认为鉴定报告采用的比价方法和比价结论均存在问题，却判令上诉人滨江公司承担鉴定费用明显不当。综上所述，请求二审法院撤销原判，改判驳回韩春华的全部诉讼请求；本案一、二审诉讼费用和鉴定费用由韩春华承担。同时，针对上诉人韩春华的上诉意见答辩称：原审法院对鉴定报告不予采信正确，但认定构成侵权不当。请求驳回韩春华的诉讼请求。

法院观点

消费者享有知悉其购买、使用的商品或者接受的服务的真实情况的权利。向房产公司购买房产的购房者符合消费者的定义，享有法律规定赋予消费者的相关权利。本案中，韩春华向滨江公司购买的房产系边套排屋。众所周知，边套排屋相较于同幢中间套排屋，在通风、采光、通行及周边绿化等方面具有较大优势，其市场价格也相对较高。经本院现场勘验，双方当事人所称消防通道实际系人防地下室人员安全出口（以下简称安全出口），该安全出口的存在确对韩春华所购排屋的通风、采光、通行、周边绿化及私密性造成了较大影响，诸暨市正和房地产评估有限公司出具的评估报告亦显示安全出口的存在对排屋价值造成了贬损，故滨江公司应当将安全出口的存在以及可能造成的不利影响及时主动地告知购房人。现滨江公司未及时履行告知义务，原审法院认为其侵犯韩春华知情权并无不当，对韩春华提出的要求滨江公司赔偿损失的诉讼请求予以支持亦无不当。滨江公司提出其已履行了必要的规划审批手续并在房屋平面图中以符合国家相关标准的图示方法予以说明及安全出口具有公益性等三项理由主张其未侵犯韩春华知情权，对此，本院认为，是否履行必要的规划审批手续以及是否具有公益性并不影响消费者知情权，滨江公司作为房产公司仍应就安全出口的存在及其不利影响予以明确说明，且说明方式不仅应当符合国家相关规定和标准，还应当确保普通消费者能够理解。仅在房产平面图中以图示方法予以说明尚不足使普通消费者能够充分理解安全出口的存在以及不利影响，故对滨江公司主张不予采纳。关于损失具体数额，诸暨市正和房地产评估有限公司出具的评估报告采用的基本方式是将涉案边套排屋售价与中间套排屋的售价进行对比并以差额作为损失，本院认为，该种评估方式将附有安全出口的边套排屋完全等同于中间套排屋，忽略了两者之间存在的差别，亦未考虑滨江公司实行的"一房一价"的销售方式,故其结果并不具有完全的合理性,原审法院根据本案实际情况酌情调整为233300元并无明显不当,本院予以照准。综上所述,上诉人提出的上诉理由不足,其上诉请求本院不予支持。原判认定事实清楚,适用法律正确。

律师点评

在我国现行的房屋预售制度下,经常会发生这样的情况——买房者在签约时一切都很完美,但是到了交房时就发现房屋周边出现了各种原先在沙盘上完全没有体现的设施或者设备。当买房者找到开发商要求解释时,往往得到一句"这是符合规范的"或者"这些不需要告诉你"等作为搪塞,令人气愤之余,也让买房者心里涌上了一丝木已成舟的无奈。本案就是这样一起典型的例子,买房者对于开发商的这种隐瞒行为提起了诉讼,最终得到了法院部分的支持。关于这个案子中涉及的几个问题以及这个案子我们带来的启示,笔者分以下几个方面予以分析和探讨。

一、开发商的合理告知义务

在期房预售制度下,由于买房者看不到房屋的最终形态以及周边的配套设施,因此,开发商有义务按照诚信原则的要求将所售房屋的真实情况告知买房者。而现实情况是,开发商在告知买房者时,往往只会重点强调房屋的户型、结构、尺寸等事项,对于房屋周边的配套和设施设备往往都是一笔带过,语焉不详。就算买房者询问,也只会以符合规范等予以搪塞。在开发商售楼处的沙盘上,更是只会突出该小区绿化好、配套好等优势,对于房屋周边可能有的设施设备以及对房屋可能产生的影响基本上是避而不谈。在这种情况下,买房者实际上是很难从开发商对外宣传资料中获得房屋的细节和真实情况的,导致了买房者和开发商之间严重的信息不对称,之后交房时产生纠纷也就不足为奇了。

正是基于该现实情况,目前的法律以及司法实践均要求开发商基于诚信原则向买房者充分披露和明确提示房屋的优劣点,否则就有可能由此承担违约责任,直至解除合同。

要指出的是,有一些开发商为了规避该风险,就会将其认为某些对房屋有实质性影响的因素,通过向买房者展示设计图等方式进行告知。但是,这种专业的图纸普通民众是很难看懂的,即便看到了问题也无法进行专业的评估和预测。以这种仅仅展示图纸但不作任何客观解释的方式进行的告知,也不能认为开发商充分履行了告知的义务。

本案就是这样一个典型的例子,当买房者提出开发商未尽告知义务时,开发商就以相关消防通道的信息已经在合同的附图中予以表明作为抗辩理由。但是这种图纸显然过于专业,一般民众难以直接根据图纸判断出该消防通道对涉案房屋的影响,这种告知显然是不充分、不合理的,法院对此不予认可也是于法有据的。

当然,从另一方面讲,开发商的告知义务也不是无底线的。对于那些对房屋使用没有实质性影响的细节,开发商也没有必要逐一告知,否则就会大大增加交易成本,更加使得交易变得困难。

综上所述,笔者认为,开发商要想证明其履行了告知义务,应当本着宁缺勿滥的精神将相关重要的信息写入宣传资料或者合同中;更重要的是,开发商应当通过设计、建设等技术手段尽可能地降低这些因素对房屋的影响,这才是杜绝此类案件的关键。

二、开发商未履行合理告知的义务所产生的违约责任

如果开发商没有履行合理告知的义务,那么买房者的知情权就必然受损,开发商应就此承担违约责任。对于此种违约责任承担方式,目前浙江省的商品房买卖合同的示范文本中没有明确约定,法院在处理相关案件时一般都采用损害赔偿的方式。

对于违约行为所带来的损害赔偿,一般需要考虑该行为的违约程度、持续时间、损害后果(直接及间接)等方面的因素。就本案而言,韩春华购买的房屋系排屋,本身属于相对高档的住宅,其品质的追求要强于一般的高层房屋。购买排屋的人都希望能够获得相对较好的生活品质以及私密性。在该房屋边上设置供他人进出的安全出口,显然对于房屋的品质尤其是私密性产生了实质性的影响。而且本案房屋是排屋,本身楼层较低,高于地面的安全出口对于房屋的采光、通风均有不利影响,这种影响要高于普通高层住宅且无法通过后期技术手段予以弥补,开发商据此就应当承担赔偿损失的责任。

至于损失的确定,本案中法院采取了委托评估公司比较评估的方式。但是正如二审法院指出的,该评估公司对于如何确定此类案件中的比较对象显然缺乏经验。评估时将涉案的边套房屋直接与中间套房屋进行对比并将两者的差额作为买房者的损失显然是错误的。尽管涉案房屋边上的安全出口会对房屋造成一定程度的影响,但是这种影响显然没有达到直接完全遮挡全部房屋、使得边套房屋完全等同于中间套房屋的程度。以这种方式得出的评估结论缺乏合理性。

笔者认为，像此类房屋损失评估，应当以类似边套房屋为参考，适当考虑两者在地段、位置等方面的差异，设置合理的加减系数，从而得出相对合理的参考数额。如果同等地段上还有其他类似房屋的，其价格也可以用于参考。

综上所述，开发商在预售房屋时，不能简单地考虑如何将房屋卖出去就完事了，还应当充分认识到期房对于双方都存在风险这一事实。对于房屋的自身情况以及周边设备设施的安装情况应当充分告知买房者，并保留书面记录，否则一旦发生诉讼，不仅会产生不必要的赔款损失，还会进一步影响开发商自身的信誉和口碑。

三、市政配套工程未交付是否构成逾期交房

案例14　杭州美润房地产有限公司诉楼金寿商品房销售合同纠纷上诉案

□ 陈　南

关 键 词：市政配套工程；工期延误；房屋竣工验收；逾期交房

案件索引：一审案号：杭州市余杭区人民法院(2015)杭余民初字第1578号
二审案号：浙江省杭州市中级人民法院(2016)浙01民终388号

判决结果

一审：一、杭州美润房地产有限公司支付楼金寿逾期交房违约金38729元，于判决生效之日起十日内付清；二、杭州美润房地产有限公司还楼金寿面积差额房价款23278元，于判决生效之日起十日内付清；三、驳回楼金寿的其他诉讼请求。如未按判决指定的期间履行给付金钱义务，应当按照《中华人民共和国民事诉讼法》第二百五十三条之规定，加倍支付迟延履行期间的债务利息。

二审：维持原判，驳回上诉请求。

案情简介

上诉人（原审被告）：杭州美润房地产有限公司（以下简称"美润房产"）

被上诉人（原审原告）：楼金寿

楼金寿（买受人）与美润房产（出卖人）于2012年12月18日签订《浙江省商品房买卖合同》（合同编号：2012预1048596）。合同约定：美润房产以每平方米11937.53元的价格将杭州市余杭区余杭镇玉榕庄17幢17-3室房屋出卖给

楼金寿,房屋建筑面积为284.59平方米,总房价款为3397303元。合同第九条对交付期限及条件约定:出卖人应当在2013年12月31日前,将符合合同约定条件的商品房交付使用。合同第十条对出卖人逾期交房的违约责任约定:1. 按逾期时间,分别处理(不作累加)。2. 逾期交付不超过180日,自合同第九条规定的最后期限的第二天起至实际交付之日止,出卖人按日向买受人支付已交付房款万分之一的违约金,合同继续履行等。双方还就其他事项进行了约定。

同日,楼金寿与美润房产还签订《补充协议书》一份,作为上述《浙江省商品房买卖合同》的附件八,《补充协议书》为美润房产单方制作的格式条款,其中第八条对《浙江省商品房买卖合同》第九条补充约定如下:1. 出卖人与买受人一致同意,将合同第九条约定的商品房交付期限变更为2014年12月31日前;2. 本商品房交付前,用水、用电、用气经相关单位单项验收合格,道路经规划部门验收合格,即视为符合本合同第九条交付期限及条件第1款第3项约定用水、用电、用气、道路等具备商品房正常使用的基本条件等内容。

2012年10月24日、11月29日、12月2日、12月18日,美润房产四次向楼金寿开具销售不动产统一发票,确认收取楼金寿房价款合计3397303元。2014年6月4日,浙江杭州未来科技城(海创园)管理委员会针对涉案玉榕庄项目外部配套事宜召开协调会议,就配套的道路、供电、供水等配套设施的建设进行了部署和安排。2015年4月22日,美润房产向楼金寿发送《房屋交付通知书》,通知玉榕庄项目于2015年4月25日起正式交付,美润房产将于每天上午9:30至下午16:00在玉榕庄项目会所为各位业主办理房屋交付手续。同时,该通知书接收房屋费用结算一览表中备注载明涉案房屋的实测面积为282.64平方米。其后,楼金寿向原审法院起诉,请求判令:1. 美润房产向楼金寿支付逾期交付的违约金计38729元;2. 美润房产向楼金寿退回面积差额房价款共计23278元;3. 诉讼费由美润房产承担。

各方观点

上诉人美润房产观点:原审法院认为"市政配套项目是否建设并不影响房屋本身工程的竣工验收",有违基本常识,属明显错误。首先,玉榕庄项目周边道路及供电、供水、污水、电信、燃气等市政配套工程的建设主体是有关政府部门及事业单位,而非美润房产。而美润房产作为土地的受让方,已经全额缴纳了土地出让金,相应的市政配套建设理应由政府予以完成。其次,美润房产已提供证据证明美润房产积极督促、催告相关政府部门尽快建设市政配套工程,已经履行了应尽的义务。但市政配套设施未能建成，直接导致玉榕庄项目无法竣工，更无法验收，因为任何房地产项目都不可能自给自足，必须接入相应市政配套，包括市政雨污水管道接口，自来水供应管道接口，天然气供应管道接口，强电接入处，电信、电话、有线电视、网络等弱电接口、市政马路接通等。最后，因市政道路及其配套设施未能施工，导致商品房本身大量工程无法施工，包括地下水、电、污水、燃气、通信等综合管线，以及道路、绿化等无法施工。而根据商品房买卖合同约定，房屋交付必须具有用水、用电、燃气、道路等基本使用条件，在市政配套设施未能施工的情况下，本项目如何交付？综上所示，美润房产依据补充协议第六条第三款的约定有权据实顺延交付期限，并不构成逾期交付，原审法院判令美润房产向楼金寿支付逾期交房违约金，属明显错误。

被上诉人楼金寿的观点：楼金寿认为美润房产提出的市政配套的问题不能成立，不影响房屋工程的竣工验收，涉案房屋至约定的交付日期并未通过竣工验收，故美润房产的上诉理由不能成立。

法院观点

一审法院的观点：楼金寿与美润房产之间签订的《浙江省商品房买卖合同》系双方当事人的真实意思表示，内容不违反相关的法律规定，应属合法有效，双方应依约履行各自的合同义务。涉案合同中明确约定美润房产应当在 2014 年 12 月 31 日前，将符合下列各项条件：建设工程经竣工验收合格，并取得建设工程竣工验收备案证明；取得法律、行政法规规定应当由规划、公安消防、环保等部门出具的认可文件或准许使用文件；用水、用电、用气、道路等具备商品房正常使用的基本条件的商品房交付楼金寿使用。但截止到 2014 年 12 月 31 日，涉案商品房并未符合上述交付条件，且美润房产系在 2015 年 4 月 22 日才向楼金寿发送通知，告知涉案房屋于 2015 年 4 月 25 日起正式交付。故美润房产的行为已构成违约，楼金寿有权根据合同的约定，要求美润房产承担逾期交房的违约责任。虽双方签订的合同附件八《补充协议书》第八条对买卖合同的第九条进行了补充约定因市政配套的批准与施工延误导致项目开发建设期延长或无法按时交付的，出卖人可据实予以延期。但双方合同约定的房屋交付条件中最基本的一项内容为建设工程，即房屋经竣工验收合格，而市政配套项目是否建设并不影响房屋本身工程的竣工验收，涉案房屋截止到 2014 年 12 月 31 日并未竣工验收合格，故美润房产以《补充协议书》中的约定为由要求免除其的责任，理由不能成立，一审法院不予采纳。因此，楼金寿要求与美润房产支付逾期交房违约金的诉讼请求,理由成立,原审法院予以支持。本案中,美润房产已通知楼金寿于2015年4月25日起交付房屋,但楼金寿并未及时办理,系对其自身行为处置所致,故对楼金寿要求美润房产支付2015年4月25日之后违约金的请求,原审法院不予支持。对于涉案房屋面积差异处理,因双方合同第六条已予以明确约定,故楼金寿要求美润房产退还1.95平方米面积差额房价款的诉讼请求符合双方合同约定,一审法院予以支持。

二审法院的观点:二审查明的事实与原审相同。二审法院认为,本案争议焦点为美润房产是否构成逾期交房并承担违约责任。首先,根据在案有效证据及双方当事人的相关陈述,涉案房屋约定交付日期为2014年12月31日。而美润房产于2015年4月22日才向楼金寿发出房屋交房通知书,告知楼金寿房屋于2015年4月25日起交付。显然,美润房产通知的实际可交付日期已超过合同约定的交付日期。其次,关于美润房产系由市政配套设施建设延误导致项目工程无法竣工,进而影响房屋交付的主张。美润房产并未有充分证据证明其主张的市政配套设施建设延误事由完全符合补充协议的相关约定,同时在合同约定交付期限届满后,美润房产也未就不能如期交付房屋的缘由及时告知楼金寿。故原审法院综合判定本案中美润房产对楼金寿构成逾期交房并应承担逾期交房违约金,并无不当。

律师点评

本案主要涉及的争议问题是在市政配套工程未完工的情况下,开发商是否能以该事项为由进行延期交房。笔者认为,只有市政配套工程未完工的情况还不能直接断定开发商可以就该理由进行延期交房;而只有在其他交房条件均已具备,而正是因为市政配套工程未完工这一原因导致开发商未能按期交房的,则该原因可以作为逾期交房的合理理由。具体理由如下。

第一,这符合《浙江省商品房买卖合同》的约定。就以本案为例,在双方的《浙江省商品房买卖合同》中对交房条件作了如下约定:1. 建设工程经竣工验收合格,并取得建设工程竣工验收备案证明;2. 取得法律、行政法规规定应当由规划、公安消防、环保等部门出具的认可文件或准许使用文件;3. 用水、用电、用气、道路等,具备商品房正常使用的基本条件。由此可以与市政工程相关的条件只有第三项,而如果开发商未能满足第一项、第二项条件的,则无论第三项条件是否能满足均不会影响开发商逾期交房的事实,因此在这种情况下,市政配套工程未完工显然不能成为开发商逾期交房的理由。

第二,需要根据案情分析开发商未能按期交房的直接原因。从本案来看,美润房产显然是混淆了房屋竣工验收和房屋交付这两个概念。房屋(工程)竣工验收是指《中华人民共和国建筑法》《中华人民共和国合同法》等法律都规定了建筑工程竣工需要经验收合格,方可交付使用的程序。房屋竣工验收系国家强制性规范所规定。依据有关规定,我国目前的房屋经过验收和验收合格的标志是取得《建筑工程竣工备案表》。该备案工作由建设单位组织,相关的设计、施工、监理等部门共同参加,这是对房屋本身的质量作出的一种认定。而这种认定显然是不需要市政工程的配合的。因此在本案中,在合同约定的 2014 年 12 月 31 日前,美润房产并没有对房屋进行竣工验收,而不通过竣工验收的房屋是肯定不符合交房条件的。因此,这是由于开发商自身的原因导致的逾期交房。

第三,本案不能适用情势变更原则。那本案中美润房产是否能以情势变更原则来变更房屋的交付期限呢?所谓情势变更原则,是指合同依法有效成立后,全面履行前,因不可归责于当事人的原因,使合同赖以成立的基础或环境发生当事人预料不到的重大变化,若继续维持合同的原有效力则显失公平,受不利影响的一方当事人有权请求法院或仲裁机构变更或解除合同的法律制度。适用情势变更原则的条件主要有以下几项:首先,须有情势变更之事实。这是适用情势变更的前提条件。所谓“情势”,系指作为合同法律行为基础或环境的一切客观事实,包括政治、经济、法律及商业上的种种客观状况。而该事实是否构成情势变更,应以是否导致合同赖以成立的基础丧失,是否导致当事人目的不能实现,以及是否造成对价关系障碍为判断标准。其次,情势变更须发生在合同成立以后,履行终止之前,这是适用情势变更原则的时间要件。只有情势的变更发生在合同成立之后,合同关系消灭之前,才能适用情势变更原则。在订约时,如发生情势变更,当事人不得主张适用情势变更原则。若债务人迟延履行合同债务,在迟延期间发生了情势变更,则债务人不得主张适用情势变更原则,因为债务人如按合同规定履行则不会发生情势变更。再次,情势变更须是当事人所不能预见的,且有不可预见之性质,这是适用情势变更原则主观要件的一个方面。情势变更是否属于不可预见,应根据当时的客观实际情况及商业习惯等作为判断标准。当事人事实上虽然没有预见,但法律规定应当预见或者客观上应当预见,则不能适用情势变更,因为当事人对自己的主观过错应当承担责任;同时,情势变更须因不可归责于双方当事人之事由而发生。如情势的变更由可归责于一方当事人或第三人的事由而发生,则有过错的一方当事人或第三人应承担责任，不适用情势变更原则。最后，因情势变更而使原合同的履行显失公平，这是适用情势变更原则的实质要件，情势变更发生以后，如继续按原合同规定履行义务，将会对一方当事人产生显失公平的结果。适用情势变更原则是为了平衡当事人之间的利益，消除合同因情势变更所产生的显失公平，赋予一方当事人变更或解除合同的权利。而从本案的实际情况来看，市政工程的设施施工的迟延并不会导致合同的根本性不能履行，因此没有解除合同的必要。同时，作为专业的房地产开发商，美润房产也应该时刻关注着市政配套工程的建设，并做好与政府沟通的工作；也就是说，配套市政工程的迟延交付对于开发商来说并不是不能预见的，因此本案中并不构成情势变更原则的适用。

第四，在仅剩市政配套工程未完工的情况下，该事项可以作为阻却逾期交房的事由。同样是在本案中，在美润房产于2015年4月25日发出交房通知后，虽然还是有部门市政配套工程未能竣工，但法院对于其后的逾期交房的违约责任也均不再追究，这充分地表明了在其他条件均具备的情况下，市政配套工程未完工的确是开发商逾期交房的免责事由。

四、无法办理按揭贷款的责任承担

案例15　俞明霞与富景房地产开发（富阳）有限公司商品房预售合同纠纷上诉案

□ 刘陈甜

关 键 词：按揭；贷款；违约；资信

案件索引：一审案号：浙江省富阳市人民法院（2014）杭富民初字第1809号

二审案号：杭州市中级人民法院（2015）浙杭民终字第832号

判决结果

一审：驳回原告俞明霞的诉讼请求。

二审：驳回上诉人俞明霞的上诉，维持原判。

案情简介

上诉人（原审原告）：俞明霞

被上诉人（原审被告）：富景房地产开发（富阳）有限公司（以下简称"富景公司"或"开发商"）

2013年12月25日，俞明霞、富景公司签订《浙江省商品房买卖合同》一份，约定：俞明霞向富景公司购买位于富阳市富春街道丰收中路28号世纪华府2号1305室商品房一套，建筑面积共129.35平方米，其中，套内建筑面积99.7平方米，应分摊的共有建筑面积29.65平方米，单价为11667.42元/平方米，总计房款1509182元；第七条付款方式及期限：买受人于合同签署的同时支付首付款459182元，剩余购房款1050000元通过商业银行贷款或公积金贷款或商业与公积金组合贷款方式予以支付,并应在合同签署之日向银行或公积金中心提交完备的贷款申请资料,签妥办理按揭贷款手续须有买受人签署的合同及其他全部文件,缴纳办理按揭贷款所需的费用;当天,双方还签订《〈浙江省商品房买卖合同〉补充协议》一份,约定:"……二、本合同第七条作如下补充:买受人选择第七条第3种方式付款的,办理个人住房商业性贷款/公积金贷款/组合贷款(以下简称贷款手续)时的有关约定如下:1. 乙方在签订合同当日,一次性付清该商品房的首付款459182元,其余房款1050000元,乙方在《浙江省商品房买卖合同》签订后通过银行贷款方式一次性支付给甲方。2. 双方按照如下约定办理按揭付款事宜:1)乙方在签订合同时,已经充分了解到个人住房贷款的办理条件、程序及需缴纳的全部费用,并承诺自己的资信状况符合贷款银行的办理条件和国家法律规定及政策;2)乙方须于《浙江省商品房买卖合同》签订之日,主动将办理个人房屋抵押贷款手续所需的相关文件及相关费用交给甲乙双方确定的贷款银行,并积极配合银行办理按揭贷款手续(包括申请、银行审批、签署按揭贷款合同、缴纳相关费用、预抵押登记等),乙方自行承担房屋按揭(抵押)贷款过程中产生的全部费用;乙方应要求贷款银行在本合同签署之日起30个工作日内将按揭贷款全部划付至甲方指定账户,否则视为乙方违约,甲方有权依据合同第八条要求乙方承担违约责任或解除合同;3)经贷款银行审查后,乙方如因偿还能力、信用或其他原因,最终导致贷款银行不予批准贷款的,或申请贷款的额度不足以支付购房应付余款的,乙方应在收到甲方或银行书面通知之日起5日内,与甲方协商新的付款方式(一次性支付或分期支付购房余款)或提高首付款以获得银行的贷款批准;如乙方在上述约定期内,与甲方就新的付款方式未达成书面一致或不提高首付款导致银行拒绝发放按揭贷款的,甲方有权解除合同并要求乙方承担未付房款2%的违约金;4)收到前述第三项的书面通知后,乙方如声明自行联系其他银行(或其他融资机构、渠道)办理按揭贷款(或融资支付房屋价款)的,应在收到通知3日内向甲方提交自行联系其他银行办理按揭贷款的书面声明,同时,乙方应在收到前述第三项书面通知后10日内,将相应的足额按揭贷款(或房屋价款)支付到甲方账户;5)在签订合同时,如乙方声明自行联系其他银行(或其他金融机构、渠道)办理按揭贷款(或融资支付房屋价款)的,应在合同签订后15日内,将相应的按揭贷款(或房屋价款)支付到甲方账户;6)前述第四项、第五项事由出现时,乙方或其他银行(包括其他融资机构、其他融资渠道的关联方)不得要求甲方为其提供任何形式的承诺、担保等,同时,如乙方未通过前述第四项、第五项的方式如期将按揭贷款(或房屋价款）支付到甲方账户，甲方有权解除合同并要求乙方承担未付房款2%的违约金；7）乙方未履行本条第二款第二项义务，导致贷款银行不能进行贷款审批程序的，甲方应以书面形式通知乙方，乙方从收到该通知之日起7日内仍未履行本条第二款第二项义务的，则视为乙方逾期支付房款，甲方有权解除合同，乙方应向甲方支付合同约定总房价款2%的违约金，甲方不解除合同的，乙方自甲方书面通知之日起，每日按合同约定总房款的万分之二向甲方支付违约金。3. 选择银行按揭付款方式的，甲方在银行对乙方资信初审通过后才办理所购房屋的备案登记，但如乙方的最终资信审核未获银行通过，导致合同解除的，或者依据本合同的其他约定，导致本合同解除的，乙方应在收到甲方的解约通知之日起10日内配合甲方办理买卖合同备案登记的撤销手续，若乙方未在上述期间配合甲方办理买卖合同备案登记撤销手续，则每逾期一日按合同约定总房款万分之二向甲方支付违约金，在办理完毕撤销备案登记后，出卖方有义务与乙方结算退款事宜。”

签约后，俞明霞支付了首付款459182元，但至今未办理按揭贷款手续。

俞明霞于2014年9月10日向原审法院起诉，请求判令解除俞明霞、富景公司之间的《浙江省商品房买卖合同》及《〈浙江省商品房买卖合同〉补充协议》，富景公司归还房款459182元。

各方观点

上诉人俞明霞观点：一、富景公司所确定的银行未能及时为俞明霞办理按揭贷款，非因俞明霞的主观原因所导致，以致俞明霞无力承担和继续履行合同，依法可以解除合同。在商品房买卖过程中，既要尊重合同的约定，也要遵照商品房交易的一般习惯。在本案当中，俞明霞在购买房屋之时，按照富景公司的要求，向富景公司提交了办理银行按揭贷款的相应资料，但富景公司未能及时为俞明霞办妥银行按揭贷款。根据双方补充协议约定，双方约定了两种办理银行按揭贷款的方式：富景公司为俞明霞办理；俞明霞声明自行联系银行办理。在《浙江省商品房买卖合同》及《〈浙江省商品房买卖合同〉补充协议》之后，俞明霞遵照富景公司的要求，及时提供了办理银行按揭所需要的所有资料。现在，富景公司所确定的办理按揭贷款的银行在收到俞明霞的材料并进行审核之后，发现俞明霞不符合相应的办理按揭贷款的条件，并及时通知了富景公司。俞明霞在按揭购房过程中，尽管根据富景公司所提供的文本合同格式对个人按揭贷款的条件、程序、费用等事项有粗浅的了解，但这种了解是基于对富景公司的信任和依赖所形成的,并且富景公司的营销人员也承诺能够为俞明霞办理按揭贷款。现在,非因俞明霞的主观原因导致无法办理按揭,以致俞明霞无法承担继续履行的能力和经济条件,依法可以解除合同。需要强调的是,富景公司未能给俞明霞办理出按揭贷款的原因是按揭银行认为俞明霞的收入不够,并不是俞明霞的资信不符,俞明霞并没有任何资信不良记录。依据《最高人民法院关于审理商品房买卖合同纠纷案件适用法律若干问题的解释》第二十三条规定:商品房买卖合同约定,买受人以担保贷款方式付款,因当事人一方原因未能签订商品房担保贷款合同并导致商品房买卖合同不能继续履行的,对方当事人可以请求解除合同和赔偿损失。因不可归责于当事人双方的事由未能订立商品房担保贷款合同并导致商品房买卖合同不能继续履行的,当事人可以请求解除合同,出卖人应当将收受的购房款本金及其利息或者定金返还买受人。二、在富景公司所指定的银行未能办理按揭贷款事项上,俞明霞依照要求提供了相应的资料,其"因为资信不够导致无法办理按揭贷款"的举证责任由富景公司承担更为公平、更合情理。《〈浙江省商品房买卖合同〉补充协议》中关于第二条第二款的第一项和第三项等条款是富景公司提供的、未经与俞明霞协商的格式条款。条款均属霸王条款,既没有向俞明霞进行明确说明,也排除了俞明霞的主要权利,显失公平。因此,在俞明霞是否符合按揭贷款条件,是否能够成功办理按揭贷款,是什么原因导致其不能办理按揭贷款等事项,因富景公司与其所指定的银行网点存在某种利益上的现实关联,上述事项的举证责任由富景公司承担无疑更为合理、也更为公平。故俞明霞有权要求解除合同,要求富景公司返还首付款,并保留要求富景公司支付利息的权利。三、合同是双方当事人的意思表示,根据合同法的约定,当事人明确表示无法履行的,在依照合同约定承担违约责任后,依法可以解除合同。根据合同法的一般法理,在俞明霞因为客观情况发生重大变化,无法继续履行合同,且富景公司迟迟不解除合同的情况下无疑也有权解除合同。俞明霞认为,现距离俞明霞支付首付款已一年有余,足以说明双方签订的合同已经不可能继续履行,也足以说明条款规定的协商达不成一致。富景公司在明知俞明霞办不出按揭贷款也无力支付剩余房款的情形下,迟迟不同意解除合同,富景公司就可以永远占有首付款,俞明霞根本无法主张自己的权利,显然有失公平。综上所示,请求撤销原审判决或发回重审,并由富景公司承担本案一审、二审诉讼费用。

被上诉人富景公司观点:一、俞明霞所述无事实依据。1. 办理银行按揭贷款手续的义务应当由俞明霞承担。(1)根据俞明霞和富景公司签订的《浙江省商品房买卖合同》,富景公司作为出卖人的义务主要为向俞明霞交付合格的商品房以及协助办理房屋产权证书且对交付的房屋质量负责,而俞明霞作为购房一方,其最大的义务是支付购房款,支付购房款的方式有多种(包括公积金贷款支付、按揭贷款支付、现金支付、委托他人支付),而其中按揭贷款付款只是其中一种方式而已,既然俞明霞选择以按揭贷款方式支付剩余购房款,则关于银行按揭手续的义务自然由俞明霞承担,俞明霞应当负责办妥相应的银行按揭贷款手续并要求按揭银行代为支付购房款,否则即为俞明霞违约,应当承担相应的法律责任和后果。(2)根据相关法律法规的规定,银行按揭贷款手续的办理,本质上是由俞明霞和按揭银行之间发生借款合同关系,而富景公司作为开发商并不直接参与到前述的法律关系当中,相关借款合同亦由俞明霞和按揭银行之间签订,并对俞明霞和按揭银行之间发生法律约束力,即体现合同的相对性。(3)根据双方之间签订的《〈浙江省商品房买卖合同〉补充协议》第二条第二款第二项约定,俞明霞须于《浙江省商品房买卖合同》签订之日,主动将办理个人房屋抵押贷款手续所需的相关文件及相关费用交给甲乙双方确定的贷款银行,并积极配合银行办理按揭贷款手续(包括申请、银行审批、签署按揭贷款合同、缴纳相关费用、预抵押登记等)。从前述约定亦可得知,双方已在补充协议当中明确约定了办理银行按揭贷款手续的义务由俞明霞承担,俞明霞应当自行向按揭银行提供相关资料并缴纳费用,该补充协议由双方签字、盖章确认,系双方真实的意思表示,应当对富景公司和俞明霞产生相应的法律约束力。2. 无法正常办理银行按揭贷款手续的责任应当由俞明霞承担。(1)根据双方之间签订的《〈浙江省商品房买卖合同〉补充协议》第二条第二款第一项约定,俞明霞在签订合同时,已经充分了解到个人住房贷款的办理条件、程序及需缴纳的全部费用,并承诺自己的资信状况符合贷款银行的办理条件和国家法律法规及政策。(2)众所周知,办理银行按揭贷款手续的条件具体由按揭银行根据法律规定及相关政策予以确定,但每个办理按揭贷款手续的购房人的自身情况皆不同,对于俞明霞是否符合按揭贷款手续的条件亦应当由俞明霞根据自身条件以及相应按揭银行的条件予以确定,富景公司对于俞明霞是否可正常办理按揭贷款手续根本无法确定,亦从未进行相应承诺。(3)俞明霞在上诉状中附带提供了一份视频证据以证明其确实不符合办理银行按揭贷款的条件。但该份证据亦由银行工作人员明确俞明霞无法办理按揭贷款手续的具体原因为俞明霞的收入不够,系由俞明霞自身原因造成,和富景公司无关,无法在该按揭银行办理贷款手续的责任亦应当由俞明霞承担。二、俞明霞要求解除合同无事实和法律依据。1. 俞明霞要求解除《浙江省商品房买卖合同》无事实依据。(1)根据前述之答辩意见,支付购房款系俞明霞的主要合同义务,且因俞明霞自身原因无法办理银行按揭贷款手续,应当由俞明霞承担相应的法律责任,与富景公司无关。(2)目前,富景公司确定的按揭银行有农行桂花路支行、工行文教路支行、建行富阳支行、中国银行富阳支行,若俞明霞在前述银行办理按揭贷款手续,富景公司甚至可以为俞明霞的按揭贷款承担阶段性担保责任,为俞明霞顺利办妥按揭贷款手续提供了极大的便利,现俞明霞非但未知晓富景公司为其顺利办妥银行按揭贷款手续提供的帮助,反而仅以在农行桂花路支行无法办理按揭贷款手续为理由,未尝试在前述确定的按揭银行及其他金融机构是否可办理相应贷款手续的情况下,要求解除和富景公司签订的购房合同,根本无事实依据。(3)根据双方之间签订的《〈浙江省商品房买卖合同〉补充协议》第二条第二款等相关约定,若因俞明霞无法办妥按揭款手续或者无法确定其他付款方式的,亦仅赋予富景公司享有相应的合同解除权,俞明霞无权因此解除双方所签订的购房合同。2. 俞明霞要求解除《浙江省商品房买卖合同》无法律依据。故在本案当中,俞明霞的相关诉请没有事实和法律依据,一审法院的判决事实清楚、适用法律正确且程序合法,富景公司在此望维持一审原判。

法院观点

涉案商品房买卖合同及其补充协议系双方当事人真实意思表示,内容不违反法律、行政法规强制性规定,应认为合法有效,双方当事人应严守合同约定。商品房买卖合同中,买受人的主要义务是支付购房款。本案中,俞明霞在补充协议中已表示充分了解到个人住房贷款的办理条件、程序及需要缴纳的全部费用,并承诺自己的资信状况符合贷款银行的办理条件和国家法律规定及政策。俞明霞作为房屋的买受人,对于购买价值巨大的不动产,并采用按揭贷款的方式,亦应当对其自身是否符合贷款条件负有了解的义务,故俞明霞认为补充协议的相关内容显失公平并无依据。因此,即使俞明霞按揭贷款因其收入水平问题未能办出属实,其责任也在俞明霞本身。俞明霞以其已表明不再继续履行合同为由,认为其享有合同解除权,系对法律的误解。且按照合同的约定,如果俞明霞因偿还能力、信用或其他原因,最终导致贷款银行不予批准贷款的,可与富景公司协商新的付款方式(一次性支付或分期支付购房余款),现其并未提交有效的证据证明按揭贷款不能办出,或者不能办出按揭贷款后已经就付款方式进行了协商,或者协商后存在客观履行不能的情形,故俞明霞要求解除合同的请求不应支持。

律师点评

商品房作为大宗商品，买房者在无法一次性支付全部购房款的情况下，更多的是通过支付部分首付款，剩余款项向银行办理房屋按揭贷款的方式来支付房款。其中涉及的法律关系相对比较复杂，一旦发生争议，买房者和开发商以及银行方面往往各执一词，下面笔者就对按揭贷款中常见的几个问题进行分析和探讨。

一、按揭银行的确定

开发商在销售房产时往往会指定几家银行，要求买房者选择该几家银行中的任意一家办理按揭贷款手续。一旦嗣后出现无法办理按揭的情形，买房者往往会以银行系开发商指定的为由，认为无法办理按揭的责任不在自己。但是，该主张往往不能得到法院支持。

之所以开发商要指定按揭的银行，其实和我国的房屋预售制度有关（当然也不排除开发商基于此赚取部分佣金的情况）。由于我国的房屋采取预售制，开发商需要买房者交付的房款来完成房屋的建设。因此，买房者必须先交钱，后收房。因此，买房者办理按揭贷款后，银行就要在短时间内放款给开发商。但是在银行放款后到房屋实际建设完毕并办理抵押手续这段时间内，银行的贷款是缺乏物的担保的。为了规避这种风险，银行普遍要求开发商在这个阶段提供阶段性保证，以符合银行信贷政策的要求。银行同时也会对开发商的资信、项目的情况进行前期考察以确定贷款的风险。因此，开发商所指定的合作银行，实际上就是已经接受了开发商阶段性保证的银行，并非开发商随意指定或者强制规定的。当然买房者完全可以选择其他银行申请贷款，但是在没有开发商提供的各类工程资料和担保文件的支持下，其他银行更加不会同意买房者的按揭贷款申请。

因此，开发商指定合作银行的行为具有一定的正当性和合理性，也符合交易的惯例，不能据此认为无法办理按揭的责任就可以归咎于开发商。买房者提出这样的主张往往是徒劳的。

二、买房者的主要合同义务

对于商品房买卖合同来说，买房者的主要义务就是支付房款。实践中，支付房款的形式一般有一次性支付、分期支付以及按揭贷款支付三种。但是无论买房者采用何种支付形式，都仅仅是支付方式的选择而已，支付房款本身还是属于买房者的主要合同义务。买房者应当从诚信的角度，积极、善意地履行该义务，否则就有可能要向开发商承担违约责任，这也是合同相对性的具体体现。

三、无法办理按揭的归责原则

按照前述，支付房款是买房者的主要合同义务，那么显然如果买房者无法办理按揭贷款，支付房款的义务就无法履行，原则上买房者就要承担违约责任。

虽然无法办理按揭可能存在着多种原因，但是由于申请按揭贷款本身是买房者和银行之间发生的法律关系，与开发商没有关系，所以开发商不需要考虑买房者能否办理按揭贷款，更不需要考虑买房者为什么不能办出按揭。

另外，从按揭银行的角度来讲，银行本身从事的就是金融资产交易，其发放按揭贷款的额度以及对申请人的评估标准必然是统一的，不会出现故意歧视某个申请人的情形。所以买房者无法申请到按揭贷款通常情况下是由于买房者自身资信、收入等不符合银行放贷要求所致。由于贷款是买房者自己申请的，标准不合导致拒贷的责任当然由买房者自负。

当然，个别情形下，比如限贷政策的突然调整等导致买房者原本可以申请的按揭贷款目前无法申请的，除非当事人之间有其他约定，否则这种情形属于情势变更的范畴，不能完全归责于买房者，买房者也不需要承担全部的违约责任。

正是基于此，有经验的开发商往往会通过补充协议的方式约定买房者一旦无法办理按揭贷款时应当更换支付方式。这种约定虽然属于格式条款，但是该条款仅仅是约定了无法办理按揭时的替代做法，并没有排除买房者的主要义务；而且考虑到支付房款是买房者的主要合同义务，不履行对双方的影响都是根本性的这一因素，该条款的设定也不存在明显偏袒一方当事人的情形，因此目前的司法实践都会支持该条款的效力。

本案中，俞明霞无法办结按揭的原因是由于自身收入水平不符合按揭银行的要求所致，这本身也属于当事人自身的原因导致无法办理按揭，责任当然应由其自负。更何况，不同的银行对于申请人的审核存在一定的差异，俞明霞在A银行无法办理按揭，完全可以向开发商提供的其他银行尝试申请。但是俞明霞并未这么做，而是直接要求解除合同，显然是缺乏诚信之举。

四、合同何时可以解除？

除了合同双方有约定外，《中华人民共和国合同法》第九十四条[①]规定了合同可以法定解除的要件。从该规定看，本案中俞明霞的解除主张显然不符合该要件。而俞明霞主张的客观上不能履行是否能够成立呢？答案也是否定的。

《中华人民共和国合同法》第一百一十条中所讲的法律或者事实上的履行不能，是针对非金钱债务的。本案中，俞明霞主张其无法支付的房款属于金钱债务，本身不适用该条款。俞明霞无法办理按揭，并非是客观政策或者社会环境发生了重大变化或者有不可抗力的因素所致，而是其自身收入条件限制所致，与客观情况无关。如果俞明霞可以以自身收入条件不足以承担购房款为由解除合同，那么岂不是“老赖”都可以以自己“付不出”为由免除付款责任吗？这显然是不可能的。

综上所述，对于买房者来说，应当意识到支付房款是其主要的合同义务，而按揭贷款仅仅是支付房款的方式而已。在买房者选择按揭贷款前一定要充分了解申请银行的贷款政策并对自己的资信、收入做出合理的评估，同时充分阅读开发商关于付款的条件和约定，做到心中有数。

---

① 《中华人民共和国合同法》第九十四条规定有下列情形之一的，当事人可以解除合同：（一）因不可抗力致使不能实现合同目的；（二）在履行期限届满之前，当事人一方明确表示或者以自己的行为表明不履行主要债务；（三）当事人一方迟延履行主要债务，经催告后在合理期限内仍未履行；（四）当事人一方迟延履行债务或者有其他违约行为致使不能实现合同目的；（五）法律规定的其他情形。

五、预约合同未履行的法律后果

案例16　浙江侨福置业有限公司与朱玉鸿房屋买卖合同纠纷上诉案

□ 王永皓

关 键 词：预约；本约；合同；违约责任

案件索引：一审案号：海宁市人民法院（2015）嘉海民初字第2986号

二审案号：嘉兴市中级人民法院（2015）浙嘉民终字第43号

判决结果

一审：侨福置业公司返还朱玉鸿定金100000元。

二审：驳回侨福置业公司的上诉，维持原判。

案情简介

上诉人（原审被告）：浙江侨福置业有限公司（以下简称"侨福置业公司"或"开发商"）

被上诉人（原审原告）：朱玉鸿

朱玉鸿、侨福置业公司于2014年3月29日签订《逸品福邸认购协议书》一份，约定朱玉鸿认购侨福置业公司开发的"逸品福邸"16幢2单元2104室商品房一套，建筑面积130.53平方米，购房价格为1047067元，按照优惠政策折算后最终的房款总价985501.5元；朱玉鸿在签订该协议书之日支付侨福置业公司定金100000元作为订立商品房买卖合同的担保，签订商品房出售合同后，朱玉鸿支付的定金转为房价款，朱玉鸿应于2014年7月31日前到海宁市农发区聆涛路188号侨福置业公司销售中心签订《浙江省商品房买卖合同》。协议书对朱玉鸿具体支付购房款的时间、数额等也进行了约定。前述协议书签订后朱玉鸿依约支付了定金100000元。后朱玉鸿向侨福置业公司寄送了落款时间为"2014年7月25日",落款买受人为"章星蕾"的联系函,就侨福置业公司提供的《浙江省商品房买卖合同》范本相关条款提出书面异议如下:1. 合同第三条载明的所售房屋为"逸品福邸18幢2单元2104室",与认购协议书约定的认购房屋为"逸品福邸16幢2单元2104室"不一致;2. 由于规划变更,在小区占地面积不变的前提下,小区总建筑面积增加了7000平方米,住户增加了297户,小区人均公用面积减少直接导致小区品质降低;3. 合同第三条计算出的所购房屋"得房率"74.05%,与侨福置业公司销售人员承诺的"得房率"78%差距较大,是欺诈朱玉鸿的行为;4. 合同范本第十九条关于楼宇屋面使用权的约定损害朱玉鸿作为业主的合法权益,应做修改,但侨福置业公司方拒绝修改;5. 合同范本第七条付款方式及期限中约定朱玉鸿应在2014年10月31日前支付300000元,与认购协议书中约定的30000元不一致;6. 侨福置业公司承诺将朱玉鸿认购房屋的阳台做好,但不愿意在合同中写明。后侨福置业公司向朱玉鸿寄送落款时间为"2014年7月29日"的复函,针对朱玉鸿就合同具体条款提出的异议予以答复。2014年8月11日,侨福置业公司向朱玉鸿邮寄了违约通知书,告知朱玉鸿已逾期11天未按约定与侨福置业公司签订《浙江省商品房买卖合同》,并要求朱玉鸿于收到通知之日起5日内前往销售展示中心完成合同签订手续,逾期,侨福置业公司将追究朱玉鸿违约责任,没收朱玉鸿已支付定金并解除认购协议。朱玉鸿认为侨福置业公司提供的《浙江省商品房买卖合同》范本中部分条款损害朱玉鸿利益,侨福置业公司向朱玉鸿做出的多项承诺未在商品房买卖合同中予以体现,且侨福置业公司调整小区建设工程规划的情况未告知朱玉鸿,故起诉至原审法院。

本案所涉"逸品福邸"小区建设工程规划在建设过程中进行过调整,调整前总建筑面积为557230平方米、建筑密度为16.4%、总户数为3226户,调整后总建筑面积为589200平方米、建筑密度为16.8%、总户数为3517户。

各方观点

上诉人侨福置业公司观点:原判认定事实错误,导致判决错误。本案所涉规划调整是在2013年,双方签订认购协议书是在2014年3月29日,规划调整早于签订协议时间,故朱玉鸿签订协议时其所了解的情况已经是规划调整后的实际情况，根本不存在误解之说。朱玉鸿提交的生活读本所涉及的内容不构成合同邀约，其中相关图纸均明确注明为效果图，也不会对朱玉鸿造成误解。何况规划调整后已停发该生活读本，朱玉鸿持有的生活读本来源不明。因此，朱玉鸿签订认购协议书时对调整后的既有规划不存在误解，协议书是其真实意思表示，现其以非实质性理由单方违约，上诉人有权没收其定金。请求二审撤销原判，改判驳回朱玉鸿原审全部诉讼请求。

被上诉人朱玉鸿观点：原审认定事实清楚，适用法律正确。侨福置业公司没有将规划调整的情况告知的事实客观存在，请求驳回上诉，维持原判。

法院观点

本案的争议焦点在于认购协议书中 10 万元定金如何处理。

《最高人民法院关于审理商品房买卖合同纠纷案件适用法律若干问题的解释》第四条规定，出卖人通过认购、订购、预订等方式向买受人收受定金作为订立商品房买卖合同担保的，如果因当事人一方原因未能订立商品房买卖合同，应当按照法律关于定金的规定处理；因不可归责于当事人双方的事由，导致商品房买卖合同未能订立的，出卖人应当将定金返还买受人。相对商品房预售合同来说，订购协议是本约订立之前先行订立的预约合同。订立预约合同的目的，是在本约订立前先行约明部分条款，将双方一致的意思表示以合同条款的形式固定下来，并约定后续谈判其他条款，直至本约订立。预约合同的意义，是为继续进行磋商，最终订立正式的、条款完备的本约创造条件。因此，如果双方在公平、诚信原则下继续进行了磋商，只是基于各自利益考虑，无法就其他条款达成一致的意思表示，致使本约不能订立，则属于不可归责于双方的原因，不在预约合同所指的违约情形内。这种情况下，预约合同中已付定金应当返还。本案中，双方所签订的认购协议书是商品房买卖双方在签订预售合同之前所签订的文书，是对双方交易房屋有关事宜的初步确认，应为预约合同。因此，关于预约合同定金之处理，可以按照上述司法解释的规定执行。现有证据表明，双方在认购协议书签订后通过书函、会面等形式继续进行了磋商。侨福置业公司向朱玉鸿提供了《浙江省商品房买卖合同》文本，但关于该买卖合同的相关条款，朱玉鸿表示异议，提出合同中关于所售房屋幢号、付款金额等条款与认购协议书的约定有所不同，同时对规划变更、得房率差距、楼宇屋面使用权、阳台等问题提出意见。上述异议事项中所售房屋幢号、付款金额等条款属于对预约合同中已决条款的变动，在双方存在争议的情况下确实需要重新磋商；其余异议事项属于双方未在预约合同中约定的其他条款，双方也应就此进行磋商。但侨福置业公司认为除认购协议书特别约定外，其他条款应当以备案的《浙江省商品房买卖合同》文本内容为准。之后侨福置业公司又向朱玉鸿发出违约通知书，要求限期签订商品房买卖合同，否则没收定金。综上可知，双方当事人基于各自利益考虑，无法就上述条款达成一致，致使最终的商品房买卖合同不能订立，属于不可归责于双方的原因，不在预约合同所指的违约情形内。这种情况下，预约合同中已付定金应当返还。侨福置业公司上诉所称朱玉鸿在签订认购协议书时对房屋所在小区整体规划调整已经明知，对认购房屋的面积、位置、价格、付款方式等都进行了充分了解，现朱玉鸿以非实质性理由单方违约，其有权没收定金的事由，缺乏依据，也不符合相关法律规定，不予以采信。

律师点评

我国商品房销售采取预售制度，即买房者须先向开发商支付全部房款，然后在一段时期后，开发商再将建成的房屋交付给买房者。也就是说，在预售制度下，买房者支付的房款就是开发商继续建设房屋的资金来源，而非如其他采取现售制度的国家那样，开发商必须自筹资金、自担风险地将房屋建成才能销售。因此，在预售制度下，开发商的资金压力相对较小，而开发商为了推进建设项目的顺利开展，何时进行预售就极为关键。

由于预售制度对于买房者极为不利，为了规范开发商的行为以及管理整个房地产市场，我国对于预售商品房采取行政许可制度。开发商在进行房屋预售时必须到住建部门进行项目审查，符合一定条件的方可办理预售许可证明，开展预售工作。《最高人民法院关于审理商品房买卖合同纠纷案件适用法律若干问题的解释》第二条规定："出卖人未取得商品房预售许可证明，与买受人订立的商品房预售合同，应当认定无效，但是在起诉前取得商品房预售许可证明的，可以认定有效。"该规定即是从法律的层面对于未取得预售证而开展预售活动的否定性规定。

但是对于开发商而言，为了尽快收回前期投入资金，减少融资成本，都会采用各种方式在尚未取得预售证明时就开展房屋销售工作。因此，像"认筹""认购""订购"等预约合同行为就应运而生，成了现在开发商在楼盘销售时的"规定动作"。

本案就是这样一起由预约合同产生的纠纷，下面笔者就结合本案的事实及相关法律规定，对于本案涉及的几个问题进行分析和探讨。

一、关于预约和本约的关系

前面提到，开发商一方面想尽快地将房屋推销出去；另一方面又不愿在没有取得预售许可证的情况下触及法律的红线，因此，预约合同就是其不二的选择。

所谓商品房预约合同，就是双方当事人就如何签订正式商品房买卖合同的约定。此时商品房买卖合同就是本约。按照我国合同法及物权法的规定，不动产交易应当签订书面的合同，也就是常见的《商品房买卖合同》。签订商品房买卖合同是一种标准的商品房销售行为，开发商必须要取得商品房预售许可证明并办理销售备案手续。而商品房预约合同则主要约定了双方何时、何地签订商品房买卖合同以及相关主要合同条件等，本身不需要预售许可在先，故不涉及违规预售。

预约合同的标的就是双方签订商品房买卖合同的法律关系，这与作为本约的商品房买卖合同涉及涉案房屋所有权交易关系的标的是截然不同的。因此，违反预约合同所产生的法律后果与违反商品房买卖合同的法律后果也是各有千秋的。

但是需要指出的是，在一定条件下，预约合同也可以被认定为本约。《最高人民法院关于审理商品房买卖合同纠纷案件适用法律若干问题的解释》第五条规定："商品房的认购、订购、预订等协议具备《商品房销售管理办法》第十六条[①]规定的商品房买卖合同的主要内容，并且出卖人已经按照约定收受购房款的，该协议应当认定为商品房买卖合同。"也就是说，如果开发商在预约合同中对于房屋的主要内容都作了非常明确具体的约定，包含了商品房买卖合同的主要内容，且开发商按照约定收取了购房款（这里的购房款并非必须为房屋全款，即便是部分首付款、首期款也可以认定）的，法院就可以认定该预约合同具备了本约的性质并可以按照商品房买卖合同的规定进行裁判。这种转化显然加重了开发商的义务，使得开发商必须按照正常销售商品房的流程办理备案等相关手续，否则就要承担违约责任。因此，开发商在进行楼盘预约、认筹时必须把握好这个度，切不可为了一时方便，越过了法律的红线。

---

① 《商品房销售管理办法》第十六条规定：商品房销售时，房地产开发企业和买受人应当订立书面商品房买卖合同。商品房买卖合同应当明确以下主要内容：（一）当事人名称或者姓名和住所；（二）商品房基本状况；（三）商品房的销售方式；（四）商品房价款的确定方式及总价款、付款方式、付款时间；（五）交付使用条件及日期；（六）装饰、设备标准承诺；（七）供水、供电、供热、燃气、通讯、道路、绿化等配套基础设施和公共设施的交付承诺和有关权益、责任；（八）公共配套建筑的产权归属；（九）面积差异的处理方式；（十）办理产权登记有关事宜；（十一）解决争议的方法；（十二）违约责任；（十三）双方约定的其他事项。

二、本案双方合同性质的认定

本案中，买房者和开发商签订的是认购协议书，协议书中约定了认购商品房的具体座落位置、建筑面积、总价格、具体支付时间、数额以及签订《浙江省商品房买卖合同》具体时间和地点，还约定了10万元作为定金。这个合同符合前述关于预约合同特征的表述，开发商也没有收取买房者的购房款，而是约定签订商品房买卖合同后买房者才支付购房款，收取的定金届时也转为购房款。从这些方面来看，在本案中该认购协议书应当被认定为商品房买卖合同的预约合同。

三、预约合同未履行的法律责任

无论是预约合同还是本约合同，一旦成立并生效，对双方当事人来说都具有法律约束力。如果因为可归责于一方的原因导致合同未能履行的，责任方当然要按照合同的约定以及法律的规定承担违约责任，这一点无论是预约还是本约都是没有区别的。

但是由于预约合同预约的是“签约”这个行为，而且预约合同毕竟与本约有所不同，因此预约合同如果未履行所产生的法律后果与本约还是有一定区别的。

1. 违反预约合同原则上无法请求继续履行

对于违约行为，守约方拥有的重要权利就是请求继续履行。但这也不是绝对的。《中华人民共和国合同法》第一百一十条规定：“当事人一方不履行非金钱债务或者履行非金钱债务不符合约定的，对方可以要求履行，但有下列情形之一的除外：（一）法律上或者事实上不能履行；（二）债务的标的不适于强制履行或者履行费用过高；……”预约合同就是属于这种规定的情形。由于预约合同所约定的义务往往是一个具体的行为，例如，“签订商品房买卖合同”。对于行为而言，是很难要求继续履行的——即便法院判决继续履行，如果一方坚决不配合，该判决也无法执行；更不能认为一方违反预约合同的约定未签订商品房买卖合同的就当然视为该商品房买卖合同已经成立并生效。因此，对于因一方原因导致预约合同无法履行的，实践中均以解除及违约赔偿作为解决方式，鲜见要求继续履行的。

2. 因预约合同中未约定的事项无法达成一致导致预约合同无法继续履行的，原则上双方不承担违约责任

正常而言，预约合同中仅仅会就交易中的重要事项作约定，而不可能面面俱到般地包含本约的全部约定（否则就容易被认定成为本约）。那么在签署本

约时必然会涉及一些在预约合同中没有涉及的事项。对于这些未涉及的事项，双方只能通过友好协商的方式予以确定，任何一方均不能以预约合同中要求签订本约为由强迫对方接受那些在预约合同中未记载的事项。一旦就这些未记载的事项双方无法达成一致，那么本约就无法签订，且原因不能归责于任何一方，那么该预约合同也应当解除，双方自不负违约责任。

但是应当指出的是，对于何为"预约合同中未记载（约定）的事项"，应当结合诚信原则进行理解，而不是简单机械地从字面寻找这些事项是否在预约合同中出现过。例如，甲乙签订预约合同，约定 30 日后签订正式商品房买卖合同，预约合同中约定了房屋坐落、面积和总价。但是临到签约之日，乙方突然提出，该房屋上有一阁楼，不在总面积中，要求甲方支付购买阁楼款，甲方未允，乙方即就此宣布双方协商不一致，预约合同解除且各不负违约责任。经查，该阁楼并无房产登记，系附属于标的房屋中，仅能由标的房屋内进出。此时，虽然该阁楼在预约合同中没有涉及，但是由于预约合同中已经明确购买的是该房屋，那么该房屋的专有附属物应当包含在内，乙方的说法明显有违诚信及交易惯例。故应当认为乙方系故意制造障碍导致预约合同无法履行，应当按照预约合同的约定承担违约责任。

此外，还有一种情形，那就是在预约合同签订后，房屋的具体情况发生了变化，例如，本案中涉及的房屋的幢号发生了变更的情况。对于这种变化，笔者认为还是要从诚信的原则出发，对于这种变化是否能导致双方协商不一致以及双方当事人签订合同时的真实意思为何等予以判断。以房屋坐落幢号变化为例，如果这种幢号变化仅仅是称呼上的变化，实际并没有引起房屋坐落、朝向等因素的改变的，那么这种变化不会影响当事人的判断和决策，对于当事人签订本约不会产生实质影响，不应当就此认为该变化会导致磋商失败。相反，如果该变化的确是由房屋坐落的位置、朝向等因素引起的，那么这种变化就需要当事人重新协商来确定，否则就应当按照磋商失败的原则处理相关的合同问题。

六、商品房交易中逾期付款违约金的下调理由

案例17　张颖波诉北京龙源顺景房地产开发有限公司商品房销售合同纠纷上诉案

□ 陈　南

关 键 词：逾期付款；违约金；实际损失；过错程度；预期利益

案件索引：一审案号：北京市通州区人民法院（2015）通民初字第08593号
二审案号：北京市第三中级人民法院（2016）京03民终771号

判决结果

一审：一、北京龙源顺景房地产开发有限公司与张颖波于2013年10月27日签订的《北京市商品房预售合同》予以解除；二、张颖波支付北京龙源顺景房地产开发有限公司违约金共计112585.4元，于本判决生效之日起七日内付清；三、张颖波协助北京龙源顺景房地产开发有限公司办理涉案房屋（通州区马驹桥镇金桥科技产业基地B1-2-3、B1-2-4地块公建和住宅项目7号商业办公楼11层1111号房屋）的网签备案撤销手续，于本判决生效之日起十日内执行完毕；四、驳回北京龙源顺景房地产开发有限公司的其他诉讼请求。

二审：维持原判，驳回上诉请求。

案情简介

上诉人（原审被告）：张颖波

被上诉人（原审原告）：北京龙源顺景房地产开发有限公司（以下简称"龙源顺景房地产公司"）

原审原告龙源顺景房地产公司在原审法院诉称:2013 年 10 月 27 日,我公司与张颖波签订《北京市商品房预售合同》,张颖波向我公司购买位于通州区马驹桥镇金桥科技产业基地 B1-2-3、B1-2-4 地块公建和住宅项目 7 号商业办公楼 11 层 1111 号房屋。按合同约定房屋总价款为 1125854 元,张颖波应于 2014 年 1 月 20 日前向我公司缴付房款 565854 元;剩余房款 560000 元由张颖波向银行申请商品房担保贷款的方式支付,合同签订后张颖波仍欠购房款 560000 元。现诉至法院,请求法院依法判令:1. 解除双方签订的《北京市商品房预售合同》(合同编号:Y1547746);2. 张颖波协助我公司解除网签手续;3. 张颖波支付我公司违约金 225171 元;4. 由张颖波承担本案的诉讼费用。

各方观点

上诉人张颖波观点:龙源顺景房地产公司要求解除合同并办理撤销网签备案我方同意,但要求我方支付违约金的诉讼请求不同意,因为这是不成立的。我方已经支付了 56 万多元,龙源顺景房地产公司已经占有和使用该款项,并没有向我方交房,所谓的经济损失,我方要求法院根据实际情况核减。龙源顺景房地产公司要求我方承担总房款 20% 的违约金是不合理的,贷款没有办下来不是我方的过错,我方先后配合在两家银行办理贷款,也按要求提供了全套的贷款申请手续,没有批下来的原因不在我方,因此要求驳回龙源顺景房地产公司的提起违约金的诉讼请求。

被上诉人龙源顺景房地产公司的观点:同意原审判决,不同意上诉人的请求。

法院观点

一审法院的观点:依法成立的合同对双方具有法律拘束力,龙源顺景房地产公司与张颖波签订的合同系双方真实意思表示,双方均应恪守履行。根据本案查明的事实,龙源顺景房地产公司与张颖波于 2013 年 10 月 27 日签订合同,依据合同约定 60 日内,张颖波未能成功办理贷款,又未能在 15 日内付清全部房款,在涉案房屋取得竣工备案,龙源顺景房地产公司通知办理贷款后,张颖波至今仍未办理贷款或付清全部,故龙源顺景房地产公司可以依据合同约定解除双方签订的合同,并要求张颖波支付违约金。因此,龙源顺景房地产公司要求解除双方签订的合同及要求张颖波支付违约金的诉讼请求合理、证据充分,法院予以支持。但双方约定总房款20%的违约金明显过高，龙源顺景房地产公司未提供证据证明其因此所受损失，故违约金具体数额法院依据张颖波申请酌情减少确定。合同解除后，涉案房屋的网签备案手续应予撤销，因此龙源顺景房地产公司要求张颖波协助撤销涉案房屋网签备案手续的主张合理，法院予以支持。

二审法院的观点依法订立之合同，于各方具有约束力，均应恪守相关之义务。本案中，依照龙源顺景房地产公司与张颖波合同之约定，张颖波未于约定时间之内办理完毕贷款，亦未能依照其他约定付清房款，且上述义务未履行状态持续时间过长，已构成根本违约，龙源顺景房地产公司依约定主张解除合同，具有法律依据。作为违约方，张颖波理应承担支付违约金的责任。关于张颖波上诉所主张的违约金比例一节，本院认为双方已于合同中就贷款一事的违约情形作出了单独约定，且在补充协议第十九条中亦明确了“本合同及补充协议另有约定的除外”，故对于该条约定中“5%”的含义，当结合合同的整体和目的进行理解，即合同已经就具体事项的违约金条款作出特别约定的，应当遵循特别约定。此外，就该比例的数额，一审法院亦结合查明的事实进行了酌减，并无不当。张颖波的上诉请求缺乏法律依据，本院不予支持。

律师点评

本案主要问题是商品房买卖合同中涉及的违约金是否可以下调以及按何种标准进行下调这两个问题。

第一，关于违约金是否可以下调的问题。如要深入讨论这个问题，就必须从违约金的性质入手，即违约金属于补偿性质还是惩罚性质？根据《最高人民法院关于适用〈中华人民共和国合同法〉若干问题的解释（二）》第二十九条的规定，当事人主张约定的违约金过高请求予以适当减少的，人民法院应当以实际损失为基础，兼顾合同的履行情况、当事人的过错程度以及预期利益等综合因素，根据公平原则和诚实信用原则予以衡量，并作出裁决。从该司法解释可以看出，在我国法律中规定的违约金性质属于补偿性违约金，违约金的本质还是合同违约后的补救措施，是当事人承担违约责任的方式。既然违约金本质上是属于违约后的补救措施，则在其金额远远大于实际损失的情况下，完全可以对违约金进行下调。

第二，关于违约金的下调幅度问题。从上述司法解释的内容可以看出，违约金下调幅度需要与当事人的实际损失相对比。同时，在考虑当事人给对方造成实际损失的基础上,还需要考虑合同的履行情况,当事人的过错程度以及预期利益等三大因素,而且要考虑公平和诚实信用两大民法最基本原则的适用。

第三,关于违约金下调的举证责任分配的问题。即应该是由违约方来证明实际损失低于违约金呢?还是由守约方来证明其实际损失与违约金的金额大致相等?目前的通说认为,违约金是否过高,首先须由违约方承担主张责任,其主张后还须承担能够引起法庭对违约金是否过高产生合理怀疑的举证责任。在法庭对违约金是否过高产生合理怀疑后,法庭才能将举证责任分配至守约一方当事人,由守约方承担其实际损失的举证责任,最后由法院根据守约方的实际损失进行判断。需要注意的是,违约金设立的目的为免除违约损失的举证责任,因此对守约方的举证要求不宜苛刻。进一步而言,违约方须提供足以让法官对违约金约定公平性产生怀疑的初步证据,然后法官可将举证责任分配给守约方。《最高人民法院关于当前形势下审理民商事合同纠纷案件若干问题的指导意见》中规定:“违约方对于违约金约定过高的主张承担举证责任,非违约方主张违约金约定合理的,亦应提供相应的证据。”因此,如果将全部的举证责任均分配给违约方,违约方不证明实际损失就要承担举证不能的风险——不予调整违约金。这种处理方式虽然符合民事诉讼的原理,在程序上是公正的,但如果双方约定的违约金非常高,一概不考虑合同的其他因素,可能会造成实质上的不公正。因此,在适当的情况下将举证责任分配给守约方,在守约方不提供证据证明实际损失时,举证不能的后果就是支持违约方的主张——调整违约金,可以弥补上述由违约方承担全部违约责任的法律缺陷。

从本文所举的案例中可以清楚地看到上述原则的适用。首先,按“谁主张、谁举证”的举证责任分配的原则上来看,是应该由作为申请调减违约金一方的张颖波来举证证明龙源顺景房地产公司所遭受的实际损失是远远小于违约金的数额的,但近年来北京地区的商品房价格普遍上涨几乎成为一个普遍事实,并且在开发商的证明能力也优于普通的购房者的情况下,要求开发商对实际损失进行举证也并无不妥。其次,一审法院虽然认定了张颖波存在逾期付款的违约行为,但是经过庭审查明的相关事实,张颖波本人对于按揭贷款无法办理这一事实所具有的过错程度是很小的,不存在故意违约的情况;且开发商也一直无息占用了张颖波的购房首付款项50余万元。结合以上情况,在开发商也没有说明违约损失的具体的计算方式的情况下,双方约定的总房款20%的违约金显然是过高的,因此一审判决对违约金的金额进行了相应调整。

同时,根据《最高人民法院关于审理商品房买卖合同纠纷案件适用法律若干问题的解释》第十七条规定："商品房买卖合同没有约定违约金数额或者损失赔偿额计算方法，违约金数额或者损失赔偿额可以参照以下标准确定：逾期付款的，按照未付购房款总额，参照中国人民银行规定的金融机构计收逾期贷款利息的标准计算。逾期交付使用房屋的，按照逾期交付使用房屋期间有关主管部门公布或者有资格的房地产评估机构评定的同地段同类房屋租金标准确定。"按照上述规定，在双方当事人没有约定违约金数额或损失赔偿计算方法时，法律推定逾期付款或逾期交房的损失为中国人民银行规定的金融机构计收逾期贷款利息或同地段同类房屋租金。在此类情形下，当合同约定的违约金高于法律规定的标准时，违约方要求以此作为调整违约金的依据无须举证证明。

综上所示，二审法院除了赞同一审判决的观点之外，还认为双方在《补充协议》中又重新对违约金的上限作出了特别的约定，因此还可以以该条款为依据作为支持调减违约金的依据。

从该案例中可以看出，当事人主张约定的违约金过高请求予以适当减少的，一般应当以实际损失为基础，但不能过分依赖于实际损失，在双方均不提供证据或提供的证据不能证明实际损失的数额时，则应结合合同的履行情况、当事人的过错程度、预期利益、合同目的等综合因素，根据公平原则和诚实信用原则予以衡量。

七、商品房逾期交房违约金可否上调

案例18 王磊诉抚顺乐活房地产开发有限公司商品房销售合同纠纷上诉案

□陈 南

关 键 词:逾期交房;违约金;实际损失

案件索引:一审案号:抚顺市望花区人民法院(2014)抚开民二初字第00206号

二审案号:辽宁省抚顺市中级人民法院(2014)抚中民一终字00379号

判决结果

一审:判决由被告乐活房地产开发有限公司向原告王磊支付违约金1796.06元以及该违约金相应的利息,同时驳回了原告的其他诉讼请求。

二审:判决上诉人抚顺乐活房地产开发有限公司于判决生效之日起十日内给付上诉人王磊违约金9219.77元及利息(利率按中国人民银行同期活期存款利率标准计算,自2013年1月7日起至给付之日止)。

案情简介

上诉人(原审原告):王磊

被上诉人(原审被告):抚顺乐活公司房地产开发有限公司(以下简称"乐活公司")

原告王磊与被告乐活公司于2011年12月25日签订商品房买卖合同,原告购买坐落于抚顺经济开发区杨帆路568庄园第106号楼3单元7层2号房,并于2012年2月12日支付给被告全部购房款359212元。根据合同约定,被告应于2012年10月31日向原告交付房屋。合同第九条约定:“出卖人如未按合同规定的期限将该商品房交付买受人使用,逾期超过30日后,买受人有权解除合同。买受人解除合同的,出卖人应当自买受人解除合同通知到达之日起30天内退还全部已付款,并按买受人累计已付款的0.5%向买受人支付违约金。”因被告未如期向原告交付房屋,原告于2012年12月1日依合同约定向被告提出解除商品房买卖合同并退还全部购房款、支付违约金的书面通知,于2012年12月7日向被告交付了购房合同、单户证原件、发票两联,并于2013年1月6日收到被告退还的全部购房款359212元。鉴于被告违约的事实,原告诉请要求被告支付逾期交房违约金9219.77元。

各方观点

上诉人王磊观点:商品房买卖合同约定的违约金比例仅为全部房款的0.5%,因此合同约定的违约金比例明显过低,不符合法律规定,应按银行同期存款利息计算违约金为9219.77元。

被上诉人乐活公司的观点:撤销原判,改判其不承担给付利息的责任。其理由为:上诉人王磊未及时到乐活公司领取违约金,造成乐活公司逾期给付违约金,我公司不存在过错,故不应承担给付利息的责任。

法院观点

一审法院的观点:当事人应当按照约定全面履行自己的义务。当事人一方不履行合同义务,应当承担相应的违约责任。原、被告签订商品房买卖合同,原告已按约定支付房款,被告应依合同规定在2012年10月31日前交付房屋。被告至今未交付房屋已构成违约,应按照合同约定承担违约责任。原告向被告提出解除合同返还购房款的通知,并于2013年1月6日从被告处取得全部购房款。根据合同约定,被告需向原告支付已付房款的0.5%即1796.06元的违约金,关于原告主张解除合同违约金过低应按同期银行存款利息计算损失的主张,因合同中对于违约金有明确的约定,且约定的违约金不存在明显过低的情形,故本院对于其要求调整违约金的请求不予支持。关于利息的主张,被告确实存在未及时向原告支付违约金的情形,故应向原告支付相应利息,但利息的计算方式应以1796.06元为本金,根据原告的诉请按中国人民银行定期存款利率自2013年1月7日至2014年6月6日计算17个月。综上所述,依照《中华人民共和国合同法》第四十四条、第六十条、第一百零七条之规定,判决如下:一、被告抚顺乐活房地产开发有限公司于判决生效之日起十日内给付原告王磊违约金1796.06元及利息(利率按中国人民银行定期存款利率标准计算,自2013年1月7日起至2014年6月6日止);负有金钱履行义务的当事人逾期履行,按《中华人民共和国民事诉讼法》第二百五十三条之规定,加倍支付迟延履行期间的债务利息。二、驳回原告王磊的其他诉讼请求。

二审法院的观点:二审查明的事实与原审相同。但二审法院认为,依法成立的合同受法律保护,当事人均应当按照合同约定,全面履行各自的义务,如当事人不履行合同义务,应当承担相应的违约责任。本案上诉人王磊、乐活公司签订商品房买卖合同后,乐活公司未按合同约定履行交付房屋义务,构成违约。《中华人民共和国合同法》第一百一十四条第二款规定:约定的违约金低于造成的损失的,当事人可以请求人民法院或者仲裁机构予以增加;约定的违约金过分高于造成的损失的,当事人可以请求人民法院或者仲裁机构予以适当减少。本案中,虽双方签订的合同中已明确约定违约金的给付标准,但因合同未能继续履行是因为乐活公司原因造成的,在王磊缴纳全部购房款的情况下,未能如期取得房屋,给其造成一定经济损失,因双方约定的违约金标准明显低于此款的中国人民银行同期同类贷款利息,但王磊主张按低于贷款利息的存款利息计算违约金数额系其自愿行为,故王磊的上诉请求于法有据,本院对此予以调整。关于乐活公司主张由于王磊未及时到乐活公司领取违约金,造成乐活公司逾期给付违约金,乐活公司不存在过错,故不应承担给付利息的责任一节,因乐活公司在返还王磊购房款时,未将违约金一并返还;且乐活公司未能提供确凿证据证明其已向王磊告知其领取违约金,乐活公司迟延给付违约金应承担相应的利息,乐活公司的上诉请求无事实依据,本院不予支持。综上所示,依照《中华人民共和国民事诉讼法》第一百七十条第一款第(一)项、第(二)项之规定,判决撤销一审部分判决,改判:上诉人抚顺乐活房地产开发有限公司于判决生效之日起十日内给付上诉人王磊违约金9219.77元及利息(利率按中国人民银行同期活期存款利率标准计算,自2013年1月7日起至给付之日止);负有金钱履行义务的当事人逾期履行,按《中华人民共和国民事诉讼法》第二百五十三条之规定,加倍支付迟延履行期间的债务利息。

律师点评

本案主要涉及的问题是商品房买卖合同中的违约金是否可以提高以及按

何种标准进行提高这两个问题。

第一,关于违约金是否可以提高的问题。如要深入讨论这个问题,就必须从关于违约金适用的法律规定入手,通过了解我国现行法律法规关于违约金的约定来判断违约金属于补偿性质还是惩罚性质。

目前我国法律法规中关于违约金的约定主要有:1. 合同法第一百一十四条规定,当事人可以约定一方违约时应当根据违约情况向对方支付一定数额的违约金,也可以约定因违约产生的损失赔偿额的计算方法。约定的违约金低于造成的损失的,当事人可以请求人民法院或者仲裁机构予以增加;约定的违约金过分高于造成的损失的,当事人可以请求人民法院或者仲裁机构予以适当减少。2.《最高人民法院关于适用〈中华人民共和国合同法〉若干问题的解释(二)》第二十九条规定,当事人主张约定的违约金过高请求予以适当减少的,人民法院应当以实际损失为基础,兼顾合同的履行情况、当事人的过错程度以及预期利益等综合因素,根据公平原则和诚实信用原则予以衡量,并作出裁决。当事人约定的违约金超过造成损失的百分之三十的,一般可以认定为合同法第一百一十四条第二款规定的“过分高于造成的损失的”。3.《最高人民法院关于审理买卖合同纠纷案件适用法律问题的解释》第二十六条规定,买卖合同因违约而解除后,守约方主张继续适用违约金条款的,人民法院应予支持;但约定的违约金过分高于造成的损失的,人民法院可以参照合同法第一百一十四条第二款的规定处理。4.《最高人民法院关于审理商品房买卖合同纠纷案件适用法律若干问题的解释》第十六条规定,当事人以约定的违约金过高为由请求减少的,应当以违约金超过造成的损失30%为标准适当减少;当事人以约定的违约金低于造成的损失为由请求增加的,应当以违约造成的损失确定违约金数额。

因此从现有的法律规定和司法解释可以看出,我国现行的违约金是与实际损失存在密切关联的,违约金的适用原则依然是“填补原则”,故可以判定在我国法律中违约金的性质属于补偿性违约金,违约金的本质还是合同违约后的补救措施,是当事人承担违约责任的方式。在上述结论的基础上,笔者认为违约金的上调的因素主要为违约金无法弥补违约的损失。

第二,法院在上调违约金时主要考虑的因素。从上述法律规定、法律原则以及相关法院相关案例来看,法院判决系以实际损失为基础,兼顾合同的履行情况,当事人过错之程度,根据公平原则和诚实信用责任原则予以衡量是否需要上调违约金。具体而言如下。

首先是实际损失。实际损失系由违约方造成所实际发生的损失,包括合同履行后可获得的利益,但不得超过违反合同一方订立时预见到或者应当预见到的因违反合同可能造成的损失。在本案中,由于被告乐活公司未能在合同约定的期限内交付房屋,导致原告依法解除了合同。因此在原告向被告支付了全部房款的情况下,被告占用了原告本可使用的资金,故原告资金的利息损失应是订立合同时可以预见的损失,也属于法律规定的违约损失的范围。因此,二审法院支持一审原告按照存款利息上调违约金的判决是正确的。而从更广泛的司法实践看,守约方常常会主张房款利息损失和偿还抵押贷款利息的损失。前者系因迟延付款导致利息收入之损失,后者系因迟延付款,守约方被迫借高利贷导致利息之损失。然而利息之利益并非房屋买卖合同可得之利益,损失亦非违约所必然发生之损失,因此法院对此一般不予支持。此外,守约方亦常以租金损失抗辩,如出卖人主张租金利益损失,但法院一般以房屋仍处于卖房者实力支配下,所谓收取租金的前提条件未能满足为由,不予支持。此外,从司法实践看,法院一般会支持因合同所发生实际之费用,如出卖人为履行合同所支出如搬家费,买受人在过户之前对房屋之必要装修及添附之费用等。

其次是考虑过错程度。合同法规定违约之责任系采用严格责任原则,即归责时不考虑是否有过错,而只考虑是否实际违反了合同的相关约定。但这种严格责任只适用于对于违约判定和是否要支付违约金的判定。而如果违约方存在重大过错的,则违约金完全是可以进行上调的。对此在《最高人民法院关于审理商品房买卖合同纠纷案件适用法律若干问题的解释》第八条、第九条中都有相应的规定,在违约方存在故意隐瞒房屋重要事实的情况下将会构成重大错误,而守约方可以请求返还已付购房款及利息、赔偿损失,并可以请求出卖人承担不超过已付购房款一倍的赔偿责任。这是法律规定的明确可以对违约金进行上调的情况,因此,如违约方有重大过错也可以主张调高违约金。

最后是需要考虑交易价格变动。法院裁判时一般会对合同订立时与合同因违约而解除时商品房的价格作为其酌定违约金的要件,从实质上来看,价格波动也是守约方损失的判断依据,如买受人因出让人违约而支出类似房屋更高价款或出让人因买受人违约,承担因商品房价格变动所受之钱款损失。

综上所述,只要房屋买受人能够通过各种方式证明其实际损失要高于违约金的,都可以主张上调违约金。如果上述请求有充分的事实和法律依据的,则在理论上均能得到法院的支持。

八、商品房买卖合同中适用多种违约金的情况

案例19　杭州鸿昌置业有限公司诉董月红商品房销售合同纠纷上诉案

□ 陈　南

关 键 词：逾期交房；逾期交证；违约金

案件索引：一审案号：浙江省桐庐县人民法院（2016）浙0122民初151号
二审案号：浙江省杭州市中级人民法院（2016）浙01民终2911号

判决结果

一审：一、杭州鸿昌置业有限公司于本判决生效之日起十日内给付董月红自2015年1月1日起至2016年1月31日止的逾期交房违约金26856元及后续逾期交房违约金（后续逾期交房违约金从2016年2月1日起按已付购房款678180元每日万分之一的标准计算至涉案房屋实际交房之日止）；二、杭州鸿昌置业有限公司于本判决生效之日起十日内给付董月红自2015年4月1日起至2016年1月31日止的逾期交证违约金20752元及后续逾期交证违约金（后续逾期交证违约金从2016年2月1日起按已付购房款678180元每日万分之一的标准计算至杭州鸿昌置业有限公司将涉案房屋房地产权属证书实际交付之日止）；三、驳回董月红的其他诉讼请求。如未按判决指定的期间履行给付金钱义务，应当按照《中华人民共和国民事诉讼法》第二百五十三条之规定，加倍支付迟延履行期间的债务利息。

二审：维持原判，驳回了杭州鸿昌置业有限公司提出的上诉请求。

案情简介

上诉人(原审被告):杭州鸿昌置业有限公司(以下简称“鸿昌置业”或“开发商”)

被上诉人(原审原告):董月红

董月红(买受人)与鸿昌置业(出卖人)于 2013 年 5 月 7 日订立《浙江省商品房买卖合同》,约定鸿昌置业将坐落于桐庐县分水镇怀恩路 333 号国际金都×幢×单元×室房屋以 678180 元出售给董月红,董月红以支付首期购房款 208180 元及于 2013 年 5 月 10 日前就尾款 470000 元办理银行贷款手续的形式支付涉案购房款。合同第九条约定鸿昌置业应当在 2014 年 12 月 31 日前,将符合条件(条件如下:1. 建设工程经竣工验收合格,并取得建设工程竣工验收备案证明;2. 取得法律、行政法规规定应当由规划、公安消防、环保等部门出具的认可文件或准许使用文件;3. 用水、用电、用气、道路等,具备商品房正常使用的基本条件)的商品房交付给董月红使用。第十条约定鸿昌置业逾期交房超过 90 日后,董月红要求继续履行合同的,合同继续履行,自合同第九条规定的最后交付期限的第二天起至实际交付之日止,鸿昌置业按日向董月红支付已交付房价款万分之一的违约金;第十六条约定鸿昌置业负责办理土地使用权、商品房所有权初始登记,取得《土地使用权证书》或土地使用权证明及《房屋所有权证》,并承诺于 2015 年 3 月 30 日前,将取得的上述权属证书交付给董月红,如鸿昌置业不能在前述的期限内交付权属证书,超过 30 日,董月红又不退房的,鸿昌置业自约定日期至实际交付权属证书或登记证明之日止,按日向董月红支付已付房价款万分之一的违约金。合同签订后,董月红支付了首期购房款 208180 元,并于 2013 年 5 月 11 日就尾款 470000 元获得了银行的批准及放款。截至法庭辩论终结时,鸿昌置业未按约交付涉案房屋的权属证书,至于鸿昌置业是否已通知交房,双方对此各执一词。现董月红起诉至原审法院,请求:1. 判令鸿昌置业继续履行合同约定的交付房屋及房屋权属证书的义务;2. 判令鸿昌置业向董月红支付逾期交房违约金 41099.6 元(按年利率 5.6% 计算,暂从 2015 年 1 月 1 日计算至 2016 年 1 月 31 日止,后续违约金计算至实际交房之日止);3. 判令鸿昌置业向董月红支付逾期交付权属证书违约金 31839.2 元(按年利率 5.6% 计算,暂从 2015 年 3 月 31 日计算至 2016 年 1 月 31 日止,后续违约金计算至实际交付之日止);4. 案件诉讼费用由鸿昌置业承担。

各方观点

上诉人鸿昌置业观点：一、涉案房屋已经于2015年9月26日竣工验收并备案，已经具备交房条件，鸿昌置业已经通知交房，且有部分业主已经进行装修。二、涉案房屋逾期交房的原因系政府配套工程逾期导致，按照涉案合同的约定，鸿昌置业可以延期交房，一审法院判令承担违约责任与约定不符。三、逾期交证是因为逾期交房导致的，而逾期交房是符合延期交房的条件的，因此鸿昌置业不应承担逾期交证的违约责任。

被上诉人董月红的观点：二审中董月红未到庭答辩。故其观点应与起诉状中的观点相一致。

法院观点

一审法院的观点：一审法院认为双方签订的商品房买卖合同是双方当事人真实意思表示，符合法律规定，合法有效，具有法律约束力，双方应按照合同约定全面履行。鸿昌置业辩称涉案房屋已于2015年9月26日竣工验收并通知了董月红交房，董月红对此不予认可，由于鸿昌置业仅提供桐庐县建筑（市政）工程竣工验收报告书复印件予以待证，即使该证据真实可靠，也只能证实鸿昌置业认为包括涉案商品房在内的国际金都项目工程符合竣工验收的条件，要求相关的质监部门予以备案，而截至该案法庭辩论终结时止，鸿昌置业都未能提供国际金都项目工程竣工验收合格、质监部门备案的证明，故对鸿昌置业的上述辩称意见不予采信。鸿昌置业辩称17件系列案中部分业主已收房并装修，董月红对此不予认可，且鸿昌置业未能提供充分有效的证据予以证明，故该院对该辩称意见亦不予采信。鸿昌置业辩称逾期交房的原因在于政府配套工程延误，无论是否存在政府配套工程延误的情形，依据合同鸿昌置业都不得以此延期交付。据双方合同约定，鸿昌置业应当在2014年12月31日前将符合条件的商品房交付给董月红使用，现鸿昌置业未按约交付，其已经构成违约，鸿昌置业依法应承担相应的违约责任。同时，据双方合同约定，鸿昌置业应于2015年3月31日前，将涉案商品房的权属证书交付给董月红，但截至该案法庭辩论终结时止，鸿昌置业都未能提供涉案国际金都项目工程竣工验收合格、质监部门备案的证明，而上述合格、备案证明系国际金都项目所涉商品房办理房屋初始登记的法定条件，故鸿昌置业的行为已经构成违约，其依法应承担逾期交证的违约责任。董月红主张约定的违约金标准低于造成的损失，即违约金标准折算后低于涉案按揭贷款的银行利率，要求逾期交房、交证的违约金标准均调整为年利率5.6%。鸿昌置业辩称违约金标准应以合同约定的为准，董月红办理按揭贷款而支付的利息并非逾期交房、交证所造成的损失，二者之间无关联性，该院对鸿昌置业的该项辩称意见予以采纳，违约金的标准按合同约定的执行。《中华人民共和国建筑法》第六十一条第二款规定，建筑工程竣工经验收合格后，方可交付使用；未经验收或者验收不合格的，不得交付使用。《商品房销售管理办法》第三十条第一款规定：房地产开发企业应当按照合同约定，将符合交付使用条件的商品房按期交付给买受人。未能按期交付的，房地产开发企业应当承担违约责任。按照该规定，虽然董月红已经按合同约定履行了付款义务，其要求鸿昌置业继续履行合同并无不当，但由于涉案商品房所在的国际金都项目工程，尚未取得建设工程竣工验收备案证明，该工程是否能够竣工验收合格尚无法确定，而法律规定禁止将未经验收或者验收不合格的建筑工程予以交付，且项目竣工验收合格并备案系商品房办理房屋初始登记的条件，故董月红主张鸿昌置业履行交房、交证义务的条件尚不具备，董月红可在条件具备后另行主张权益。至于鸿昌置业辩称的董月红应支付的逾期付款违约金予以冲抵逾期交房、交证违约金，由于鸿昌置业并未提出反诉，故该院不予采纳，鸿昌置业可另行主张权益。对董月红诉讼请求中的合理部分，该院依法予以支持。

二审法院的观点：二审查明的事实与原审相同。二审法院认为，双方签订的《浙江省商品房买卖合同》系当事人的真实意思表示，并不违反强制性的法律法规，应为有效，对双方均具有约束力。现董月红已经支付了相应的购房款，而鸿昌置业并未依约交付房屋以及权属证书，故原审法院判令鸿昌置业支付董月红逾期交房违约金以及逾期办证违约金并无不当。至于鸿昌置业主张逾期交房系因政府配套工程逾期完工所致，故其无须支付违约金的意见，因鸿昌置业并未提供证据对此事实予以佐证，故本院对于该意见不予采信。关于鸿昌置业主张涉案房屋已经具备交房条件，且部分业主已经装修的意见，本院认为，鸿昌置业提供的证据尚不足以证明涉案房屋已经具备交房条件，且亦无证据证明其已经通知交房且部分业主已经装修，故本院对于该意见亦不予以采信。综上，原审法院认定事实清楚，适用法律正确。

律师点评

本案主要涉及的问题是在商品房买卖合同项的房屋下同时出现了逾期交房和逾期办证的情况，且造成两项逾期的直接原因又是在相同的情况下，是否还能分别诉请两种不同的违约金。

赞成的观点认为，既然商品房买卖合同中明确了具体的交房和办证日期，因此该两项违约金在法律上有着独立的请求权基础。既然开发商未能按期履行，就应分别承担违约责任。

反对的观点认为，由于直至本案判决之日，开发商依旧未能按商品房买卖合同的约定交付房屋。因此，仅只能触发逾期交房违约金的适用，即开发商依然处在逾期交房的违约形态之下；而逾期办证违约金应以开发商交房为前提。两种违约金不能同时适用。

对于上述两种观点，笔者认为，从文意的角度理解《商品房买卖合同》，并从公平以及维护消费者合法权益的角度考虑，应该可以得出这两种违约金可以同时适用的结论。具体理由如下。

1. 同时适用两种违约金有充足的合同依据。从本案案情可以看出，《商品房买卖合同》在第十条以及第十六条分别规定了逾期交房和逾期办证违约金的计算方式，因此可以确定这两种违约金都是存在的。且在合同中没有明确排除这两种违约金共同适用的情况下，只要开发商的违约行为分别已经违反了交房和办证的条款，则自然同时承担两项违约金。

2. 商品房买卖合同大多属于格式合同，而且开发商对于合同内容具有绝对的决定权，原则上来说交房及办证的时间，都是由开发商确定的。在此情况下，作为专业的房地产开发机构，应当在签订合同之前就已经充分考虑到建筑施工实际情况、政策法律规定等各种因素，合理的确定交房和办证的时间。因此由于开发商是可以对交房时间和办证时间风险进行有效控制的，但在这种情况下，开发商还是出现了多项违约，就应当分别承担违约责任。

3. 同时支付两种逾期违约金符合公平原则。商品房买卖合同中购房者的主要义务就是按期足额支付购房款，而开发商的主要义务就是交付符合条件的商品房和权属证书。从一方面说，合同中不仅规定了开发商逾期交房和办证的违约责任，也对购房者逾期付款的违约责任同样作了规定，可以说双方之间的权利义务对等。另一方面，开发商逾期之后，购房者要承受巨大的损失，特别是在本案中，购房者还需要归还相应的银行利息，这也是其损失的重要组成部分。而两项违约金的标准又非常低，因此如果只适用任何一项违约金都不足以补偿购房者受到的损失。只有在两项违约金同时适用的情况下，才能有效地弥补购房者因开发商违约而遭受到的损失，这样才能符合公平原则。

4.《最高人民法院关于审理商品房买卖合同纠纷案件适用法律若干问题的

解释》第十七条规定了逾期交房违约责任的承担方式，第十八条规定了逾期办证承担违约责任的具体情形。对于开发商超过办证日期尚未交房的，司法解释并没有规定例外情形，并未规定不能同时计取违约金。并且根据第十八条规定，只要超过合同约定的办理房屋所有权登记的期限，除当事人有特殊约定外，开发商理应承担违约责任。而本案所涉合同中并没有不能同时计取违约金的约定。

综上所述，鸿昌置业既存在逾期交房的行为，也存在逾期办证的行为，在双方当事人没有特别约定的情形下，其应当根据合同的约定，分别承担逾期交房的违约金和逾期办证的违约金。

第四章 商品房配套设施纠纷

一、地下停车位归属

案例 20　张仁英与长兴珈立物业管理有限公司侵权纠纷案

□ 蓝　霄

关 键 词：人防车位；无权转让；无效

案件引索：湖州市长兴县人民法院（2014）湖长民初字第 774 号

判决结果

驳回原告张仁英的诉讼请求。

案情简介

原告：张仁英

被告：长兴珈立物业管理有限公司

2010 年 3 月 26 日，原告张仁英与第三人长兴宇斯浦置业有限公司签订汽车位使用权转让协议两份，约定第三人长兴宇斯浦置业有限公司将位于长兴国际花园住宅小区地下车位使用权转让给原告张仁英，包括非人防车位 65 个（编号：18、19、21、22、23、24、25、26、27、29、30、32、33、34、35、39、42、61、62、63、64、65、66、67、68、69、70、71、72、73、74、75、76、79、80、81、101、102、103、104、105、106、107、108、109、110、111、112、113、114、115、116、117、118、119、121、122、123、124、125、126、127、128、129、130），人防车位 46 个（编号：1、3、4、5、6、8、9、10、11、12、14、15、16、17、44、49、51、52、54、55、57、59、60、83、84、85、86、87、88、89、91、92、96、100、131、132、133、134、135、136、137、139、140、141、142、143），其中，

非人防车位每个为 35000 元,共计 2275000 元,人防车位每个为 28000 元,共计 1288000 元,转让期限均是自交付之日起至该汽车位使用年限结束,并约定转让范围为本小区业主范围内。该两份协议签订后,原告张仁英分别于 2010 年3 月 26 日、2010 年 4 月 2 日、2010 年 4 月 9 日三次向被告转账 100 万元、200 万元及 563000 元,第三人长兴宇斯浦置业有限公司于 2010 年 4 月 19 日向原告张仁英开具了发票。

2013 年 4 月 16 日,长兴县开发区街道国际花园小区业主委员会在国际花园小区内向国际花园全体业主张贴了公告,公告载明:国际花园地下车位由于开发商一次性卖给了宁波张仁英个人,张仁英将地下车位高价出租,给小区造成了严重的停车困难问题,因此经业主委员会全体成员研究决定,自 5 月 1 日起对本小区内全体业主开放停车,每月按 150 元收取管理费、能耗费、卫生费,由本小区珈立物业公司负责管理收取。长兴珈立物业管理有限公司于 2014 年 3 月 12 日在国际花园小区内张贴了地下车库管理规定通知,载明了国际花园小区的车辆管理方法。

现原告认为长兴国际花园业主委员会及长兴珈立物业管理有限公司的行为已直接侵犯了原告的合法权益,为维护自身的合法权益,起诉至法院。

各方观点

原告张仁英观点:张仁英提交了下述证据证明:1. 汽车位使用权转让协议原件两份、记账联复印件一份和入账通知书复印件三份,证明原告合法拥有长兴国际花园小区 111 个地下车位的使用权的事实;2. 长兴国际花园车位销售清单原件两份,证明原告于 2010 年 3 月以合理的价格租赁长兴国际花园小区地下车位的事实;3. 长兴县开发区街道国际花园小区业主委员会出具的公告原件一份,证明国际花园小区业主委员会侵犯原告合法权益的事实;4. 长兴珈立物业管理有限公司出具的地下车库管理规定通知原件一份,证明两被告未经原告的授权,私自出售原告享有的租赁物的事实;5. 商品房买卖合同原件一份,证明业主购房款中不包括车位价款,地下车位的投资主体是开发商,原告享有使用权;6. 人防空办公室出具的答复复印件一份,证明人防车位系开发商投资,收益归开发商的事实。请求依法判决支持自己的诉讼请求。

被告长兴珈立物业管理有限公司认为:1. 原告的诉讼行为系非法行为,因为原告起诉的书面证据系伪造的,要求开发商到庭。2. 原告出卖给业主车位的价格远高于开发商出售给原告的价格,原告显然是剥夺国际花园小区全体业主的合法权益，系违法行为。3. 原告通过出售车位所赚的钱是否缴纳了个人所得税，该事实需要查明，如未缴纳，应依法查处。4. 原告未缴纳物业费、能耗费，应立即缴纳。5. 原告的行为导致国际花园小区内几年来的停车难等问题，故经业主委员会决定，将地下车位暂时对外开放，不收取租金，由物业公司收取管理费及能耗费。6. 国际花园小区地下车位有一部分是人防工程，属于国家资产，原告无权划成车位进行有偿出售。7. 根据《物权法》的有关规定，地下停车位应该提供给小区内全体业主停车使用，不应由非小区内业主来占有使用。综上所述，请求法庭驳回原告的诉讼请求。

第三人长兴宇斯浦置业有限公司认为：确实于 2010 年 3 月 26 日与原告签订了有关车位的转让协议书，第三人的转让行为是符合法律规定的。对于原告与两位被告之间的情况，第三人不清楚。针对被告陈述转让行为是非法的辩称，第三人认为该转让行为是合法的。对于被告陈述转让的价格剥夺了业主的权益的辩称也不能成立，因为第三人对车位出卖是经过公告的，但是业主都没有购买，再者因为大部分的车位一次性转让给原告，所以比业主购买单个车位的价格要低，也是合理的。最后，人防车位是国家所有的，但是使用权归开发商，而且本案开发商转让的也是使用权，是符合法律规定的，故本案与第三人没有关系。

法院观点

本案的争议焦点系原告与第三人长兴宇斯浦置业有限公司签订的两份车位使用权转让协议是否有效。其一，原告与第三人长兴宇斯浦置业有限公司签订的关于非人防地下车位使用权转让协议是否有效。本案中，长兴县雉城镇国际花园小区整体住宅车多位少，而案外人长兴宇斯浦置业有限公司将 65 个非人防车位的使用权一次性转让给非小区业主即原告，显然违反了《中华人民共和国物权法》第七十四条第一款“建筑区划内，规划用于停放汽车的车位、车库应当首先满足业主的需要”的强制性规定，故原告与案外人长兴宇斯浦置业有限公司签订的关于非人防地下车位使用权转让协议无效。其二，原告与案外人长兴宇斯浦置业有限公司签订的关于人防地下车位使用权转让协议是否有效。本院认为，人防工程所有权应当归国家所有，但按照“谁投资谁收益”的原则，小区内的人防工程是由建设单位（即开发商）按国家有关规定投资建设的，因此开发商有权按照规定管理人防地下室，并享受收益。本案中，第三人长兴宇斯浦置业有限公司作为长兴县雉城镇国际花园小区的开发商基于“谁投资、谁收益”

的原则,有权对长兴县雉城镇国际花园小区的人防地下车位进行管理并享受收益,但其在转让该部分人防地下车位使用权时也应首先满足业主的需要,现第三人长兴宇斯浦置业有限公司将46个人防地下车位使用权一次性转让给非小区业主即原告,显然也是违反了《中华人民共和国物权法》第七十四条第一款"建筑区划内,规划用于停放汽车的车位、车库应当首先满足业主的需要"的强制性规定,故原告与第三人长兴宇斯浦置业有限公司签订的关于人防地下车位使用权转让协议也应无效。其三,庭审中,第三人长兴宇斯浦置业有限公司陈述其与原告签订车位使用权转让协议时,涉案小区的房屋并未全部出售。本院认为在小区房屋并未出售完毕的情况下,第三人与原告签订车位使用权转让协议显然是违反《中华人民共和国物权法》第七十四条第一款"建筑区划内,规划用于停放汽车的车位、车库应当首先满足业主的需要"的强制性规定。故本院认定,原告与第三人长兴宇斯浦置业有限公司签订的两份汽车位使用权转让协议无效。

律师点评

本案涉及的是小区地下车位使用权纠纷问题。在目前,我国商品房住宅小区的停车位大致可以分为以下四种情况:第一种是住宅小区地面停车位;第二种是住宅小区地下停车位;第三种是楼房首层架空停车位;第四种是楼房屋顶平台停车位。而本案涉及的第二种地下停车位是该四种情况中相对复杂、纠纷也相对较多的类型。一般来说,地下停车位包括人防和非人防车位,这两种车位在使用和处理上存在着一定的差异。

一、什么是人防地下车位?

人防工程是"人民防空工程"的简称,它是指"国家为了应对战争,提高城市整体防护能力,保护人民的生命和财产的需要,修建的地下防护建筑及其设施、设备"。人防工程包括为保障战时人员与物资装备、人民防空指挥、医疗救护等而单独修建的地下防护建筑,以及结合地面建筑修建的战时可用于防空的地下室。但是,在和平时期,可以利用人防工程为经济建设和人民生活服务,从而实现物尽其用。因此,实践中很多房地产开发商在获得有关行政部门的审核同意后,在保证不降低人民防空工程防护能力的情况下,往往将这种人防工程改建为地下停车位使用,这也就是我们所说的利用人防工程改造的地下停车位。此类车位与普通地下车位最大的不同就是承担了防空工程任务,一旦发生紧急事件,如战事等,此类车位将根据国家的规定以及意见,恢复人防工程的本来性质和用途。对于原车位的使用者来说,这种恢复显然对其使用存在着理论上的影响。

二、开发商是否有权转让人防地下车位?

人防车位的所有权虽然归国家所有,但按照“谁投资、谁收益”的原则,小区内的人防工程是由建设单位(即开发商)按国家有关规定投资建设的,因此开发商有权按规定管理人防地下室,并享受收益。本案中,第三人长兴宇斯浦置业有限公司作为长兴县雉城镇国际花园小区的开发商基于“谁投资、谁收益”的原则,有权对长兴县雉城镇国际花园小区的人防地下车位进行管理并享受收益。但是要注意的是,由于这些车位本身属于人防工程,这种工程是国家强制性配套建设的市政公用设施,任何单位和个人不得出售其所有权。因此,对于这一类车位,开发商虽然本着“谁投资、谁收益”的原则可以进行管理和收益,但是仅能转让其使用权,而不能擅自将这些工程的所有权销售或者转让。

三、开发商转让地下车位时应当遵循物权法第七十四条第一款

《中华人民共和国物权法》第七十四条第一款规定:“建筑区划内,规划用于停放汽车的车位、车库应当首先满足业主的需要。”根据该规定,开发商尽管可以转让小区中的地下车位,但是该车位转让并非是随意的,而是有一定限制的——应当优先保障业主的需要。这是因为车位本身属于房屋的附属物,与房屋的使用功能密不可分,如果任由开发商随意将车位转让给第三人收取利益,那么就有可能出现车位紧缺,影响业主的正常生活和对房屋的正常使用,也会影响小区的管理。本案中,第三人长兴宇斯浦置业有限公司陈述其与原告签订车位使用权转让协议时,涉案小区的房屋并未全部出售。未出售完毕的情况下开发商与原告签订合同的行为实际上已经严重侵害了小区业主们的实际权益,也影响了未来业主的可期待利益,该行为是违反物权法第七十四条第一款的强制性规定的,因此法院认定原告与第三人之间的转让协议是无效的。

四、关于小区地下停车位的归属及转让问题

除了人防车位外,现在新建小区普遍还存在着大量地下停车位。对于这些车位的归属,法律上并没有非常明确的规定。《中华人民共和国物权法》第七十四条规定:“建筑区划内,规划用于停放汽车的车位、车库应当首先满足业主的需要。建筑区划内,规划用于停放汽车的车位、车库的归属,由当事人通过出售、附赠或者出租等方式约定。占用业主共有的道路或者其他场地用于停放汽车的车位,属于业主共有。”

除了之前说到的开发商不能随意向第三方出售或者转让车位的规定外,从剩余条款的规定上看，物权法对于小区车位还是作了两类区分。一类是规划时就已经确定用于停放车辆的车位或者车库，此类车位或者车库可以由开发商通过约定的方式进行处理；另一类是占用小区共同道路或者场地改造的停车位，此类停车位因为使用了小区的公共场地，故属于业主共有，而且在业主大会召开或者业主委员会成立后，对于此类占用公共场地或者道路的停车位是否存续、如何收费、如何管理完全应当由业主自行决定，与开发商无关。

如前所述，开发商能处理的车位不仅仅是未占用业主公共道路或者场地的规划停车位，而且必须以满足业主的需要为前提，不能擅自转让或者出租给无关的第三方，更不能改变规划用途，将车位擅自变更为其他设施。当然，关于车位的价格，按照目前的相关法律法规，还是以市场调节为主。

实践中值得注意的还在于车位的产权登记问题。对于地上的车库等建筑，只要是规划范围内的建设，一般可以做到登记发证，交易也没有问题。但是对于地下车位而言，由于涉及土地分摊等实际因素，很多地区对于地下车位是没有独立的产权登记的，开发商往往采用使用权转让的方式来销售。难免出现一定的纠纷甚至“一位二卖”的情况。对于此类地下车位，使用权转让合同是双方交易时的唯一凭证，我们建议购买者应当充分阅读使用权转让合同，并且保留开发商在车位销售时提供的各种附图、示意图或者销售图以及付款凭证，以保证买到的车位与开发商当时表述的一致。一旦发生纠纷，购买者可以通过这些文件和合同表明自己购买车位的具体情况，并维护自己的合法权益。

二、会所所有权归属

案例21　浙江衢州金磐房地产开发有限公司与衢州市衢州花园小区业主委员会物权确认纠纷上诉案

□ 刘陈甜

关 键 词:小区会所;确权

案件索引:一审案号:浙江省衢州市人民法院(2014)衢民初字第192号
二审案号:浙江省衢州市中级人民法院(2015)浙衢民终字第23号

判决结果

一审:确认衢州市衢州花园小区42幢中的42-5(532.15平方米)和42-202(341.66平方米)共计873.81平方米的房屋属原告浙江衢州金磐房地产开发有限公司所有。

二审:驳回上诉,维持原判。

案情简介

上诉人(原审被告):衢州市衢州花园小区业主委员会(以下简称"衢州花园业委会")

被上诉人(原审原告):浙江衢州金磐房地产开发有限公司(以下简称"金磐公司")

金磐公司经过国有土地出让挂牌拍卖,于2004年12月、2006年12月取得衢州市衢州花园(原名衢江花园)地块的房地产开发建设土地使用权,随后,金磐公司在该地块进行商品房开发建成衢州花园小区，总建筑面积176981.75平方米，地上建筑面积137152.08平方米，总户数653户。2009年，金磐公司在销售商品房时，曾在媒体、广告单上宣称衢州花园小区将配套建设1200平方米的现代会所，包括阅读、棋牌、运动、咖啡等丰富多彩的娱乐场馆，2010年5月，小区开始全面交付业主使用。根据规划部门批准核发的《建设工程规划许可证》，原名称“d6栋住宅及会所”的一、二层为会所（现更名为42幢），三层以上为住宅（现更名为40幢），该房屋于2010年4月竣工。金磐公司将会所其中42-1、42-2合计面积为578.7平方米房屋确定为物业管理经营性用房，将另一处的37-2-102、37-3-101室合计面积390.26平方米的房屋确定为物业管理办公用房，于2010年7月22日向小区物业管理人移交了上述物业管理用房，总面积为小区地上总建筑面积的7.06‰，衢州市柯城区物业管理处对上述物业管理用房予以确认。会所其余房屋1044.54平方米在构造上、利用上均具有独立性，且上述房屋系小区内的唯一会所，金磐公司一直作为公司售楼部及办公自用。2010年7月13日，会所中的42-4房屋（170.73平方米）办理了房屋所有权证。

关于会所的归属，金磐公司在销售商品房时，与至少480户的业主签订的《商品房买卖合同》的第四条记载为，“下列物业属于出卖人所有，出卖人可以另行出售、附赠或出租，其他道路、绿地、会所、设施、房屋属于业主共有。1. 小区内所有地上、地下车位；2. 小区内所有车库；3. 会所、门卫室、配电室等相关配套设施，39、40、41号楼裙房；4. 地下游泳池”，金磐公司称这批合同系印刷错误，随后，重新印制并与其他购房户签订的《商品房买卖合同》第四条中删除了“其他道路、绿地、会所、设施、房屋属于业主共有”中的“会所”二字。上述两个版本的《商品房买卖合同》第十九条第八项均约定，“该商品房所在小区除了国家政府部门规定的预留物业用房、物业用房使用方法按政府规定办理外，会所、地下车位等经营服务性设施归出卖人所有，出卖人有权进行所有权或使用权的转让，但出卖人不得擅自改变用途”。

2012年10月，金磐公司向衢州市房管部门申领42幢剩余面积（其中，42-5的面积为532.15平方米、42-202的面积为341.66平方米）的会所房屋所有权证时，房管部门认为，根据国家标准房产测量规范的有关规定，房屋用途不包括“会所”，建议变更房屋用途名称。2012年11月5日，衢州市规划局召开协调会，市发改委、市国土局、市建设局、市国税局、市房管处、柯城区房管处、绿城物业衢州分公司以及金磐公司参加会议，会议同意将42栋原会所变更为“商业用房”，其中一部分已作为物管用房的营业用房，由于现42栋为原d6栋的一部分,因此需将 d6 栋《建设工程规划许可证》项目名称变更为“衢江花园 d6 栋住宅楼及营业用房”,同时需经公示后到相关部门办理相应变更手续,在办理房产证后,金磐公司如处置该房产时应按规定交纳营业税和企业所得税。2013 年 6 月 6 日,衢州市房地产管理处发布“征询异议公告”,公告期内,衢州花园小区共有 146 名业主提出书面异议,2013 年 7 月 15 日,衢州市住房和城乡建设局通知金磐公司通过法律途径确认房屋权属。

2012 年 8 月,衢州市国税局稽查局对金磐公司的经营情况、所得税申报情况进行了专项稽查,认为本案诉争会所成本未单列核算,会所建造费用一并列入开发成本核算,但金磐公司已遵照规定按规划地上建筑面积 7‰提足物业用房,会所面积未摊入公摊,会所属金磐公司全额合法出资建造,稽查局检查组认为会所权属应归金磐公司所有。

各方观点

上诉人衢州市衢州花园小区业主委员会观点:一、一审认定部分事实有误。1. 一审遗漏了金磐公司在接受税务调查时声称会所系公建配套设施这一重大事实。2. 金磐公司一审声称《商品房买卖合同》第四条中的“会所”系其印刷错误,也就是说,金磐公司自己也认为上述第四条的约定是一“硬伤”,因此作出了“印刷错误”的解释。上诉人认为如金磐公司确认是印刷错误,可以在发现错误后以重大误解向法院申请撤销,但其在长达五年的时间内未主张,已经丧失了撤销权,其印刷错误的解释不能成为免责理由。二、一审适用法律错误。1. 会所归属问题在双方有合同约定的前提下,应按双方的合同约定进行确认。只有在合同没有约定的情况下,才需要按《最高人民法院关于审理建筑物区分所有权纠纷案件具体应用法律若干问题的解释》的规定作出认定。2. 由于同一《商品房买卖合同》的第四条和第十九条对诉争会所归属的表述截然相反,因此如何进行解释成为本案的关键。因《商品房买卖合同》是由金磐公司单方指定并提供的格式合同,应按专门针对格式合同解释的条款进行解释。三、一审对上诉人的被告主体资格认定错误。业主委员会是业主对公共事务的管理机构,不是《商品房买卖合同》的当事人,更不是争议房屋所有权的主体,不符合权属纠纷诉讼的当事人主体资格条件。四、本案案由确定不当。本案应为商品房买卖合同纠纷,而不是物权确认纠纷。

被上诉人金磐公司观点:一审判决事实清楚,适用法律正确,应该驳回上诉人的上诉请求。一、上诉无事实和法律依据。1. 诉争会所房屋是什么性质应当由规划审批确定的为准,衢州花园业委会认为该房屋是公建配套设施无事实依据。2. 衢州花园业委会曲解事实,所称的"硬伤"内涵不明确。对比住建局、工商局联合推荐使用的合同版本,本案合同印刷错误是事实。3. 衢州花园业委会错误理解"错版"合同第四条的约定。该条明确约定了会所归答辩人所有,除了列举以外的"其他会所……属于业主共有",且第十九条继续明确约定会所归答辩人所有。二、一审查明事实和适用法律正确。一审适用《最高人民法院关于审理建筑物区分所有权纠纷案件具体应用法律若干问题的解释》规定,是确定会所房屋是不是专有部分、共有部分的依据,是解决物业买卖合同争议与纠纷的权威依据。三、衢州花园业委会作为本案被告主体适格具有充分的法律依据和司法判例依据,其主张不应采纳。业委会代表全体业主行使权利,迄今为止,未有否认业委会诉讼主体资格的案例,也没有将全体业主列为诉讼主体的案例。且衢州花园业委会在一审中已经自认为被告并参加诉讼,多次召开业主会议审议及筹集律师费,授予了衢州花园业委会参加诉讼的权利。四、上诉人主张的一审案由错误无事实和法律依据,本案答辩人与衢州花园小区业主不存在会所买卖的合同纠纷,双方之间的商品房买卖合同已经履行完毕。

法院观点

物权的取得有原始取得和继受取得之分,前者是指不以他人的权利及意思为依据,而是依据法律直接取得物权。根据《中华人民共和国物权法》第三十条的规定,因合法建造房屋等事实行为设立物权的,自事实行为成就时发生法律效力。本案中,被上诉人金磐公司因合法建造而原始取得了涉案房产的所有权,故原审法院确认涉案房产归被上诉人金磐公司所有,并无不当。对于《商品房买卖合同》约定的问题。上诉人衢州花园业委会认为被上诉人金磐公司与业主签订的《商品房买卖合同》第四条中约定了"其他道路、绿地、会所、设施、房屋属于业主共有",即表明会所应属于业主共有。本院认为,该第四条同时还用列举的方式约定会所属于出卖人所有,合同的第十九条第八项也约定"该商品房所在小区除了国家政府部门规定的预留物业用房、物业用房使用方法按政府规定办理外,会所、地下车位等经营服务性设施归出卖人所有",从合同的整体性、连贯性来看,被上诉人金磐公司与业主签订的合同已明确约定会所属于出卖人即被上诉人金磐公司所有。且被上诉人金磐公司已于2010年7月22日移交了占小区地上总建筑面积7.06‰的物业管理用房,并得到衢州市柯城区物业管理处的确认,符合《浙江省住宅区物业管理办法》中不低于7‰的规定。上诉人衢州花园业委会认为涉案房产根据合同约定应属于业主共有,缺乏依据。对于上诉人衢州花园业委会提出的主体资格的问题。因上诉人衢州花园业委会在原审答辩时并未提出该项抗辩,且答辩认为涉案房产应为业主共有,而最高人民法院复函中也认定业主委员会具有作为民事诉讼主体的资格,故上诉人衢州花园业委会该项上诉理由缺乏事实与法律依据,本院不予支持。综上,原审认定事实清楚,实体处理妥当,应予维持,故判决驳回上诉,维持原判。

律师点评

小区会所的归属问题,在现实房产交易中是一个常见的问题。开发商在这个问题上往往认为其作为会所的建设方,理所应当地属于开发商所有。而小区业主往往认为开发商既然将会所作为小区的配套设施进行宣传,会所又建设在小区范围内,应当属于全体业主共有。另外,相关法律对于会所的归属又缺乏明确的规定,导致一旦发生此类纠纷,往往开发商和业主都缺乏明确的依据。本案的案例就可以为小区会所的归属问题提供一定的参考。

笔者认为,针对开发商在其开发的小区内建造的会所归属问题,应当考量以下两个具体事实:一是该会所是否符合《最高人民法院关于审理建筑物区分所有权纠纷案件具体应用法律若干问题的解释》第二条规定的条件,二是开发商是否通过合同的形式约定会所作为小区的共有部分。

《最高人民法院关于审理建筑物区分所有权纠纷案件具体应用法律若干问题的解释》第二条规定——“建筑区划内符合下列条件的房屋,以及车位、摊位等特定空间,应当认定为物权法第六章所称的专有部分:(一)具有构造上的独立性,能够明确区分;(二)具有利用上的独立性,可以排他使用;(三)能够登记成为特定业主所有权的客体。”根据该规定,本案所涉会所在构造上具有独立性,能够明确区分,在利用上具有独立性,能够排他使用,而根据(2012)14号《衢州市规划局专题会议纪要》所记载的会议意见,该会所能够登记成为特定业主所有权的客体,因此,本案所涉会所符合《最高人民法院关于审理建筑物区分所有权纠纷案件具体应用法律若干问题的解释》第二条规定的专有部分的条件。

关于金磐公司是否与业主约定了会所属于全体业主共有的问题,笔者认为,《中华人民共和国合同法》第四十一条虽然规定了“对格式条款有两种以上解释的,应当作出不利于提供格式条款一方的解释”,但该条款同时规定使用此方法对格式条款进行解释的前提是首先“应当按照通常理解予以解释”,只有在通常理解仍无法作出判断的情况下才可以作出不利于提供格式条款一方的解释,而所谓“通常理解”在《中华人民共和国合同法》第一百二十五条则明确规定了“应当按照合同所使用的词句、合同的有关条款、合同的目的、交易习惯以及诚实信用原则,确定该条款的真实意思”。本案金磐公司虽与大部分业主签订的《商品房买卖合同》第四条中有“其他道路、绿地、会所、设施、房屋属于业主共有”的内容,但此处所称的会所使用的词句系“其他会所”,而该条款同时用列举的方式在第三项中特别约定会所属出卖人所有,并且在合同的第十九条第八项再次明确会所属于出卖人所有,本案所涉会所(即42幢的一部分)系衢州花园小区的唯一会所,并无其他会所,同时,金磐公司与其他业主签订的《商品房买卖合同》第四条和第十九条也明确约定会所属于出卖人,因此,综合金磐公司与所有业主签订的《商品房买卖合同》以及合同各条款之间的联系和条款所使用的词句分析,本案所涉会所约定属于出卖人所有系合同的真实意思表示。

商品房销售价格虽与小区开发成本有关,但并非确定商品房销售价格的唯一因素,尤其在当今的市场经济环境下,商品房销售价格还与小区所处的地段、房地产市场的冷热、开发商资金的松紧等多种因素息息相关。因此,会所建造费用摊入小区开发成本并不必然导致商品房销售价格的变动,何况本案所涉会所的面积没有进行公摊,至于金磐公司将会所建造费用摊入小区开发成本的行为是否违反财务规定,应当由行政部门作出判断并依法处理。金磐公司在销售商品房过程中曾进行的配套建造会所的广告宣传虽属要约邀请,但并未承诺会所的所有权属于全体业主,根据《商品房买卖合同》第十九条第八项约定会所属出卖人所有,但不得改变会所用途的内容,原告如未按约定开办会所,只是违约行为,并不影响会所所有权的确定。

综上所述,本案所涉会所系原告通过拍卖获得国有土地使用权,并自筹资金建造完成,属于物权的原始取得。且该会所具有构造上、利用上的独立性,能够依法办理产权证书,并与小区业主明确约定产权属金磐公司。因此,该会所应当属于金磐公司所有。通过该案例的分析可以总结出会所归属的一般原则,在今后遇到类似案件时,就有了适当的参考依据和判断标准。

三、"楼书入约"条件和法律责任

案例22　董文钦与温州奋起置业有限公司商品房预售合同纠纷上诉案

□ 王永皓

关 键 词：楼书；入约；违约；视为合同约定

案件索引：一审案号：温州市平阳县人民法院（2014）温平水民初字第454号
二审案号：温州市中级人民法院（2015）浙温民终字第1402号

判决结果

一审：判决被告董文钦支付原告温州奋起置业有限公司购房款及违约金。

二审：驳回上诉人董文钦（原审被告）诉讼请求。

案情简介

上诉人（原审被告）：董文钦

被上诉人（原审原告）：温州奋起置业有限公司（下称"奋起公司"或"开发商"）

原告奋起公司与被告董文钦于2013年9月6日签订一份《商品房买卖合同》（合同编号201390006570075），合同约定：被告董文钦向原告奋起公司购买位于亿豪名邸第2幢2单元903室的商品房，总房款为1740444元，被告通过按揭方式付款，在合同签订时支付合同总房款30%以上计530444元，被告在接到原告通知书后7日内交齐有关按揭手续材料，由原告提交银行，若因被告个人问题或银行原因未能按照原告通知的时间完成按揭贷款手续的，则必须在接到原告通知15日内按一次性支付剩余房款。被告采用商业性贷款、公积金或组合贷款方式付款的，应在原告通知到达后25日内办妥相关贷款手续，逾期未办理，则应承担违约责任。被告未能按照合同约定时间付款超过30日，原告愿意继续履行合同的，合同继续履行，自合同规定的应付款期限第二日起至实际全额支付应付款之日止，被告按逾期未付款的0.05%/日向原告支付违约金。被告于合同签订之日向原告支付房款530444元。《商品房买卖合同》载明被告地址为浙江省平阳县水头镇东川街××号，联系电话139××××2657/133××××5818。原告于2014年6月10日按上述地址和联系方式通过邮政特快专递向原告邮寄送达按揭通知书(单号为1071377912006)。单号为1071377912006的面单及邮政特快专递查询记录显示，上述快件由张月东(系被告妻子)于2014年6月11日代收。被告在庭审中陈述原告印刷的黄色楼书载明东西楼距最高可达60米(原告在庭审中陈述“东西”两字印刷有误，应为“南北”)，被告自行测量亿豪名邸的南北楼距为53米。

合同签订后，被告未按照《商品房买卖合同》约定的条件办妥按揭手续，也未按照合同的约定在规定的时间内支付剩余的房款。原告奋起公司认为被告董文钦的行为已经构成违约，起诉要求法院判决被告支付剩余房款并承担违约金。

一审庭审中，被告董文钦于2014年9月22日向一审法院提出申请，要求对《商品房买卖合同》中“董文钦”的笔迹和指纹进行鉴定，因其拒不配合鉴定工作，于2014年11月5日，被该院司法鉴定中心退回。被告董文钦于2014年12月15日在一审法院签署的当事人送达地址确认书载明的联系电话为139××××2657。

各方观点

上诉人董文钦观点：第一，原判认定被上诉人奋起公司已经履行了通知上诉人办理按揭手续的义务是错误的。被上诉人原审提供的邮寄单、邮寄记录，不能证明上诉人已经收到按揭通知，而上诉人在原审中已经否认收到按揭通知。另外，上诉人对邮寄单上“张月东”的签名申请笔迹鉴定，但原审法院不予准许，而其不予准许的理由不能成立。而且，《商品房买卖合同》系格式合同，上诉人并未确认被上诉人在合同上单方记载的上诉人的地址，联系电话虽然是上诉人的，但被上诉人没有任何证据证明已经按照联系电话通知了上诉人。第二,原判对上诉人提供的证据不作认定、不采纳的做法严重错误。原审法院并未指定举证期限,即使认定逾期提供证据,因上诉人提供的证据属于案件的基本事实并对裁判结果有重大影响的证据,根据《最高人民法院关于适用〈中华人民共和国民事诉讼法〉的解释》第一百零二条的规定,应当予以审查。第三,原审法院未给上诉人指定举证期限,故上诉人在第一次庭审前反诉,应当受理。房屋的楼间距、容积率、绿化面积属于专业性问题,需要通过鉴定才能确定。双方在合同中已经约定了,若被上诉人就上述专业性问题存在一项违约,均构成根本性的违约,上诉人有权退房。因此,上述专业性问题直接影响裁判结果的公正。而从目前小区建设情况来看,已经具备鉴定条件。即使不具备鉴定条件,亦应中止审理,而非直接驳回上诉人的诉讼请求。原判不予鉴定的理由明显错误。请求二审法院撤销原判,并依法改判驳回被上诉人的原审诉讼请求或发回重审。

被上诉人奋起公司观点:第一,原判认定被上诉人已履行通知上诉人董文钦办理按揭手续的义务正确,上诉人称未收到按揭通知书与事实不符。被上诉人已经以邮政特快专递向上诉人邮寄按揭通知书,邮寄单上地址和电话号码与合同记载的一致,并显示已由上诉人妻子张月东签收,且上诉人承认该电话号码系其本人号码。另外,根据《商品房买卖合同》补充协议第三条的约定,被上诉人也已经完成向上诉人送达按揭通知的义务。第二,被上诉人没有向上诉人提供黄色封面的楼书,该楼书中关于亿豪名邸绿色覆盖及最高楼间距的宣传,对上诉人选择购买涉案房屋没有影响,不构成要约。黄色封面楼书于 2014 年 1 月 15 日印刷,早于双方签订合同的时间,且针对的是 3 号楼御府,而上诉人购买的是 2 号楼王府。上诉人向被上诉人提供的是黑色封面楼书,该楼书没有关于亿豪名邸绿色覆盖及最高楼间距的宣传。第三,亿豪名邸黄色封面楼书及宣传画册中关于绿色覆盖、最高楼间距、法式园林的宣传属于要约邀请,其内容不明确具体,《商品房买卖合同》补充协议中已明确约定上述内容不构成要约。第四,上诉人主张被上诉人擅自缩短楼间距,擅自改变规划设计审批的容积率与事实不符,且没有证据证明,应承担举证不能的不利后果。第五,原判认为"即便原告曾作出关于楼间距的承诺,构成违约,根据被告关于楼间距的陈述,原告在房屋楼间距问题上亦未构成根本性违约"正确。楼间距即使与宣传的有差距,也在误差幅度和调整范围内,未构成根本性违约。第六,上诉人逾期提供证据,逾期提交鉴定申请,逾期提出反诉,原审法院不采纳证据,不准许鉴定申请,不受理反诉正确。请求二审法院驳回上诉,维持原判。

法院观点

双方当事人于2013年9月6日签订《商品房买卖合同》及附件八《补充协议内容》意思表示真实、主体适格、内容合法,其效力应予以确认。双方当事人应按照合同的约定全面履行各自的义务。

关于被上诉人奋起公司是否履行通知上诉人董文钦办理按揭贷款手续义务的问题。附件八《补充协议内容》第三条约定,在签订本合同后,如因买受人在提供的联系地址、电话号码不真实或联系地址、电话号码更改后未书面通知出卖人等原因导致出卖人无法通知买受人的,则自出卖人发出通知后五天内视为送达。该约定与法不悖,应予以确认。上诉人在合同履行期间未提供证据证明其曾向被上诉人书面通知变更《商品房买卖合同》上记载了的地址。因此,被上诉人按照合同记载的地址向上诉人送达办理按揭通知书,根据双方约定,可视为被上诉人已经履行了通知义务。且根据被上诉人提供的邮寄单显示已经由上诉人的妻子张月东签收。因此,原判认定被上诉人已经完成通知上诉人办理按揭贷款的义务,并就上诉人对邮寄单上签名的鉴定申请不予准许,并无不当,本院予以维持。

关于举证期限的问题。《民事诉讼举证通知书》系人民法院为提高诉讼效率而事先拟制,法院工作人员仅需填写完空白处内容即可向当事人送达。通知书第四条的内容为"举证的期限为收到通知书之日起内"。该下画线部分,通常情况系由人民法院工作人员填写后再向当事人送达,但不排除因疏忽未填写而直接向当事人送达。鉴于当事人负有妥善保管人民法院向其送达的诉讼文书的义务,故应承担就其收到该文书中存在问题主张的举证责任,因保管不善遗失所导致的不利后果则由其自行承担。现上诉人主张其所收到的《民事诉讼举证通知书》中的该下划线的内容未填写,但其称该文书已经遗失,故应承担举证不能的不利后果。因此,原判认定上诉人收到的《民事诉讼举证通知书》已经告知举证期限,并无不当。

关于证据采纳、反诉及申请鉴定的问题。《最高人民法院关于民事诉讼证据的若干规定》中相关条款规定,当事人应当在举证期限届满前提供证据、申请鉴定及提起反诉。原审法院亦已在《民事诉讼举证通知书》中告知当事人行使上述权利的期限。但原审期间,上诉人逾期提交证据材料,被上诉人亦以上诉人提供证据逾期为由,请求原审法院不予采纳。另根据《中华人民共和国民事诉讼法》第六十五条的规定,人民法院对当事人逾期提供的证据,可以不予采纳，故原判不采纳上诉人逾期提供的证据，并无不当。而《最高人民法院关于适用〈中华人民共和国民事诉讼法〉的解释》是于2015年2月4日起施行，本案是在2014年1月30日审结，故不适用于本案。另外，原审期间，上诉人在举证期限届满后提起的反诉和申请的鉴定，原审法院不予受理及不予准许鉴定，均于法有据。

关于绿化率、楼间距及容积率的问题。当事人在双方签订的合同文本中均未对该三个问题作出约定。上诉人主张的绿化率、楼间距问题，依据和记载均来源于楼书，而容积率则主张的是与规划设计审批的不符。涉案黑色封面楼书上并没有关于楼间距及绿化率的宣传，仅有“6000平方米法式园林”的宣传，而该宣传系对商品房环境性质量的陈述，不具体确定，依法属于要约邀请，而非要约。而涉案的黄色封面的楼书，其封面已醒目标示为亿豪名邸3号楼“御府”，而上诉人购买的商品房属于亿豪名邸2号楼“王府”。因此，黄色封面的楼书的内容显然不是对上诉人发出的要约邀请或要约，上诉人认为该楼书上记载的关于楼间距及绿花面积的内容是被上诉人对其发出的要约，缺乏事实和法律依据。至于容积率的问题，该问题系在涉案小区建设完工后由专业机构根据一定计算规则进行测算后确定。上诉人现主张小区容积率与规划不符，依据不足，原判不予支持，并无不当。

律师点评

我国目前的商品房销售制度是期房销售制，也就是说，买房者在购买商品房时该商品房还没有建设完工。买房者只能根据开发商提供的楼书、销售顾问的介绍以及沙盘模型、效果图等方式来间接了解、甚至“想象”所购商品房将来的“模样”。对于买房者来说，这种“空中楼阁”式的购房显然存在着很大的风险。为了尽可能减少这种风险，买房者就会对开发商提供的楼书、效果图等资料存在较大的依赖心理，希望将来自己购买的房屋就如同效果图显示的一模一样。但是，另外，开发商为了销售该房屋，尽可能地给予买房者直观的印象，往往会在楼书、效果图中“美化”楼盘。那么一旦今后发生争议，开发商在诸如此类资料中的宣传是否能作为双方合同的依据乃至据此解除合同，本案就是个典型的例子。

笔者就从以下几个方面出发，对本案涉及的问题进行分析和探讨。

一、“楼书入约”的法律要件

楼书、效果图、沙盘模型等是购房者购买期房时在开发商的售楼处必然会看到的资料。这些资料可以让购房者对于销售的商品房有一个相对直观的印象。但是这些资料是不是能作为所购商品房的交付依据呢，也就是所谓“楼书入约”呢？这就要看情况了。

《最高人民法院关于审理商品房买卖合同纠纷案件适用法律若干问题的解释》第三条规定：“商品房的销售广告和宣传资料为要约邀请，但是出卖人就商品房开发规划范围内的房屋及相关设施所作的说明和允诺具体确定，并对商品房买卖合同的订立以及房屋价格的确定有重大影响的，应当视为要约。该说明和允诺即使未载入商品房买卖合同，亦应当视为合同内容，当事人违反的，应当承担违约责任。”

从前述的规定可以看出，楼书、效果图等资料本质上还是属于要约邀请的，原则上不能直接作为对于双方有法律约束力的约定。如果要将这些资料作为商品房合同内容，应当满足以下四个条件：(1)这些资料说明的范围是“商品房开发规划范围内”；(2)这些资料说明的对象是“房屋及相关设施”；(3)这些资料说明的内容应当“具体确定”；(4)对于买房者订立合同以及确定房屋价格有“重大影响”。这四个条件中，前两个比较好理解，后两个条件相对比较模糊，需要根据具体个案来进一步确定。

首先，“说明内容的具体确定”应当以通常理解的含义为准。以开发商在本案中黑色封面的楼书中提到的“6000 平方米法式园林”这一表述为例，该表述虽然明确说明了法式园林的面积，但是对于这些园林的坐落、分割、布置等均没有具体表述，甚至对于何为“法式”园林本身也缺乏明确具体的定义。按照一般生活经验而言，小区的绿化或者景观肯定是以整个小区为载体分割布置的，开发商的这种表述只能认为是对整个小区的绿化景观的表述；至于何为“法式园林”更加缺乏社会统一认知标准。因此，法院不认为该表述符合“具体确定”的要求是符合实际和一般生活经验的。

其次，关于“重大影响”。既然最高人民法院在司法解释中指明该影响为“重大”，就是说明该影响是否形成符合社会一般认知的根本性的制约。

例如，某楼盘宣传时称采用石材干挂，价格也与其他使用石材干挂的商品房类似，买房者基于该宣传购买了该房屋。交房时，买房者发现，该楼盘仅仅使用了真石漆，而非石材干挂。众所周知，两者在成本上相差较大，视觉效果也有一定的差距。那么此时买房者就可以针对该变化对商品房价格确定有重大影响为由主张该宣传资料也是商品房销售合同的一部分，并要求开发商承担违约责任。

本案中，董文钦提出的对于该楼盘实际与楼书不符之处，不仅没有什么证据支持，更重要的是，其所依据的楼书表述的房屋并非其购买的商品房，该楼书更不是在董文钦购房时从开发商处取得的。这样的楼书显然不会对董文钦当时购房的行为产生实质性的影响，这样的理由显然也不可能得到法院的支持。

可见，“楼书入约”在满足法律要件时是可行的，但是这种要件并非轻易可以实现或者满足的，法院会根据案件的实际情况综合进行评析和考量。另外，开发商为了规避这类风险，往往会在楼书中将相关情况写得比较模糊，或者注明“仅供参考”等字样。因此，买房者如果对于开发商的销售介绍不太放心，建议还是要通过录音、写入合同等多种方式固定证据，而非仅仅依赖“楼书入约”的规定。

二、“楼书入约”的规定是否能通过约定排除？

一些开发商为了规避“楼书入约”的风险，往往会在双方的商品房销售合同的补充协议中注明“宣传资料均仅供参考，不作为双方的约定”等字样，以排除前述司法解释条文的适用。那么该司法解释是否能通过约定排除呢？笔者认为是不可以的。

首先，从司法解释的条文中并没有“双方另有约定除外”之类的表述。该司法解释主要依据的是《中华人民共和国合同法》，合同法中对于那些允许当事人意思自治的条文均有“双方另有约定除外”或者类似的表述来表明该条文系推荐性规则。按照此种立法惯例和表述原则，对于该司法解释第三条中的规定就不能理解为双方可以通过协议的方式排除适用。

其次，从司法解释的目的上，将该条纳入司法解释，主要是为了改善目前预售制度下，开发商与买房者权利义务差距悬殊的问题。在预售制度下，开发商拥有全面的话语权，很容易做出虚假或者夸大的承诺来引诱买房者入彀。因此，有必要对于开发商的宣传行为进行必要的限制和规范。“楼书入约”的制度设计至少可以保证开发商对于其对外的书面宣传文件采取谨慎的态度，便于买房者做出适当的决策，也使得双方的权利义务有了一定程度上的平衡。如果“楼书入约”的规定允许当事人通过约定排除，那么开发商一定会利用其优势地位通过格式条款等方式排除该规定的适用，使得该规定变成一纸空文，毫无意义。

最后，开发商排除该规定往往使用格式条款，以补充协议等方式要求买房者签订。该格式条款既然排除了买房者的重要权利，应当通过适当的方式进行提示，否则该条款无效。即便开发商通过改变字号、加黑等方式进行了提示，笔者认为该“楼书入约”属于买房者的重要权利,开发商简单地使用格式条款的方式就加以排除是违背诚信原则的。

因此,无论从该司法解释的规定内容、产生背景上考虑还是从排除手段上考虑,都不能认为该“楼书入约”的规定能够通过简单的补充协议的方式加以排除。

三、开发商违反“楼书入约”的法律责任

即便开发商违反了其在“楼书入约”中的约定,是否一定会导致合同的解除呢?这里就涉及发生违约或者侵权后受害一方应当如何主张权利的问题。

《中华人民共和国合同法》第一百零七条规定:“当事人一方不履行合同义务或者履行合同义务不符合约定的,应当承担继续履行、采取补救措施或者赔偿损失等违约责任。”按照该法条,一方在履行合同时违约的,应当采取各种补救手段来弥补违约所带来的后果,这其中首选的行为就应当是继续履行。因为合同系双方当事人的约定,履行合同必然是双方当事人都愿意看到的情形。因此,尽可能地保障合同履行必然符合双方当事人最大利益。除非当事人有明确的约定,否则只有因为违约行为的影响导致继续履行已经不可能或者履行成本过高或者合同目的无法实现等根本性因素出现时,法律上才会赋予当事人解除合同的权利。

正如本案中法院在判决理由中所称的那样,哪怕开发商有一定的违约行为存在(比如,楼间距相差几米),但是该行为从实际上考虑,对于买房者的影响较小,远没有达到无法正常使用房屋的情况。即便开发商要承担违约责任,也可以通过支付违约金等方式来赔偿买房者的损失。另外,《中华人民共和国合同法》第六条也规定:“当事人行使权利、履行义务应当遵循诚实信用原则。”上诉人(原审被告)以此类尚不确定的小瑕疵为由拒不支付剩余120余万元的房款且要求解除合同显然不符合诚信原则,其请求当然无法得到法院的支持。

第五章 商品房规划变更纠纷

一、现房交易时能否主张规划变更

案例23　范良星、黄丽红与杭州野风欣代房地产开发有限公司房屋买卖合同纠纷上诉案

□ 王永皓

关 键 词：现房交易；规划变更

案件索引：一审案号：杭州市余杭区人民法院(2015)杭余塘民初字第281号。
二审案号：杭州市中级人民法院(2015)浙杭民终字第3370号。

判决结果

一审：驳回范良星、黄丽红的诉讼请求。

二审：驳回上诉人范良星、黄丽红(原审原告)的上诉请求。

案情简介

上诉人(原审原告)：范良星、黄丽红

被上诉人(原审被告)：杭州野风欣代房地产开发有限公司(下称"野风欣代公司"或"开发商")

2013年11月15日，范良星、黄丽红、野风欣代公司签订购房合同一份，约定范良星、黄丽红向野风欣代公司购买涉案房屋，产权登记建筑面积79.43平方米，其中套内建筑面积46.49平方米，应分摊的共有建筑面积32.94平方米；按建筑面积计算，该商品房单价为每平方米7770元，房屋总价款为617171元；购房合同第十一条规划设计变更的约定中约定："经规划设计单位同意、规划行政主管部门批准的规划设计变更，导致下列情形(一般为影响到买受

人所购商品房质量或使用功能等）之一的，出卖人应当在有关部门批准同意之日起10日内，书面通知买受人：（1）该商品房结构型式、户型、空间尺寸、朝向变化。买受人有权在通知到达之日起15日内作出是否退房的书面答复，未按期作出书面答复的，视同接受变更。出卖人未在规定时限内通知买受人的，买受人有权退房。……”购房合同第十六条关于产权登记的约定中约定：“……出卖人负责办理土地使用权初始登记，取得《土地使用权证书》或土地使用权证明。出卖人负责申请该商品房所有权初始登记，取得该商品房《房屋所有权证》。出卖人承诺于2014年3月31日前，取得前款规定的土地、房屋权属证书，交付给买受人。买受人自行办理该商品房转移登记。出卖人不能在前款约定期限内交付权属证书，双方同意按照下列约定处理：……2. 约定日期起90日以后，出卖人仍不能交付权属证书或登记证明的，双方同意按下列第（1）或（2）项处理：（1）买受人退房，出卖人在买受人提出退房要求之日起60日内将买受人已付房价款退还给买受人，并自约定日期至实际退款日止，按日向买受人支付已交付房价款万分之零点五的违约金。（2）……”补充协议第七条第一款约定：“买受人根据合同约定要求退房的，应在退房条件成就之日起15日内以书面形式提出，未在上述约定期限内向野风欣代公司提出退房要求的，视为放弃退房的权利。”双方还就其他事项进行了约定。合同签订后，范良星、黄丽红履行了付款义务。野风欣代公司于2013年11月15日向范良星、黄丽红开具金额为187171元、款项性质为预售购房款的销售不动产统一发票一份，于2014年3月5日向范良星、黄丽红开具金额为618259元、款项性质为售房款的销售不动产统一发票一份。杭州市规划局经核实，确认涉案房屋所在的建设工程已具备竣工规划确认条件，并于2013年10月28日颁发浙江省建设工程规划核实确认。2013年10月29日，勘察、设计、施工、监理、建设单位分别确认涉案房屋所在的建设工程验收合格。2014年3月16日，范良星、黄丽红、野风欣代公司就涉案房屋进行验收交接，并签署商品房交接书。涉案房屋于2014年3月27日登记在范良星、黄丽红名下。

范良星、黄丽红认为涉案房屋一楼与商品房买卖合同所附一层平面户型图相比，存在规划设计变更的情况为：1. 从交付房屋的水、气等管道的布局来看，户型图中北侧露台的实际功能应为厨房；2. 从交付房屋的雨、污等水管的布局来看，户型图中南侧露台的实际功能应为卫生间；3. 南侧露台三根下水管（即第二条中所指的雨污等水管）的安装位置由户型图中与北侧墙平行改为与北侧墙垂直。

2015年4月30日，范良星、黄丽红向野风欣代公司发出律师函，要求解除购房合同，退还购房款并按照中国人民银行同期同档次贷款基准利率支付利息。

范良星、黄丽红于2015年5月29日向原审法院起诉，要求：1. 解除范良星、黄丽红与野风欣代公司的《浙江省商品房买卖合同》及其补充协议；2. 判令野风欣代公司承担本案全部诉讼费用。

一审庭审中，范良星、黄丽红表示涉案房屋已经装修完毕。

各方观点

上诉人范良星、黄丽红观点：首先，范良星、黄丽红所提交的录像系23幢4单元301室房屋的原貌，虽然非涉案23幢4单元502室，但涉案房屋所在的楼栋奇数层平面格局是一致的，这一点在野风欣代公司所提交的竣工图中也可以得到反映。因此，录像内容足以反映范良星、黄丽红房屋的原貌，该录像并非与本案无关。其次，原审法院也曾对涉案23幢4单元502室房屋及23幢4单元301室房屋（录像所反映的房屋）进行现场勘验，勘验中，就房屋现状与合同附图所约定的房屋户型布局的不同之处（合同附图的北侧露台变成了厨房，卫生间变更到合同附图的南侧大露台上）进行记录。因范良星、黄丽红交付的房屋中厨房的实际位置变更到北侧小露台，导致整个小露台消失；卫生间的实际位置变更到南侧大露台上，导致大露台尺寸改变，可使用面积缩水。而厨房和卫生间位置的改变导致了房屋整体户型格局与合同约定的不相符。另外，原审法院将房屋是否装修以及合同解除的后续事宜作为案件处理的考量因素，有失偏颇，也不符合法律公平、公正的原则和精神。综上所示，请求撤销原判，改判支持范良星、黄丽红一审诉讼请求。

被上诉人野风欣代公司观点：一、关于规划设计变更。1. 范良星、黄丽红认为规划设计变更并要求解约，其依据的《商品房买卖合同》条款原文是"经规划设计单位同意、规划主管部门批准的规划设计变更，导致下列情形之一的，出卖人应当在有关部门批准同意之日起10日内，书面通知买受人：该商品房结构型式、户型、空间尺寸、朝向变化。出卖人未在规定时限内通知买受人的，买受人有权退房。"也就是说，必须是"规划主管部门批准"、同时导致"房屋结构型式、户型、空间尺寸、朝向变化"、而且出卖人在政府批准同意后不通知的，买受人才能解约；除此之外，买受人无权解约。第一，涉案房屋不存在需要"规划主管部门批准"的规划设计变更。根据《杭州市建设工程规划许可证批后修改操作细则》，只有细则中列明必须批准同意的调整内容才需规划部门批准，其他调整不属于规划设计变更、更无须规划部门批准。事实上，本案中不存在规划设计变更，涉案房屋竣工后早已通过规划部门的规划验收、早已取得《建设工程规划核实确认书》，而且也通过了消防验收、交警验收、质监验收、环保验收等所有行政部门审批手续，早已取得《竣工验收备案表》，具备房屋交付的所有法定条件和约定条件。第二，涉案房屋更不存在“房屋结构型式、户型、空间尺寸、朝向变化”。所以涉案房屋既不存在“规划主管部门批准”的规划设计变更，更不存在“房屋结构型式、户型、空间尺寸、朝向变化”，不符合《商品房买卖合同》约定的解约条件，范良星、黄丽红无权解约。2. 房屋交付时的状况不影响范良星、黄丽红正常使用。范良星、黄丽红早在2014年3月16日就已对房屋现状查验无误后验收收房，并已签署《商品房交接书》，现场验房和收房时范良星、黄丽红没有向野风欣代公司提出任何主张或异议，而且收房后范良星、黄丽红就对房屋进行装修，目前已完成装修并入住；从收房至诉讼近一年半的时间，范良星、黄丽红从始至终没有向野风欣代公司提出任何主张或异议。范良星、黄丽红持续一年半的行为，都已经表示范良星、黄丽红已认可房屋交付状况，并且认可房屋能够正常居住使用。3. 双方于2013年11月15日签订《商品房买卖合同》，此时涉案房屋已经通过竣工验收备案、已经在签约前(2013年10月30日)取得《竣工验收备案表》，房屋已是“现房”，所以从签约到交房，不可能再存在规划设计变更，范良星、黄丽红不可能再依据《商品房买卖合同》第十一条来主张解约。4. 签约前涉案房屋已经是“现房”，范良星、黄丽红在签约前早已去房屋现场反复查看过房屋现状，在签约前对房屋现状就是认可的，不然范良星、黄丽红也不可能同意签约买房。《商品房买卖合同》补充协议约定“买受人同意在主合同生效前已发生的规划、设计变更，出卖人可以不通知或告知买受人。买受人承诺不以该等变更为由，要求出卖人承担违约或其他责任”。更何况本来就不存在规划设计变更，范良星、黄丽红根本没有解约权。5. 范良星、黄丽红已对涉案房屋装修，并入住，一旦其要求解除合同的请求得到支持，根据法律规定，可能导致野风欣代公司对装修等损失的赔偿，而同时，范良星、黄丽红在理论上不因损失的受偿而获得利益。因此，相较于选择要求承担违约责任，范良星、黄丽红主张行使解除权将明显增加双方交易的成本，从而有违市场经济所倡导的交易效率与交易安全规则。综上所述，涉案房屋不存在规划设计变更，范良星、黄丽红无权解除合同，恳请法院依法驳回上诉，维持原判。

法院观点

涉案商品房买卖合同系双方当事人真实意思表示，内容亦不违反法律、行政法规的强制性规定，应认为合法有效，双方当事人均应严格按约履行各自的义务。范良星、黄丽红以野风欣代公司存在规划设计变更而要求解除合同的主张，现有证据尚不足以证实涉案房屋存在结构型式、户型、空间尺寸朝向方面因规划变更导致变化，故范良星、黄丽红主张解除合同不符合购房合同的约定。况且，因买受人范良星、黄丽红买受的是现房，且已经实际接收房屋、办理了产权变更登记，并进行了装修，即使野风欣代公司存在规划设计变更，范良星、黄丽红至迟在对涉案房屋进行装修时"应当知道"并及时提出异议，但是根据本案证据，范良星、黄丽红在其"应当知道"涉案房屋存在规划设计变更后，仍继续完成了装修行为，现其再以房屋存在规划设计变更为由要求解除合同，不应予以支持。综上，范良星、黄丽红上诉意见不能成立。

律师点评

本案是一起现房销售纠纷。与常见期房销售制度不同的是，现房销售时买房者可以充分考察房屋的品质、结构、施工水平以及小区的环境等，不存在期房销售时买房者"两眼一抹黑""发挥想象力"的情况。这种现房销售更加符合人们日常消费时"一手交钱、一手交货"的惯例，也使得房屋交易更加透明和公平。但是，这并不代表现房交易就不会发生纠纷。不过令人诧异的是，本案中的上诉人(原审原告)是以房屋存在规划设计变更作为其解约的理由，而经过法院审理也确认了房屋的现状与规划设计不同，但是法院又没有支持上诉人的请求，这里涉及几个方面的问题，以下笔者予以一一分析和探讨。

一、规划变更的解约要件

按照本案中买房者和开发商签订的《商品房买卖合同》第十一条的约定："经规划设计单位同意、规划主管部门批准的规划设计变更，导致下列情形之一的，出卖人应当在有关部门批准同意之日起 10 日内，书面通知买受人：该商品房结构型式、户型、空间尺寸、朝向变化。出卖人未在规定时限内通知买受人的，买受人有权退房。"这里强调的是关于该商品房"结构型式、户型、空间尺寸、朝向"的变化"经规划设计单位同意"且"规划主管部门批准"的规划设计变更行为原则上是予以准许的，只不过开发商有义务在 10 日内通知买房者该变更的事实。买房者对于该变更无法接受的，可以选择退房。按照该约定的含义，这种经过主管机关批准的变更本身不算开发商的根本性违约(否则就应当按照违约条款中无法交付房屋的约定执行),是予以适当允许的,这也是考虑到期房开发时间较长,期间可能会因为各方面的原因需要调整规划设计,而将此种责任完全归结于开发商也是不太合理的,所以给了双方一个选择权,让双方可以“和平分手”。

但是该条的适用显然有一个前提,那就是该规划设计变更的情况发生在双方房屋买卖合同签订之后及交房之前这个期间内。交房之后房屋的占有已经发生了变化,且房屋也已经建设完工,一般情况不可能再发生买房者所不知道的规划设计变更。

除此之外,开发商擅自变更规划设计的,不仅仅是需要通知买房者,还需要征得买房者的同意,否则就必须承担无法按约交房的违约责任。此时,买房者当然有权解除合同并要求开发商承担违约责任。

二、本案为何不适用规划设计变更解除的条款?

本案中买房者一方主张开发商交付的房屋不符合原始的规划设计图纸。在审理过程中,经过一审法院的实地勘查,也确认了现有房屋在交付时与原规划设计方案不符的事实,而且该区别主要体现在户型和房屋空间尺寸上,那为何法院还是没有支持买房者的主张呢?这个问题还是要回到本案的事实上来分析。

之前关于规划设计变更的条款是通用于各种商品房交易的,包括期房和现房。而且就其内容分析,该条款设计初衷更多地是为了防止期房交易出现“货不对板”的问题,系保障买房者对于规划设计变更的知情权而设置。但是本案中的特殊情况在于,本案中买房者购买的是现房,而且是已经改造完毕的房屋。也就是说,在买房者买房签约时房屋就是这个样子的,之后并没有发生任何变化。尽管涉案的房屋与原规划设计图存在户型、空间尺寸上的差异,但是该变化并非发生在双方签约之后,这就使得前述合同的第十一条失去了适用余地。

另外,买房者主张该房屋变更了规划设计,不符合交付要求。但是无法否认的是,在本案的现房销售中,买房者是在充分考察房屋现状的情况下作出购买决定的,对于房屋原设计以及现状都有明确的了解和参照。买房者以规划设计不符为由作为解除合同的依据,显然不太合适。

当然,在这个案件中,法院回避了一个问题,那就是经过改造的房屋是否仍然符合原竣工备案的要求。就原房屋的竣工备案而言,现在的房屋已经和原规划设计方案存在较大差异,如果就现房再申请重新验收的话,结果可想而知。

因此，对于这种改造应当告知原购房者并征得其同意。但是由于本案销售的房屋系改造好的现房，双方是以现状进行交易的，因此这一问题不会影响双方的合同效力和合同履行过程，故法院对该问题进行回避也是可以理解的。

三、履行行为的效力

由于本案现房销售的性质，使得双方当事人不再需要对于合同的履行、标的物等因素进行预测。因此，双方当事人的行为也可以作为认定合同效力的一种表现。本案中，签约前涉案房屋已经是现房，买房者在签约前也去房屋现场反复查看过房屋现状，说明买房者在签约时对房屋现状是认可的。

另外，买房者在房屋交付后不仅没有就房屋现状与规划设计方案不符提出异议，反而对房屋进行装修并入住、使用，也可以说明买房者对于房屋现状的认可。

以上行为均可以认为是当事人在履行房屋买卖合同的行为，也可以表明买房者对于房屋现状的认可。现在买房者以之前没提及的房屋现状与规划设计方案不符为由提出解约，显然是“醉翁之意不在酒”。该解约行为违背了基本的诚信原则，破坏了社会交易秩序的安定性，法院不予支持也在意料之中。

由此可见，当我们在考虑一项合同纠纷时，不仅仅要考虑合同本身的约定，还要充分关注当事人在签约前后以及履行过程中的行为表现。有的时候，事实并不是说出来的，而是做出来的。

二、开发商未及时告知设计变更的法律责任

案例24 朱世良、易彩芬与象山华丰房地产有限责任公司商品房预售合同纠纷上诉案

□ 王永皓

关键词：设计；规划；变更；期限

案件索引：一审案号：象山县人民法院（2012）甬象民初字第1867号。
二审案号：宁波市中级人民法院（2014）浙甬民二终字第621号。

判决结果

一审：朱世良、易彩芬支付象山华丰房地产公司尚余房款64万余元并支付违约金，象山华丰房地产公司交付涉案商品房；朱世良、易彩芬未支付剩余房款的，该商品房买卖合同即告解除。

二审：驳回朱世良、易彩芬的上诉，维持原判。

案情简介

上诉人（原审被告、反诉原告）：朱世良、易彩芬

被上诉人（原审原告、反诉被告）：象山华丰房地产有限责任公司（下称"华丰公司"或"开发商"）

2003年2月8日，以华丰公司为出卖人，朱世良、易彩芬为买受人就涉诉拟开发商品房签订一份《商品房买卖合同》，约定华丰公司将其核准开发的暂定名为翡翠山庄组团A51号（经双方确认，A51号即为施工号64号及现编号龙泽名园276号房）的二层砖混结构商品房（一、二层层高均为3米，建筑面积269.51

平方米）售予朱世良、易彩芬，总价款为128.5682万元。合同第六条付款方式及期限明确：合同签订时付房价款38.5705万元、2003年4月20日前付25.7136万元、余款64.2841万元于2003年6月30日房屋结顶时除按揭额外一次性付清。第七条买受人逾期付款的违约责任明确：1.按逾期时间，分别处理（不作累加）：（1）逾期在30日内，自本合同规定的应付款期限（届满）之第二天起至实际全额支付应付款之日止，买受人按日向出卖人支付逾期应付款万分之三的违约金，合同继续履行；（2）逾期超过30日后，出卖人有权解除合同。出卖人解除合同的，买受人按累计应付款5%向出卖人支付违约金。买受人愿意继续履行合同的，经出卖人同意，合同可继续履行，自本合同规定的应付款期限届满之第二天起至实际全额支付应付款之日止，买受人按日向出卖人支付逾期应付款万分之五的违约金。本条中的逾期应付款指依照本合同第六条规定的到期应付款与该期实际已付款的差额；采取分期付款的，按相应的分期应付款与该期实际已付款的差额。第八条房屋交付期限明确：出卖人应在2004年6月30日前，将经验收合格的商品房交予买受人。第九条（出卖人逾期交房的违约责任）载明：逾期不超过180日，自本合同第八条规定的最后交付期限（届满）的第二天起至实际交付之日止，出卖人按日向买受人支付已交付房价款万分之一的违约金，合同继续履行；逾期超过180日后，买受人有权解除合同。买受人解除合同的，出卖人应当自买受人解除合同通知到达之日起10天内退还全部已付款，并按买受人累计已付款的5%向买受人支付违约金。买受人要求继续履行合同的，合同继续履行，自本合同第八条规定的最后交付期限（届满）的第二天起至实际交付之日止，出卖人按日向买受人支付已交付房价款万分之一点五的违约金。第十条（规划、设计变更的约定）载明：经规划批准的规划变更、设计单位同意的设计变更，导致该商品房结构型式、户型、空间尺寸、朝向影响到买受人所购商品房质量或使用功能的，出卖人应在有关部门批准同意之日起10日内书面通知买受人，买受人有权在通知到达之日起15日内作出是否退房的书面答复。买受人在通知到达之日起15日内未作书面答复，视同接受变更。出卖人未在规定时限内通知买受人的，买受人有权退房。买受人退房的，出卖人须在买受人提出退房要求之日起20天内将已付款退还给买受人，并按年利率3%给付利息。买受人不退房的，应当与出卖人另行签订补充协议。第十一条（交接）载明：商品房达到交付使用条件后，出卖人应当书面通知买受人办理交付手续。双方验收交接时，出卖人应当出示本合同第八条规定的证明文件（验收合格证明），并签署房屋交接单。

所购商品房为住宅的,出卖人还需提供《住宅质量保证书》和《住宅使用说明书》。出卖人不出示证明文件或出示证明文件不齐全,买受人有权拒绝交接,由此产生的延期交房责任由出卖人承担。因买受人原因未按期交付的,双方同意按以下方式处理:延期20日内的,不作处理;延期超过20日的,买受人应按日向出卖人支付房屋总价款的万分之一作为房屋保管金。

合同签订后,朱世良、易彩芬虽付清前两期房款共计64.2841万元,但对合同约定的剩余64.2841万元购房款,则未依约办理按揭贷款并清付。之后,朱世良、易彩芬经现场查看,以涉诉房未经征求本人意见并报规划部门重新核准,擅自降低原规划核准的基础标高进行施工为由,分别于同年9月16日、24日、27日致函华丰公司,要求停止施工进行协商,否则按现付款折抵总房价,以抵消因降低标高给其造成的损失。华丰公司收函后迟迟未予回复,并于2004年5月11日致函被告,要求其于同月17日前办理剩余房款的按揭贷款手续。朱世良、易彩芬收函后以上述同一理由未在限期内办理按揭手续。2004年10月,华丰公司开发的涉诉房经竣工验收确认合格。之后,华丰公司于同年12月21日致函朱世良、易彩芬,限其于同月27日前携带相关资料并付清剩余房款,办理交房手续。朱世良、易彩芬收函后,以华丰公司未依合同约定提供《住宅质量保证书》和《住宅使用说明书》等为由,拒绝付款并办理交房手续,致交房未成。之后,朱世良、易彩芬于2005年3月15日,以华丰公司开发的涉诉房存在上涉等问题为由,向象山县消费者协会进行投诉。后因双方未就上述争议达成共识,象山县消费者协会于2013年1月11日建议双方通过法院诉讼解决,并致付款交房事宜搁置至今。

华丰公司于2012年12月14日诉至原审法院,请求判令解除双方的商品房买卖合同并要求朱世良、易彩芬支付违约金。

朱世良、易彩芬于2013年1月22日向原审法院提起反诉,请求判令华丰公司交付合格房屋,提供《住宅质量保证书》和《住宅使用说明书》并支付赔偿金及违约金。

各方观点

上诉人朱世良、易彩芬观点:一、被上诉人不能依约依法交付涉案房屋的违约事实清楚,证据确凿。被上诉人擅改规划,变更设计、违规施工,降低涉案房屋基础坐标,擅改房屋朝向、柱子材料、玻璃采光缩减以及地面墙面部分设施开裂等诸多质量问题,严重影响通风、采光、防水、适用等正常居住生活质量。被上诉人没有对涉案房屋办理过工程竣工验收备案,因此被上诉人不具备交房条件。经消费者协会多年协调,因被上诉人的单方违约过错,至今仍不符合交房条件,因此,被上诉人无权解除房屋买卖合同。上诉人在房屋施工中即提出整改意见,在收到交房通知时,又书面提出异议和诉求,还向消费者协会反映投诉多年,提出的损害索赔的反诉请求合理合法。二、上诉人曾多次向原审法院提出调查取证申请,原审法院同意却未予释明,并对被上诉人提交的未经质证的涉案房屋竣工验收报告复印件直接予以认定,对被上诉人的起诉内容修饰扩展完善,还存在审判组织人员变更错误,因此,原审法院程序存在违法。三、原判仅引用合同违约责任条款,未适用民法通则、合同法、消费者权益保护法、建筑法、城市房地产管理法、商品房销售管理办法等相关法律规范,属于适用法律不当,其判决是非不分、权责失衡。请求二审法院撤销原判,依法发回重审或支持上诉人在一审中提出的反诉请求,驳回被上诉人在一审中提出的本诉请求。

被上诉人华丰公司观点:原审判决查明事实清楚,适用法律得当,上诉人的上诉请求没有事实和法律依据,请求二审法院依法驳回上诉,维持原判。

法院观点

上诉人朱世良、易彩芬与被上诉人华丰公司于2003年2月8日签订的商品房买卖合同,系双方当事人真实意思表示,且未违反相关法律、行政法规的强制性和禁止性规定,应属合法有效,双方均应按约履行。现上诉人未按被上诉人通知及时办理按揭付款手续,故原判由上诉人付清余款、承担逾期应付款5%的违约金,并明确上诉人在判决确定之日未付清余款的,则合同解除,该判决与合同约定相符,并无不当。上诉人上诉称被上诉人擅改规划,变更设计、违规施工,降低涉案房屋基础坐标,擅改房屋朝向、柱子材料、玻璃采光缩减以及地面墙面部分设施开裂等诸多质量问题,严重影响正常居住和生活质量,对此,根据合同第十条约定,经规划批准或设计单位同意的规划变更、设计变更,导致该商品房的结构型式、户型、空间尺寸、朝向影响到买受人所购商品房质量或使用功能的,出卖人应在有关部门批准同意之日起10日内书面通知买受人,买受人有权在通知到达之日起15日内作出是否退房的书面答复,未在限期内作书面答复,视同接受变更。出卖人未在规定时限内通知买受人的,买受人有权退房。现上诉人经现场查看,包括在被上诉人通知交房后均未主张退房,且上诉人在二审询问中明确表示涉案房屋本身基础标高不存在增减,系周围房屋基础升高,导致涉案房屋存在排水、采光影响,至于地面墙面部分设施开裂质量问题,因涉案房屋竣工多年，也无法证明系被上诉人施工质量所造成的，因此，上诉人上述异议，无法证明该房屋在被上诉人通知交房时严重影响正常居住和生活质量。上诉人上诉又称被上诉人没有对涉案房屋办理过工程竣工验收备案，不具备交房条件，对此，因合同约定的交房条件为"该商品房经验收合格"，并非工程竣工验收备案，因此，涉案房屋是否经竣工验收备案，不影响交房条件的具备，虽然在一审审理中被上诉人误将龙泽名园五标段51号楼竣工验收报告作为涉案房屋竣工验收报告提交，但被上诉人在庭后已提交了涉案房屋竣工验收报告复印件，该报告结合象山县建筑工程质量监督站于2014年12月10日经对龙泽名园二期五标段别墅工程进行监督验收抽查出具的质量监督报告、涉案楼盘已交付情况、被上诉人早于2004年12月21日通知上诉人办理交房手续的事实，原判认定涉案房屋具备交付条件，符合客观实际，也无不当。上诉人上诉提出原审法院存在判决书中合议庭成员署名错误、调查申请的落实不到位、对被上诉人的起诉内容进行扩展完善、涉案房屋竣工验收报告未经质证等问题，属程序违法，对此，本院认为，原审法院在本案处理中确实存在程序瑕疵，但不影响本案的实体处理。至于上诉人提出原判引用法律不当问题，因双方系合同关系，且双方当事人的诉讼理由为对方违约，因此，原判适用相关的违约条款，也无不当。综上，原审法院认定事实清楚，适用法律正确，判决基本合理。上诉人的上诉理由不足，本院不予支持。

律师点评

在目前的商品房预售过程中，由于买房者已经事先将全部或者大部分款项支付给了开发商，而买房者在购买房屋时又看不到房屋的实际情况。因此，在房屋建成交付时，就很容易出现因为对于房屋质量和现状产生争议而拒绝受领的情况。另外，一些买房者可能由于种种理由希望能够解除房屋买卖合同，但又苦于在合同上找不到开发商的漏洞，就只好通过对于房屋现状的挑剔来获得与开发商协商的机会，甚至就此提出解除合同的要求。那么这样的要求是不是能得到法律的支持呢？下面笔者就结合本案的情况进行探讨。

一、开发商就设计变更的通知义务

在商品房预售制度下，买房者在购买房屋时只能依赖于开发商的宣传和表述。那么对于房屋可能会发生的规划变更或者设计变更等因素，无论大小，均会影响买房者的心理预期。无论这些变动是否有合同约定，无论是否会导致解除合同，开发商基于诚信原则都应当将这些变动及时通知买房者。

本案中，开发商对于房屋的设计变动还是比较明显的，而且明显地影响了买房者对于房屋的合理期待和正常使用，违约的情形还是比较严重的。尽管买房者在诉讼策略的选择上可能存在错误，在举证和庭审陈述过程中可能也存在瑕疵，但是笔者认为法院作为裁判机关，应当在判决书说理的部分强调这种及时告知的法律义务，并对开发商的这种未及时告知的行为提出质疑和批评，同时也应当对于开发商擅自改动设计的行为进行违法性的确认并考虑开发商在这个问题上所需要承担的违约责任，而不是简单地以买房者从未提出异议为由予以一笔带过。毕竟，买房者未提出异议，不代表开发商的行为正当性，更不代表买房者放弃了异议权利（尽管请求权的诉讼时效可能存在争议）。法院既然考虑买房者未支付房款的违约责任，当然也应当考虑开发商在建设房屋时擅改设计的违约责任。

二、履行行为的效力和举证责任

法院在陈述判决理由时，强调了买房者从未就房屋设计问题提出解约。结合本案的事实来看，本案 2005 年双方就发生争议，直至 2013 年买房者因为开发商起诉才提出反诉，在这个过程中买房者又从未就房屋设计问题提出异议或者解除请求。这一过程的确给人一种有违诚信的感觉。

另外，尽管买房者提出了关于房屋质量问题的很多理由，但是这些理由均没有足够的证据加以证实。更何况，房屋建成至一审诉讼已经近 10 年，在这 10 年内该房一直空置，无人维护，出现一些开裂等问题也可能是正常损耗所致，并非一定是开发商的施工质量问题。

基于以上的理由，法院对于买房者提出的这些理由不予支持也是在情理之中的。法律不保护躺在权利上睡觉的人，而且拖延的行为也会导致举证困难。像本案中的买房者的这种久拖不诉，久拖不结的行为是绝对不值得提倡的。

三、违约行为的程度

本案中其实买卖双方都有违约行为。对于买房者来说，发现房屋出现改动是交房以后的事情。而按照双方的合同，买房者早就应当办妥按揭付款手续，也就是说，买房者的违约行为更早地发生了。对于房屋买卖中买家而言，其主要义务就是支付房屋价款，现在买房者在尚未发现房屋存在改动情况无正当理由长期拖欠房款未付，可以认为是违反了其主要合同义务。

另外，开发商擅自改动房屋设计，而且这种改动会实质性地影响买房者对于房屋原有的期待利益，应属违约，应当承担违约责任，而买房者不交付房款的行为不能作为开发商擅自改动房屋设计的正当化理由。两者均应当按照自己的行为的过错程度承担违约责任。

买房者违反的是合同主要义务，该行为相对比较恶劣且发生在前，开发商的改动虽然违约，但在整体上不会对买房者使用该房屋产生根本性的影响，该行为相对较轻。两者相较之下，法院自然不可能支持买房者的请求。但是从公平的角度上讲，考虑到开发商的违约行为以及开发商在交易过程中的强势地位，法院在处理类似案件时更应当在判决书中适当考虑让开发商承担违约责任为宜。

三、规划变更的程度和界限

案例25 蒋苇、应盼盼与余姚保利置业有限公司商品房预售合同纠纷上诉案

□ 王永皓

关 键 词：规划变更；程度；违约

案件索引：一审案号：余姚市人民法院（2015）甬余民初字第1198号
二审案号：宁波市中级人民法院（2015）浙甬民二终字第799号

判决结果

一审：蒋苇、应盼盼支付余姚保利置业有限公司剩余房款134万元及利息，驳回蒋苇、应盼盼的反诉请求。

二审：驳回上诉人蒋苇、应盼盼（原审原告、反诉被告）的上诉请求。

案情简介

上诉人（原审原告、反诉被告）：蒋苇、应盼盼

被上诉人（原审被告、反诉原告）：余姚保利置业有限公司（下称“保利公司”或“开发商”）

2012年9月13日，蒋苇、应盼盼（买受人）与保利公司（出卖人）签订《商品房买卖合同》及《补充协议书》各一份，载明：蒋苇、应盼盼购买的商品房为预售商品房，预售商品房批准机关为余姚市住房与城乡建设局，预售许可证号为余房预许字（2012）第23号；蒋苇、应盼盼购买保利公司开发的余姚市“乔登国际花园”12号501室房屋，房屋建筑面积为140.45平方米，房屋总价款为1919064

元;付款方式及期限为首期房款(含买受人已付定金)人民币 579064 元,剩余房款 1340000 元买受人申请银行按揭贷款。在出卖人发出商品房工程进度具备放款条件通知之日起 7 个工作日内办理完毕按揭手续;合同第八条第二款约定买受人逾期付款的违约责任为逾期超过 60 日后,出卖人有权解除合同。出卖人解除合同的,买受人按商品房总价款的 20% 向出卖人支付违约金;出卖人愿意继续履行合同的,合同继续履行,自本合同规定的应付款期限之第二天起至实际全额支付应付款之日止,买受人按日向出卖人支付逾期应付款万分之五的违约金。"第九条约定:交付期限为 2014 年 12 月 31 日前;第十一条约定:经规划设计单位同意、规划行政主管部门批准的规划设计变更,导致下列情形之一的,出卖人应当在有关部门批准同意之日起 10 日内,书面通知买受人该商品房结构型式、户型、空间尺寸和朝向变化;买受人有权在通知到达之日起 15 日内作出是否退房的书面答复。未按期作出书面答复的,视同接受变更,出卖人未在规定时限内通知买受人的,买受人有权退房等。"《补充协议书》第四条约定:"应于本《商品房买卖合同》签订之日起 7 个工作日内向出卖人指定的银行提交完备的贷款申请资料并通过银行的初步审查,签妥由买受人签署的按揭合同及其他全部文件,缴纳办理按揭贷款所需费用。买受人因自身原因未能按期签订按揭合同、提供前述资料、预缴相关费用等,视为买受人付款违约则承担违约责任,按本《商品房买卖合同》第八条承担逾期付款违约责任。"第十条第一款约定,出卖人不得变更《商品房买卖合同》约定的房屋结构型式、户型、朝向。在不影响买受人所购房屋质量或使用功能前提下,出卖人对原规划设计方案作出局部的调整,应当书面征得受影响的买受人同意,并取得规划行政许可部门的批准。因规划变更给买受人的权益造成损失的,出卖人应当给予相应的补偿等。

2012 年 9 月 13 日,蒋苇、应盼盼与保利公司还签订了《室内装修补充协议》及《委托改建协议》各一份,约定商品房的装修工程交付时间为 2015 年 8 月 31 日之前。

合同签订后,蒋苇、应盼盼交付了首期房屋款 579064 元。2013 年 9 月 11 日、12 月 17 日,反诉原告两次按照《商品房买卖合同》上的地址邮寄要求反诉被告办理按揭,付清剩余房款的信件被退回,反诉被告至今未办理银行按揭贷款手续。

经法院查明,涉案房屋的套内隔墙位置进行过设计修改,取消了卫生间内单独设置空调冷凝水管,改为相邻卫生间共用一根空调冷凝水管。

蒋苇、应盼盼于 2015 年 3 月 12 日诉至原审法院,请求判令:解除合同,退还房款及支付利息。

保利公司反诉至原审法院,请求判令:支付剩余房款及违约金。

各方观点

上诉人蒋苇、应盼盼观点:1. 上诉人有权要求退房。根据《浙江省实施〈中华人民共和国消费者权益保护法〉办法》第二十八条的规定及涉案《商品房买卖合同》第十七条的约定,上诉人有权要求退房。另《补充协议书》第十条明确约定,出卖人不得变更《商品房买卖合同》约定的房屋结构型式、户型、朝向。在不影响买受人所购房屋质量或使用功能前提下,出卖人对原规划设计方案作出局部的调整,应当书面征得受影响的买受人同意,并取得规划行政许可部门的批准。因规划变更给买受人的权益造成损失的,出卖人应当给予相应的补偿。被上诉人未经上诉人的书面同意,也未取得规划部门的批准,故上诉人也有权据此要求退房;2. 被上诉人对房屋结构的变更应经过审图机构进行图审审批而不是规划部门的审批。原审法院认为被上诉人对房屋内隔墙等进行的修改不属于需要经过规划行政主管部门批准,认定不全面,这种变更本来就不需要规划部门的审批。事实上,类似涉案房屋内结构的变更,我国采用的是图审制,即由各市级建委批准,各省建设厅审核的具有房屋图审资质的审图机构进行图审审批,并不是由行政规划主管部门进行职能性审批;3. 涉案房屋结构的修改影响了房屋质量和上诉人的使用功能;4. 原审法院仅以上诉人未按合同约定支付剩余房款为出发点来考虑问题,却未考虑被上诉人的违约行为。请求撤销原判,依法改判支持上诉人的诉讼请求。

被上诉人保利公司观点:1. 被上诉人提供的商品房符合合同约定的条件,被上诉人不存在违约情况。2. 本案并不适用《浙江省实施〈中华人民共和国消费者权益保护法〉办法》《商品房买卖合同》《补充协议书》中的相关规定或约定。涉案房屋为精装修房屋,在委托装修过程中,被上诉人考虑到优化房屋结构,在听取部分业主的想法后,对内部隔墙作了适当移动,不影响房屋使用功能。被上诉人对涉案房屋套内尺寸的更改未影响房屋的使用功能,无须书面通知,该微调不构成违约,上诉人无权据此要求解除合同。3. 上诉人未按约支付购房款,构成违约,应承担相应违约责任。请求驳回上诉,维持原判。

法院观点

双方当事人间的《商品房买卖合同》系双方当事人的真实意思表示,不违反法律、行政法规的强制性规定,合法有效,双方均应依约履行。现上诉人提出被上诉人在履约过程中对主卧宽度、管线、卫生间结构进行了变更,违反了涉案《商品房买卖合同》及《补充协议书》的约定,并据此主张解除合同。本院认为,上述变更并不属于《商品房买卖合同》第十一条约定的需经规划行政主管部门批准的规划设计变更,且被上诉人的变更行为也并未影响到上诉人购买房屋的质量和实际使用功能,故对上诉人的上诉请求,难以支持。原审法院认定事实清楚,适用法律正确。上诉人之上诉,理由难以成立,本院不予支持。

律师点评

在期房销售中,买房者最害怕的就是“货不对板”的情况。买房时开发商说得天花乱坠,但是交房时却一塌糊涂,完全达不到买房者的期望。而这其中对于房屋内部结构、管线等的变动所产生的争议更是非常常见。当然也有些情况是买房者因种种原因希望解除合同,而选择使用了规划设计变更未通知这个理由的。以下笔者就本案涉及的规划设计变更问题进行分析和探讨。

一、规划变更的解约要件

按照本案中买房者和开发商签订的《商品房买卖合同》第十一条的约定:“经规划设计单位同意、规划主管部门批准的规划设计变更,导致下列情形之一的,出卖人应当在有关部门批准同意之日起 10 日内,书面通知买受人:该商品房结构型式、户型、空间尺寸、朝向变化。出卖人未在规定时限内通知买受人的,买受人有权退房。”这里强调的是关于该商品房“结构型式、户型、空间尺寸、朝向”的变化“经规划设计单位同意”且“规划主管部门批准”的规划设计变更行为原则上是予以准许的,只不过开发商有义务在 10 日内通知买房者该变更的事实。买房者对于该变更无法接受的,可以选择退房。按照该约定的含义,这种经过主管机关批准的变更本身不算开发商的根本性违约(否则就应当按照违约条款中无法交付房屋的约定执行),是予以适当允许的,这也是考虑到期房开发时间较长,其间可能会因为各方面的原因需要调整规划设计,而将此种责任完全归结于开发商也是不太合理的,故给了双方一个选择权,让双方可以“和平分手”。

但是需要经过规划主管机关批准的规划设计变更往往都是涉及楼盘整体的重要部分,例如,层高、总高、外立面、朝向、面积等。对于房屋内容的隔断设置、管线铺设均是由开发商委托设计单位在国家标准之内自主实施的。本案中原审原告提出的开发商关于房屋主卧宽度、管线、卫生间结构的变动虽然属于一种改动，但是这种改动并没有影响所涉房屋的房间整体格局或者使用功能，因此这种管线的设置在一定范围内属于开发商自主的范畴，不需要报规划机关批准，当然也不存在该第十一条的适用余地了。

二、开发商是否应当通知买房者设计变动情况

由于开发商在销售时都会将户型效果做成效果图展示给买房者查看，有些甚至还会标注具体房间的尺寸，那么这种改动已经导致房屋与当时销售时提供的明确具体的户型图发生了一定变化，尽管本案中原审原告提出的开发商关于房屋主卧宽度、管线、卫生间结构的改动尚没有达到须报规划机关批准的程度，但是也显然影响了买房者的预期利益。无论是否有合同约定，无论是否会导致解除合同，开发商基于诚信原则都应当将这些变动及时通知买房者。

另外，开发商擅自改变房屋宽度、卫生间结构等行为已经涉嫌违约。尽管这类违约行为是否能够导致合同解除笔者将在下一个问题中予以讨论，但是有一点是肯定的，该违约行为并非对买房者毫无影响（例如，主卧如果宽度减少，势必导致使用者使用不便或者产生压抑之感；卫生间结构改变也可能会给买房者装修带来一定的麻烦等）。虽然，在本案中可能因为本诉原告的诉讼策略选择的问题，法院没有就这个问题过多地深入分析。但是笔者认为，作为裁判机关，应当在判决书说理的部分强调这种及时告知的法律义务，并对开发商的这种未及时告知的行为提出质疑和批评。同时法院也应当考虑开发商在这个问题上所需要承担的违约责任，而不是简单地以没有影响之类的笼统说法回避了事。

三、违约行为的程度

本案中其实买卖双方都有违约行为。对于买房者来说，发现房屋出现改动是交房以后的事情。而按照双方的合同，买房者早就应当办妥按揭付款手续，也就是说，买房者的违约行为更早地发生了。对于房屋买卖中的买家而言，其主要义务就是支付房屋价款，本案中买房者在尚未发现其购买的房屋存在改动的情况下无正当理由拖欠大部分房款未付，可以认为是违反了其主要合同义务。

另外，开发商擅自改动房屋设计，尽管该改动不涉及报批事项，但是毕竟也是与当时的承诺之相关资料有出入的，而且这种改动会实质性地影响买房者对于房屋原有的期待利益，应属违约，应当承担违约责任，而买房者不交付房款的行为不能作为开发商擅自改动房屋设计的正当理由。两者均应当按照自己的行为的过错程度承担违约责任。

买房者违反的是合同主要义务，该行为相对比较恶劣且发生在前；开发商的改动虽然违约，但在整体上不会对买房者使用该房屋产生根本性的影响，该行为相对比较轻微。两者相较之下，法院自然不可能支持买房者解约的请求。但是从公平的角度上讲，考虑到开发商的违约行为以及开发商在交易过程中的强势地位，法院在处理类似案件时更应当在判决书中适当考虑让开发商承担违约责任为宜。

第六章 房屋质量争议与赔偿

一、双拼户型的质量争议

案例26　周泽亮与绍兴绿城金昌置业有限公司商品房销售合同纠纷上诉案

□ 刘陈甜

关 键 词:双拼;质量;解除

案件索引:一审案号:绍兴市越城区人民法院(2015)绍越民初字第2290号
二审案号:绍兴市中级人民法院(2015)浙绍民终字第1758号

判决结果

一审:驳回原告周泽亮的诉讼请求。

二审:驳回上诉人周泽亮的上诉,维持原判。

案情简介

上诉人(原审周泽亮):周泽亮

被上诉人(原审绿城金昌公司):绍兴绿城金昌置业有限公司(下称“绿城金昌公司”或“开发商”)

2011年6月15日,周泽亮与绿城金昌公司签订两份《镜湖新区商品房买卖合同》,约定周泽亮向绿城金昌公司购买百合花园9幢1单元2503号、2504号房,建筑面积分别为75.26平方米和80.14平方米,房屋价款分别为1053177元和1179447元。同时约定绿城金昌公司应当在2014年12月30日前,将符合相关规定并具备相应条件的商品房交付给周泽亮。周泽亮、绿城金昌公司于当日又签订补充协议一份,约定周泽亮有意将两套商品房按照一个套型配置各功能空间,将涉诉两套商品房内部予以打通按一套商品房使用。同时约定因周泽亮委托绿城金昌公司进行户型变更的额外服务,周泽亮、绿城金昌公司同意不再办理该两套《商品房买卖合同》约定的交付标准下的验收交接手续。在绿城金昌公司按照本协议约定完成该两套商品房户型变更后,在《商品房买卖合同》约定的交付日期交付给周泽亮,由周泽亮一并验收。经周泽亮对户型变更后商品房验收合格并接收房屋的,即视同周泽亮对该两套商品房买卖合同项下的商品房验收合格。周泽亮在该两套商品房验收中及其后发现的除主体结构质量问题外的质量瑕疵,绿城金昌公司将根据相关法律规定和双方的约定在保修范围及保修期限内承担保修责任,周泽亮不得以此拒绝接收该两套商品房。周泽亮拒绝接收的,绿城金昌公司不承担逾期交付的责任。若周泽亮所购两套商品房中任何一套存在主体结构质量问题,周泽亮提出拒收的,视为周泽亮同时拒收两套商品房。绿城金昌公司于2014年6月9日取得涉诉房屋的竣工验收备案表,该备案表中载明该工程竣工备案文件已于2014年6月9日收讫,文件齐全。同时载明工程竣工验收备案文件包括公安及消防部门出具的认可文件、工程质量保修书、住宅质量保修书、住宅使用说明书等。周泽亮于2014年12月30日前已收到绿城金昌公司寄送的交房通知书,并于2014年12月31日前往验房。因周泽亮认为房屋不能正常使用,故要求绿城金昌公司整改,并拒绝收房。现周泽亮以绿城金昌公司超过120日未向周泽亮提供符合条件的商品房为由,要求解除双方签订的两份商品房买卖合同。

各方观点

上诉人周泽亮观点:一、一审判决认定事实错误。(一)事实认定空穴来风。上诉人“要求整改”是有的,但不曾“拒绝收房”,验房和交房是两个不同的行为,2014年12月30日当天,双方之间只发生验房事实,无任何一方表达交房的意愿,也没有所谓的拒绝收房。1. 验房时,双方发生不愉快,被上诉人并不必然会提出现场交房的意思;2. 从被上诉人的答辩状亦可证实相关质量问题在20天左右即可解决,被上诉人没必要提不合时宜的要求;3. 从被上诉人答辩状中也可看出,验房出现问题后,双方有口头解决问题的框架,被上诉人在1月20日左右整改完毕,而后通知上诉人交房;4. 如被上诉人认为验房之后,上诉人存在拒绝交房的意见,应由被上诉人举证证明。(二)充分条件与必要条件的差别。一审判决认为,主体质量没有问题,就可以交房,明显站不住脚,上诉人认为判断能不能交房的正确条件是能不能入住。1. 买卖合同第九条第三款已有规定,房子必须达到正常使用的标准;2.《最高人民法院关于审理商品房买卖合同纠纷案件适用法律若干问题的解释》第十三条规定,因房屋质量问题严重影响正常居住使用,买受人请求解除合同和赔偿损失的,应予支持。(三)质量问题解决层面的避重就轻。一审判决对质量问题避重就轻,完全置两个事实于不顾:1. 多数质量问题未解决;2. 上诉人认可的是2015年5月中旬的状态,即便已全部解决,也不能作为被上诉人已按时(120日内)解决的依据。

二、一审判决适用法律错误。(一)一审判决曲解上诉人解除合同的事由。被上诉人未在120天内解决质量问题(含消防通道),没有在120天内通知上诉人交房,与出不出示证明文件无关。(二)一审判决未审查房屋有无交付。如质量问题未解决,但被上诉人仍要求交房,那本案需讨论的就是房子可交不可交的问题。本案首先应审查的是,房屋有没有交的问题,事实上并没有交,也未达到交房的条件。(三)一审判决对质量问题适用保修条款不当。已交付的商品,才存在要不要保修的问题,本案房屋本就未交付,故根本不适用保修条款。(四)消防是否合格的问题。根据《建筑设计防火规范 GB50016—2006》的规定,安全出口、房建疏散门的净宽度不应小于0.9米,疏散走道和疏散楼梯的净宽度不应小于1.1米,本案房屋所在楼层显然并不符合消防安全通道的设计规定,行政处罚决定书就是对消防不合格的证明。消防不合格的房屋不能交付,被上诉人拟交付给上诉人的房屋消防疏散通道只有0.92米,而消防设计规定要求最少是1.1米,这样的房屋对上诉人的生命安全有隐患。涉案房屋之所以会出现多达16处的问题,是因为被上诉人根本没有完成最后的整修,上诉人提出问题后,被上诉人同意整改,办交房手续的事实从无提起,如被上诉人态度端正,完全可以在20天左右整改完毕,本案交房时间之所以会超过120天,完全是被上诉人消极怠慢、不把客户的事情予以重视的结果。综上所述,请求撤销原判,改判撤销上诉人与被上诉人之间签订的两份《镜湖新区商品房买卖合同》及其补充协议,本案一审、二审诉讼费由被上诉人承担。

被上诉人绿城金昌公司观点:一审法院认定事实正确,适用法律得当,上诉人陈述的上诉请求、事实与理由与事实不符,请求驳回上诉,维持原判。

法院观点

根据《最高人民法院关于审理商品房买卖合同纠纷案件适用法律若干问题的解释》第十二条的规定:“因房屋主体结构质量不合格不能交付使用,或者房屋交付使用后,房屋主体结构质量经核验确属不合格,买受人请求解除合同和赔偿损失的,应予支持。”第十三条第一款规定:“因房屋质量问题严重影响正常居住使用,买受人请求解除合同和赔偿损失的,应予支持。”本案中,双方当事人之间签订的《商品房买卖合同》系双方真实意思表示,未违反法律及行政法规的强制性规定,应认定为有效合同,对双方当事人均有约束力。周泽亮主张与绿城金昌公司解除《商品房买卖合同》的依据为绿城金昌公司逾期交房超过120天,周泽亮认为双方在验房后提出房屋质量存在相关的问题,要求绿城金昌公司予以整改,但绿城金昌公司在整改后到目前为止并未通知周泽亮交房,且房屋质量问题亦未整改完毕,故而周泽亮主张逾期交房超过合同约定的120天。本院认为,本案的争议焦点为绿城金昌公司是否存在逾期交房超过120天的问题。《商品房买卖合同》附件九补充协议的第五条关于房屋交接、质量异议处理的约定中载明:“商品房交付使用时,买受人与出卖人对房屋质量、公共设施、设备质量产生争议,可委托检测机构进行检测,双方仍应按本合同约定时间办理交房手续。”周泽亮与绿城金昌公司之间单独签订《〈商品房买卖合同〉补充协议》第二条第二款载明:“乙方(周泽亮)在该两套商品房验收中及其后发现的除主体结构质量问题外的质量瑕疵,甲方(绿城金昌公司)将根据相关法律规定和双方的约定在保修范围及保修期限内承担保修责任,乙方不得以此拒绝接收该两套商品房。乙方拒绝接收的,甲方不承担逾期交付的责任。”本案中,周泽亮在收到绿城金昌公司寄交的交房通知书后在2014年12月31日进行验房,并提出相应的房屋质量瑕疵进行整修,绿城金昌公司对此予以认可,由此可知周泽亮对其购买的两套房屋的主体结构质量予以认可,周泽亮亦认可双方对房屋质量存在的瑕疵无异议,绿城金昌公司同意整修,故未进行质量检测。故本院认为,双方当事人仍应按合同约定,根据交房通知书上的期限办理交房手续,周泽亮主张绿城金昌公司在验房后未通知周泽亮交房,最终逾期120天的意见,不符合合同中的关于交房的约定,故本院不予采信。关于周泽亮主张的房屋疏散通道、安全出口不符合消防安全规定的意见,经审查,讼争房屋所在的百合花园9幢住宅已经竣工验收合格并通过消防验收,符合双方在合同中约定关于交付时商品房应当具备的条件,该理由亦不能构成解除《商品房买卖合同》的理由。

律师点评

本案涉及两套独立的商品房后期改造为一套使用的情形,也就是通常所称的“双拼”户型。一方面,这一类商品房需要同时签订至少两个购房合同,在某些限购城市,很容易触及政策性限购的红线;即便不限购,由于一次性购买房屋涉及二套房,在贷款资信和首付要求上,买房者往往也要承担更重的责任。另一方面,由于这一类商品房需要在验收通过后自行改造,相比普通商品房往往会存在更多的质量纠纷和隐患。由于前述两方面的原因,导致此类“双拼”户型在实践中更加容易发生纠纷,无论是开发商还是买房者在涉及此种房屋时都应当更加谨慎。

一、“双拼”户型的交付要求

一般而言,“双拼”户型都是开发商为了规避“90/70”等政策要求打的“擦边球”。这些房屋在设计的时候就已经考虑到了后期改造的需要,并留有相应的措施或者接口便于后期改造。开发商在向买房者推荐此种户型时也是按照两套一并推荐的模式进行销售的,后期改造也是开发商完成的。

因此,在这种情形下,买房者与开发商签订的、用于备案的商品房销售合同中约定的户型、面积等内容交付条件已经不是双方真实意思的表示了,该销售合同仅仅是用于房产登记部门办理备案以及今后办证等过程需要的形式文件而已。房屋的交付条件应当以双方真实意思表示即房屋“双拼”改造之后的为准。无论开发商与买房者是否如本案那样签订了补充协议,只要该“双拼”户型是开发商或者开发商委托的第三方负责改造的,开发商就应当按照将符合改造后的要求的房屋交付给买房者。

二、商品房质量问题的程度

商品房作为大宗商品,其存在各种质量问题也是比较常见的。由于商品房涉及的质量问题比较复杂,有必要就其程度进行进一步的分析。

1. 严重的质量问题

一般司法实践认为,商品房存在主体结构安全问题或者其他类似问题导致商品房存在安全隐患等使得商品房无法正常使用的,属于严重的质量问题,例如,承重梁、剪力墙强度不符合标准、房屋的结构部分存在贯穿性裂缝等。对于此类质量问题,无论开发商是否取得了竣工验收手续,都不能认为开发商已经按约交付了房屋,都不影响买房者按照迟延交房的约定向开发商主张违约赔偿,直至解除双方的房屋买卖合同。

2. 一般质量问题

除严重的质量问题外,其余的房屋瑕疵,例如,隔墙上的空鼓、非贯穿性的裂缝等都属于一般的质量问题。这些质量问题不会影响房屋主体结构,也不会影响房屋的主要使用功能。当然,从合同法的角度来讲,即便是此类一般质量问题,开发商也应当进行整改。但是,买房者不能因此主张开发商未交房,甚至解除合同。

对于严重的质量问题,由于涉及房屋结构安全等专业技术,如果买房者要主张的话,一般应当出具专业机构的检测报告作为依据,或者申请人民法院进行司法鉴定。本案中,周泽亮虽然主张房屋存在质量瑕疵且开发商未能及时维修完毕。但是根据证据以及双方的合同,该质量瑕疵并非涉及主体结构质量,并不影响房屋交付。周泽亮在诉讼的时候提出该主张显然不符合双方的约定,两审法院对此均不予支持也是有据可查的。

需要指出的是,本案中《商品房买卖合同》附件九补充协议的第五条关于房屋交接、质量异议处理的约定中载明:商品房交付使用时,买受人与出卖人对房屋质量、公共设施、设备质量产生争议,可委托检测机构进行检测,双方仍应按本合同约定时间办理交房手续;而周泽亮与绿城金昌公司之间单独签订《〈商品房买卖合同〉补充协议》第二条第二款又载明:"乙方(周泽亮)在该两套商品房验收中及其后发现的除主体结构质量问题外的质量瑕疵,甲方(绿城金昌公司)将根据相关法律规定和双方的约定在保修范围及保修期限内承担保修责任,乙方不得以此拒绝接收该两套商品房。乙方拒绝接收的,甲方不承担逾期交付的责任。"这种约定对于买房者显然不太有利,这又是开发商利用自身协议优势地位为买房者埋下的"定时炸弹"。买房者在签约时不注意查看,随意签字,到了诉讼时就悔之晚矣。当然,有人会说,开发商的协议都是事先拟定的,即便买房者注意到了这个问题也不会更改。的确,现实中开发商不会更改该协议,但是作为买房者在现在房地产市场竞争激烈的情况下,还是可以通过这些协议一窥开发商的诚信意识并选择"用脚投票"的。另一方面,如果买房者注意到了这些条款,至少也可以对自己的维权后果有客观的评估和分析,可以通过主张格式条款等诉讼请求来对抗该条款,从而可能取得一定的调解优势。

三、法律后果及诚信原则的适用

在本案中,即便周泽亮的主张成立,笔者认为以现有的情形法院也不会支持其解除合同的要求,因为其主张的解除合同不符合诚信原则。

《中华人民共和国合同法》第一百零七条规定:"当事人一方不履行合同义务或者履行合同义务不符合约定的,应当承担继续履行、采取补救措施或者赔偿损失等违约责任。"按照该法条,一方在履行合同时违约的,应当采取各种补救手段来弥补违约所带来的后果,这其中首选的行为就应当是继续履行。因为合同系双方当事人的约定,履行合同必然是双方当事人都愿意看到的情形。因此,尽可能地保障合同履行必然符合双方当事人最大利益。除非当事人有明确的约定,否则只有因为违约行为的影响导致继续履行已经不可能或者履行成本过高或者合同目的无法实现等根本性因素出现时,法律上才会赋予当事人解除合同的权利。

本案中,即便开发商有违约行为,但是该行为显然可以通过整改的方式来纠正,无非就是多耽误些时间而已,不会影响房屋今后的正常使用,不会影响原告购房的合同目的。对于耽误的时间完全可以通过经济补偿的方式来处理。原告直接主张解除显然是超过了必要的限度。

另外,《中华人民共和国合同法》第六条也规定:“当事人行使权利、履行义务应当遵循诚实信用原则。”原告这种动辄解除合同的做法,显然已经违背了诚信的行使权利的基本要求,因此即便周泽亮的主张成立,笔者认为以现有的情形法院也不会支持其解除合同的要求。

二、开发商偷工减料的法律后果

案例27 卓海玲与浙江中捷房地产开发有限公司商品房买卖合同纠纷上诉案

□王永皓

关 键 词：开发商；偷工减料；违约；法律责任

案件索引：一审案号：玉环县人民法院(2012)台玉民初字第92号
二审案号：台州市中级人民法院(2013)浙台民终字第749号

判决结果

一审：判决浙江中捷房地产开发有限公司拆除房屋及围墙、恢复公共用地并赔偿卓海玲相应损失。

二审：驳回卓海玲及中捷公司的上诉，维持原判。

案情简介

上诉人(原审原告)：卓海玲

被上诉人(原审被告)：浙江中捷房地产开发有限公司(下称"中捷公司"或"开发商")

中捷公司开发了中捷锦绣华庭房地产项目，并发出宣传广告，其中载明名流富豪的身份护照，约2000平方米的浪漫中庭花园等内容。双方签订合同的基本事实如下。卓海玲、中捷公司双方于2009年7月5日签订了一份《商品房买卖合同》，载明了以下内容：1. 卓海玲向中捷公司购买中捷锦绣华庭1号楼1701室商品房，建筑面积为141.88平方米，单价为每平方米5937.52元，总价款为842415元;2. 层高2.8米;3. 合同附件三约定交房时间为2011年6月30日。诉讼的基本事实如下。2012年1月4日至5日,共有54案向该院提起诉讼,本案为其中之一,54案中原告的诉讼请求及案情基本一致(其中,刘文英、孙银顺二案诉讼请求有所不同,其余案件仅单价、楼层、面积等有所区别)。

各方观点

上诉人卓海玲观点:一、原审对本案部分事实的认定存有错误。1. 厨房隔墙问题。原审法院认定经过实地勘察,厨房隔墙未做没有事实依据是错误的。原审法院审判人员在现场看到的厨房隔墙是卓海玲自己做好的现状,连中捷公司在庭审时亦承认厨房隔墙未做,只是中捷公司认为不是其合同义务而已。2. 内墙抹灰问题。原审法院认为内墙抹灰,中捷公司会进行维修和维护,与事实不符。房屋的墙面抹灰问题是在所有买房者收房时就是已经大范围存在的问题,这就是房屋质量问题。卓海玲在起诉前多次要求中捷公司维修,中捷公司一直不进行维修,直到卓海玲自己花钱重做。在诉讼中,原审法院亦多次要求中捷公司立即维修,中捷公司仍然不进行维修。到判决下达之日已经事隔两年半,卓海玲已经自行维修。故中捷公司应该承担相应的费用。原审法院避重就轻,认定事实错误。在这个基础上,原审法院认为墙面抹灰是中捷公司的保修义务是偷换概念的行为。3. 中心花园问题。关于中心花园面积的描述不正确,草坪砖是规划中的停车位,与中心花园没有任何关联。路与中心花园亦是两回事,实际上中心花园的面积不到1000平方米。虽然原审法院已经认定中心花园面积不足这个事实,但数据夸大,亦有减轻中捷公司责任的事实。4. 绿地面积问题。绿地面积的认定是错误的。3号楼的面积360平方米的计算无依据。且3号楼屋顶是中捷公司在诉讼中自行进行填土,并非在交付时就已经按规划进行填土。事实上,3号楼并不是规划中的绿地折算面积。另外,3号楼的填土根本没有达到0.6米,最多也只能折算20%。绿地面积实际上只有800多平方米,没有1321平方米。5. 人防工程问题。原审法院将人防工程的所有权及收益的事实划归中捷公司是错误的。6. 逾期办证问题。原审法院对逾期办证的认定是错误且不负责任的。第一,本案48位买房者起诉的一个重要诱因就是无法办理产权证,关于产权证事宜已经多次与中捷公司进行协商而无果,这是一个客观事实。第二,本案的48位买房者直到2012年的10月才接到房管局的通知前去办理房产证,在办理房产证的过程中,房管局要收走买房者唯一的《商品房买卖合同》,此事也跟原审法院多次说明并要求原审法院协调。后经买房者向房管局调查,中捷公司没有将本案房屋向房管局备案(违反了合同约定),所以房管局没有留有《商品房买卖合同》原件,故相应责任全在中捷公司。第三,中捷公司在2011年6月30日交房时,已经向卓海玲收取办产权证的相关税费约3万元,并出具证明文件。卓海玲却在2012年10月(合同约定是2011年9月30日前)才能办理产权证。第四,卓海玲要求中捷公司提供土地撤销抵押的相应证据,以证明中捷公司在2012年1月4日可以正常办理土地使用权证,法庭亦当庭要求中捷公司提供,中捷公司亦答应提供,但实际中捷公司根本没有提供。综上所述,中捷公司的违约行为确定无误,故原审法院对上述的事实认定是建立在一个虚假的前提上,是错误的。二、原审法院关于造价鉴定报告的程序和判决计算错误。1. 卓海玲对房屋外墙石材的诉讼请求是“将房屋三层及以下的外墙用石材替换现在的涂料”,原审法院未经卓海玲同意和事先未告知卓海玲的前提下,私自委托第三方对外墙进行鉴定,并按鉴定价格将中捷公司重做外墙改成现金补偿。客观上,原审法院的行为已经让中捷公司节省了几百万元。2. 即使按原审法院这般计算,即外墙每户补差12847元,绿化补差2233元,楼梯补差1481元,合计16561元,与原审判决14308元相差2252元。三、原审法院认定梁高不足,而判决又没有对卓海玲作出实际赔偿是错误的。从现场情况、法官实地勘察和法院判决认定来看,大量房屋的梁底净高只有2.07米(判决书写2.08米),且该梁处于房屋正中处,按法律规定,该部分面积是不能计算屋内面积的。按卓海玲计算,该部分价款应该退回给卓海玲(大致计算约为1万元),不应该笼统计算在200元里面。即使退回该部分价款也不影响因中捷公司虚假宣传给卓海玲造成的房屋贬损的损失赔偿。四、原审法院认定绿地面积不足,又未对绿地面积缺少作出相对明确的赔偿判决是错误的。根据鉴定机构出具的鉴定报告,本案小区的合格绿地只有约800平方米,比规划少了约1200平方米的绿地。该2亩左右的土地折价成价值,每户至少500—1000元/平方米。五、原审法院既认定中捷公司的行为属于虚假宣传,而只判决每户200元/平方米的赔偿标准明显过低。卓海玲以一个相对较高的价格去购买一套所谓豪宅的房屋,而实际上,中捷公司提供给卓海玲的是一套根本不值此价的房屋。经原审法院认定,中捷公司的行为已经构成虚假宣传。基于中捷公司的虚假宣传,卓海玲在购房时至少多支付1000—2000元/平方米。根据相关法律规定,卓海玲完全可以得到双倍赔偿,至少也可以填补损失。原审法院在认定中捷公司虚假宣传及房屋品质低下的前提下,只判决每户200元/平方米的赔偿标准明显过低,不符合实际情况。综上所述,卓海玲认为,即使按每户1500元/平方米对卓海玲进行赔偿亦不为过。而原审法院对本案的客观事实不加区分,盲目、片面地适用法律,偏向中捷公司,请求二审法院撤销一审判决,依法改判,支持卓海玲一审诉讼请求。

上诉人中捷公司观点:一审法院作出第三项、第四项判决缺乏事实和法律依据。1. 将中捷公司发布的广告内容认定为合同要约与事实和法律不符。第一,《中华人民共和国广告法》及相关司法解释规定,广告是一种要约邀请,不是要约,广告中所作的说明和允诺只有在符合具体确定的特殊情形下,才可以视为要约。第二,中捷公司在其发布的上述广告页面上已作声明"本资料所有图文只作为要约邀请,不作合同依据,最终效果以政府最终批文为准"。广告内容视为要约的情形只发生在广告发布人并未就其在广告所作的承诺效力予以说明的情况下,中捷公司既已在其广告上作了只作为要约邀请的明确声明,一审判决再将广告内容视为要约就失去了最起码的前提条件。第三,被一审判决视为要约的广告内容均不符合《中华人民共和国广告法》和最高院相关司法解释规定的可以视为要约的构成要件。广告词中载明的"中庭花园"虽有数据,但并非确定的数据,只是概念性的描述。广告词中所谓"名流富豪身份护照""成就玉环首席私家花园公馆"更属于模糊概念,并无确切的含义,更谈不上说明和允诺的具体确定。2. 关于绿地面积的问题。第一,绿地和中心花园面积的大小,是国有土地使用权出让时相关行政部门规划规定的,中捷公司完全按照规划进行建设,不存在中捷公司不履行绿化义务的问题。相反,中捷公司对规划范围内的绿化建设精心设计、施工,庭院及绿地品质优良,故中捷公司履行法定义务完全合格。第二,受自然条件的限制,特殊地块经政府许可进行商品房开发时,绿地面积无法满足规定标准,政府规划部门允许不能满足规定标准部分,可经由开发商缴纳规定费用,政府进行统一异地绿化补足。开发商按照规定缴纳相关费用后,即可视为合格履行法定义务,可以按照规定要求进行包括绿化在内的商品房开发建设。城市商品房开发建设实践中,上述情形极为普遍,最为典型的是玉环县人民法院老办公楼所在地建成的商品房,完全没有绿地面积。第三,中捷公司和卓海玲并没有在《商品房买卖合同》中约定绿地面积,故不存在与合同约定不符的问题。如果一审判决绿地面积不符是与规定标准不符,那中捷公司应向政府履行相应义务,中捷公司已经按照要求履行缴纳异地绿化费义务,中捷公司无须再向卓海玲赔偿损失。第四,即使按照一审判决,中捷公司应当就绿地和中心花园面积不足予以赔偿,该部分赔偿责任已计算在一审判决第二项中,一审判决第二项已明确列明赔偿项目包括绿地和中心花园面积不足的损失。一审判决在第三项再就绿地面积不足判令中捷公司赔偿损失,明显属于一事两罚。3. 关于梁底净高问题。第一,中捷公司开发的上述商品房层高超过2.8米,完全符合国家规定标准。对此,一审期间已经数次测量,事实清楚。第二,一审判决所指的梁底净高不足2.1米的梁,是指商品房内隔墙上的承重梁与地面的高度。由于双方在《商品房买卖合同》中约定,为了方便购买方装修,所有内隔墙均不予隔离,故显示大梁悬空,产生视觉上的梁底部分高度不足的感觉,但实际上,这部分区域本来就是内隔墙部位,不存在梁底高度的要求,如砌上隔离墙,就是零高度。对此,各方当事人和一审法官已共同参与现场勘察和核实。因此,一审判决对隔离墙上的梁底提出净高要求,并认为中捷公司交付的商品房梁底净高不符合要求系认定事实错误。第三,在民用建筑尤其高层建筑中,不是层高越高就品质越好。出于安全、使用成本、空间利用效力等要素考虑,层高必须在国家标准范围之内,高限和底限均不能突破。因此,一审法院以层高为标准作出品质一般的评价无任何依据。4. 关于赔偿额的确定问题。即使如一审判决认定,将广告语作为要约成立,楼盘品质评价也如一审判决,一审法院按照每平方米200元的标准确定赔偿额也缺乏事实和法律依据。综上,请求二审法院维持一审判决第一项、第二项、第五项,撤销一审判决第三项、第四项。

法院观点

本案双方当事人争议的问题有如下方面:一、梁底净高问题。原审法院曾委托浙江省建筑科学设计研究院有限公司对孙三妹、刘文英、杨秀忠、徐根弟、董向英5位买受人所购商品房的梁底净高进行司法鉴定,该鉴定机构出具的鉴定报告中认定该5位买受人的商品房梁底净高均不满足《住宅建筑规范》(GB50368—2005)强制性条款的要求。在此基础上,原审法院还于2013年5月27日组织双方当事人对其余买受人所购商品房的梁底净高进行测量,在测量过程中,经双方协商一致,对于其余商品房的梁底净高均按2.08米确认计算,不再逐户测量。据此,原审法院认定涉案商品房的梁底净高不符合《住宅建筑规范》(GB50368—2005)规定的梁底净高不得低于2.1米,合法有据。上诉人中捷公司认为梁底净高不足2.1米的梁是指商品房内隔墙上的承重梁与地面的高度,而该区域不存在梁底净高的要求,但中捷公司对此未能举证证明,且不足以推翻梁底净高的司法鉴定结论和中捷公司在一审对梁底净高作出的自认,故本院对中捷公司该上诉主张不予采纳。二、厨房隔墙问题。上诉人卓海玲认为中捷公司未按照商品房买卖合同的约定做好厨房隔墙，而原审法院现场看到的厨房隔墙是上诉人自行完成的，中捷公司并未履行其合同义务。本院认为，根据双方商品房买卖合同附件四的约定，只明确了“除厨房、卫生间外，内隔墙由买受人自理”，并未进一步明确厨房必须要做内隔墙，而且从涉案商品房的平面图来看，其厨房隔墙区域均以虚线标示，考虑到不同的购房户对于厨房分隔方式和装修风格的选择显然存在差异，故仅凭附件四的约定，尚不足以得出中捷公司负有必须做好厨房内隔墙的义务。故上诉人卓海玲该上诉理由不能成立。三、内墙抹灰问题。上诉人卓海玲认为所购商品房的内墙抹灰存在质量问题，上诉人在起诉之前已多次要求中捷公司维修，但中捷公司未予维修，故上诉人已自行维修，发生的费用应由中捷公司承担。本院认为，根据双方《商品房买卖合同》第十八条及合同附件六保修责任的约定，出卖人对于墙面抹灰层脱落应在住宅自竣工验收交付用户使用之日起一年内承担免费保修责任。本案中，上诉人卓海玲对于自己在保修期内已通知要求中捷公司进行维修未能举证证明，对于因中捷公司拒不维修而采取自行维修，以及花费了维修费用的事实也未能举证证明，故应承担举证不能的不利后果，原审判决对该项请求不予支持，并无不当。四、中心花园和绿地面积问题。上诉人卓海玲认为原审法院虽然确认了中心花园和绿地面积不足的事实，但确认的面积数值大于实际面积数，不当减轻了中捷公司应承担的赔偿责任。原审法院委托杭州市房地产测绘公司对中心花园面积和绿地面积进行了司法鉴定，并根据该司法鉴定结论和《台州市建设项目绿地率计算规则》等文件依据计算确认绿地面积为 1321 平方米，合法有据。上诉人卓海玲认为绿地面积只有 800 多平方米，但其自行计算的面积数值缺乏依据，不足以推翻原审判决认定的绿地面积数，本院不予支持。上诉人中捷公司认为商品房买卖合同中并未约定绿地面积，故中捷公司不存在绿地面积不足而违约的问题，且受自然条件限制的特殊地块在进行商品房开发时，绿地面积无法满足规定标准的，可由政府安排进行异地绿化补足，开发商也无须向购房户承担赔偿责任。本院认为，玉环县发展和改革局《关于玉环中捷工业城开发有限公司锦绣华庭商品房开发项目的批复》、玉环县建设规划局《关于同意浙江中捷房地产开发有限公司中捷锦绣华庭总平面规划及建筑方案的批复》均已明确涉案房地产开发项目的规划绿地面积为 2048 平方米，绿地率为 30%，且中捷公司在 2011 年 6 月 12 日出具给玉环县市政园林管理处的《承诺函》中也明确承认绿化面积为 2048 平方米，故中捷公司认为绿地面积没有明确标准，显然不能成立。双方签订的《商品房买卖合同》第一条约定中捷公司经批准建设中捷锦绣华庭商品房,其建设工程规划许可证为建字第(2008)98 号,故中捷公司交付的商品房小区绿地面积应符合双方当事人在合同中约定的规划标准,否则即构成违约,应承担违约责任。至于该绿地面积不符合规划要求是否要承担行政法上的责任,均不影响中捷公司对于合同违约责任的承担。故中捷公司该上诉理由不能成立。五、人防工程问题和外墙石材、型钢扶手、绿化不足的赔偿计算问题。对于人防工程问题,上诉人卓海玲认为人防工程的租金收益应归属商品房买受人,对此,原审判决在论理部分已作全面详尽阐述,其论理合法有据,本院予以支持。对于外墙石材、型钢扶手、绿化不足的赔偿计算问题,原审法院根据司法鉴定结论计算得出,其计算方法合理有据,计算结果也不存在差错。上诉人卓海玲认为自己的诉讼请求是要求将房屋三层及以下的外墙用石材替换涂料,原审法院判决现金补偿不当。本院认为,根据《中华人民共和国合同法》第一百一十条的规定,债务的标的不适于强制履行或履行费用过高的,可以采取赔偿损失的方式来承担违约责任。原审法院根据外墙涂料的实际情况,认定外墙涂料不适于替换为石材,在此基础上判决折价赔偿,并无不当。六、逾期办证问题。根据中捷公司在一审提供的多份《房屋所有权证》来看,中捷公司取得商品房所有权初始登记权属证书的时间在 2011 年 11 月到 12 月之间。同时中捷公司在一审也提供了多份《土地使用权分割登记凭证》,该凭证上填证机关玉环县国土资源局的签章时间均为 2012 年 1 月 4 日。虽然双方在《商品房买卖合同》第十六条约定中捷公司应于 2011 年 12 月 30 日前交付前述的房屋、土地初始登记权属证书,但双方也同时约定中捷公司享有 90 日的履行宽限期,在该宽限期内中捷公司交付权属证书无须承担逾期办证的违约责任。从中捷公司取得房屋、土地初始登记权属证书的时间来看,上诉人卓海玲并无证据证明中捷公司在交付该两项权属证书时已超过了 90 日的履行宽限期,故原审判决对逾期办证违约责任不予认定和支持,合法有据。七、预售广告问题。上诉人中捷公司认为自己在广告页面已作声明“本资料所有图文只作为要约邀请,不作为合同依据,最终效果以政府最终批文为准”,且广告用语均属概念性的描述,并无明确具体的承诺,原审法院认定该销售广告实为要约是错误的。本院认为,根据《最高人民法院关于审理商品房买卖合同纠纷案件适用法律若干问题的解释》第三条的规定,商品房的销售广告和宣传资料在法律性质上本来就定性为要约邀请,而无须出卖人在广告中作出特别声明。但是,如果出卖人就商品房开发规划范围内的房屋及相关设施所作的说明和允诺具体确定,并对《商品房买卖合同》的订立以及房屋价格的确定有重大影响的,该说明和允诺的法律性质即发生变化,从要约邀请转化为要约,这并不以出卖人单方声明的广告性质为判断标准,否则出卖人在广告中作出的明确具体的说明和允诺对于买受人购买房屋和房屋价格有重大影响,而出卖人又无须对此承担合同责任,显然有悖合同公平和诚信原则。本案商品房的销售广告载明有约2000平方米的中庭花园,且附有效果图,这属于对商品房环境性质量的陈述,已构成具体确定的说明和允诺,原审法院将此认定为要约,合法有据。至于销售广告中"玉环顶级豪宅""成就玉环首席私家花园公馆"的描述,有明显、故意的夸大其词,以不真实的宣传误导消费者,可以认定为系过分的商业吹嘘行为,应承担相应的民事责任。原审法院认定涉案楼盘的品质不符合销售广告中的要约内容,是有客观依据的。由于楼盘品质体现在商品房的使用功能质量、环境性质量、美观性质量等诸多方面,中庭花园面积不足仅是考量楼盘品质的因素之一,涉案楼盘的品质不符还体现在梁底净高不足等商品房使用功能质量方面。考虑到中庭花园面积计算在绿地面积之内,而绿地面积不足的问题,原审法院在判决主文第二项已确定了相应的赔偿责任,故判决主文第三项所确定的楼盘品质不符的赔偿责任应理解为主要系对梁底净高不足等商品房使用功能质量瑕疵的赔偿,原审判决在该项的主文表述上不够严谨,本院在本判决论理部分予以纠正。但原审法院按照买受人所购商品房面积,以每平方米200元计算楼盘品质不符的赔偿金额,则是在综合考虑各项因素的基础上酌情作出的,属于自由裁量的合理范围,双方上诉人也未能举证证明该赔偿标准存在明显不合理之处,故本院对原审法院确定的该项赔偿标准予以支持。综上所述,上诉人中捷公司、上诉人卓海玲的上诉理由均不能成立,本院不予支持。

律师点评

由于在我国现行的商品房预售制度的"保护"下,买房者在购房商品房时只能被动地接受开发商这样或者那样的解释和承诺,而无法就房屋的现状进行自主的分析,也就丧失了买房者最重要的"用脚投票"的权利。现实中就有这样一些缺乏诚信的开发商,在房地产开发过程中"说一套、做一套",在实际的房屋建设中偷工减料、应付了事,导致买房者在收房时无法接受房屋现状,形成大面积的诉讼纠纷。本案是一起典型的由于开发商不诚信履约导致的群体性商品房买卖合同纠纷。那么对于此类案件,买房者应当如何抓住开发商的"小辫子"呢?下面笔者就结合本案的情况进行探讨。

一、楼房设计中国家标准的适用

目前国家对于住宅设计已经出台了很多的国家标准和地方标准。尽管住宅设计本身具有很强的个体属性，但是这些设计无论多有个性都必须满足国家强制性标准，这也是为了保证买房者不会因为开发商的行为而导致丧失对于住宅部分功能的基本使用权利。

目前在我国对于住宅的整体设计，有《住宅设计规范》《住宅建筑规范》等国家强制标准，这些标准均会作为判断开发商设计、建设商品房是否规范的重要依据。

本案中开发商尽管以种种理由加以辩解，但是由于其建设的承重梁的梁底净高低于国家强制标准的要求，当然属于违约行为，承担违约责任也是理所当然的。

二、开发商的保修义务的履行

按照现行法律法规规定，开发商在交付商品房时，必须提供《住宅质量保证书》，并在法律规定的期限内承担保修义务。

商品房在保修期内出现质量问题的，买房者有权要求开发商承担保修义务。但是在现实中，买房者往往就是因为不懂得如何主张该保修的权利，导致开发商对于保修义务的推脱甚至免责。那么，应当如何要求开发商承担应负的保修义务呢？

第一，在发生房屋质量问题时，买房者应当及时通知开发商维修。这一要求说来容易，但是现实中买房者往往都做不到位。在现实中发生房屋质量问题时，买房者的第一反应是找物业反映情况，要求物业进行维修。殊不知，无论物业是否与开发商具有隶属或者关联关系，物业公司与开发商之间一般情况下属于两个不同的独立法人。尽管物业公司有责任帮助买房者向开发商反映房屋质量问题，但是物业公司毕竟不是开发商，买房者通知物业公司也不代表买房者就履行了通知开发商进行保修的义务。因此，一旦发生房屋质量问题，买房者应当第一时间通知开发商维修。

第二，买房者在通知开发商承担保修义务时应当注意保留相应的证据。例如，房屋出现问题的照片、视频；向开发商寄送函件的凭证、底稿；与开发商联系的录音、视频等。保留这些证据可以更好地说明买房者已经向开发商主张过保修的事实，也可以说明当时房屋质量问题的严重程度。

第三，如果开发商怠于履行保修义务，而买房者需要委托第三方进行维修的，那么买房者应当聘请正规的房屋装修机构进行预估报价、实施维修并保留相应的票据和付款凭证作为依据。

做到以上几点之后,买房者对于要求开发商承担保修义务的凭据就会相对充分和具体,即便开发商对此置之不理,买房者也可以先行委托第三方维修,并通过司法诉讼、行政投诉等程序就相关费用向开发商进行主张。

三、"楼书入约"的权利要素

本案中,法院在判决理由中重点强调了开发商在楼书等宣传资料中的陈述应当作为合同的一部分,即所谓"楼书入约"。

本案中,开发商明明宣传楼盘有2000平方米的中庭花园,但是实际交付时仅有1300多平方米,无论是规模、使用功能上都与宣传大大缩水,严重影响了买房者对楼盘品质和价格的判断,属于对于买房者有"重大影响"的变动行为,开发商理应就该违约责任承担责任。

开发商尽管辩称其在宣传资料注明了"仅供参考"等字样,已经排除了"楼书入约"的可能性;现实中一些开发商为了规避"楼书入约"的风险,往往还会在双方的商品房销售合同的补充协议中注明"宣传资料均仅供参考,不作为双方的约定"等字样,以排除前述司法解释条文的适用。那么该司法解释是否能通过约定排除呢?笔者认为是不可以的。

第一,从司法解释的条文中并没有"双方另有约定除外"之类的表述。该司法解释主要依据的是《中华人民共和国合同法》,合同法中对于那些允许当事人意思自治的条文均有"双方另有约定除外"或者类似的表述来表明该条文系推荐性规则。按照此种立法惯例和表述原则,对于该司法解释第三条中的规定就不能理解为双方可以协议的方式排除适用。

第二,从司法解释的目的上而言,将该条纳入司法解释,主要是为了改善目前预售制度下,开发商与买房者权利义务差距悬殊的问题。在预售制度下,开发商拥有全面的话语权,很容易作出虚假或者夸大的承诺来引诱买房者入彀。因此,有必要对于开发商的宣传行为进行必要的限制和规范。"楼书入约"的制度设计至少可以保证开发商对于其对外的书面宣传文件采取谨慎的态度,便于买房者作出适当的决策,也使得双方的权利义务有了一定程度上的平衡。如果"楼书入约"的规定允许当事人通过约定排除,那么开发商一定会利用其优势地位通过格式条款等方式排除该规定的适用,使得该规定变成一纸空文,毫无意义。

第三,开发商排除该规定往往使用格式条款,以补充协议等方式要求买房者签订。该格式条款既然排除了买房者的重要权利,应当通过适当的方式进行提示，否则该条款无效。即便开发商通过改变字号、加黑等方式进行了提示，笔者认为该“楼书入约”属于买房者的重要权利，开发商简单地使用格式条款的方式就加以排除是违背诚信原则的。

因此，无论从该司法解释的规定内容、产生背景上考虑还是从排除手段上考虑，都不能认为该“楼书入约”的规定能够通过简单的声明或者补充协议的方式加以排除。

由此可见，对于开发商“偷工减料”的违约行为，买房者只要保存好相关证据，积极行使自身权利，依法向法院提出诉讼，法院就会根据事实情况对于开发商的违约行为进行制裁。

三、精装修房屋质量适用违约金的标准

案例28　李慧君诉北京懋源置业有限公司商品房销售合同纠纷上诉案

□ 陈　南

关 键 词：精装修；交付标准；违约金

案件索引：一审案号：北京市朝阳区人民法院(2013)朝民初字第4680号
二审案号：北京市第三中级人民法院(2016)京03民终6673号

判决结果

一审：一、北京懋源置业有限公司于判决生效后三十日内将其与李慧君于2010年12月26日签订的《北京市商品房预售合同》中约定进行买卖的房屋中的下列设施进行维修、更换或清除。二、北京懋源置业有限公司于判决生效后三十日内赔偿李慧君经济损失15万元。三、驳回李慧君的其他诉讼请求。如未按判决指定的期间履行给付金钱义务，应当按照《中华人民共和国民事诉讼法》第二百五十三条之规定，加倍支付迟延履行期间的债务利息。

二审：维持了一审判决，驳回了北京懋源置业有限公司提出的上诉请求。

案情简介

上诉人（原审被告）：北京懋源置业有限公司（以下简称“懋源置业”）

被上诉人（原审原告）：李慧君

李慧君（买受人）与懋源置业（出卖人）于2010年12月26日，签订《北京市商品房预售合同》。该合同约定,“买受人购买位于朝阳区太阳宫乡北四环东路南侧芍药居东区住宅及配套公建项目用地2组团2#—A地块8#住宅楼＊层＊＊＊＊(以下简称涉案房屋),建筑面积共84.79平方米,总价款5291875元;出卖人应当在2012年4月30日前向买受人交付商品房;交付该商品房时,该商品房已经由建设、勘验、设计、施工、工程监理等单位验收合格,出卖人承诺买受人在办理交接手续前有权对所购买的该商品房进行查验;查验该商品房时发现存在质量或其他问题的,由出卖人按照国家和本市有关工程质量的规范和标准根据存在问题的类型在商品房交付之日起的合理期限内负责修复,出卖人承担修复费用,该修复不影响商品房交接手续的办理,维修期间不视为延期交房,出卖人也不因房屋修复而承担违约责任;该商品房室内空气质量经检测不符合国家标准的,自该商品房交付之日起60日内(该时限应当不低于60日),买受人有权退房,买受人不退房的或该商品房交付使用已超过60日的,应当与出卖人另行签订补充协议。同日,李慧君(买受人)与懋源置业(出卖人)签订《补充协议书》,约定:出卖人对涉案房屋进行必要的结构改动及室内装修,买受人接受该补充协议所述之结构改动及室内装修,费用包含在主合同约定的房价款中,买受人全面配合出卖人为完成上述改动装修所需进行的全部工作;精装修在交付买受人后的360天内如出现质量问题的,经双方或双方认可的第三方机构确认后确为质量问题且严重影响买受人正常使用的,由出卖人承担保修责任,但由于人为原因或自然损耗不在保修范围中;超出360天的,该房屋的装修保修责任由买受人承担”等内容。《北京市商品房预售合同》附件6与《补充协议书》附件2分别对装饰和设备标准、房屋精装修标准进行了约定。以上文件中没有与样板间有关的条款。

2012年5月16日,双方办理了涉案房屋的交接手续,李慧君收取涉案房屋的钥匙。李慧君主张因为懋源置业不配合检测空气质量,无奈之下办理了交接手续。李慧君缴纳了2012年5月1日至2013年4月30日的物业费6166.77元、2012—2013季的采暖费4131.84元。懋源置业出示施工单位保利建设开发总公司、监理单位北京方恒基业工程咨询公司出具的涉案房屋的住宅工程质量分户验收表显示各项验收内容均为合格。

由于李慧君认为房屋存在严重的质量问题导致无法入住,故起诉至法院,要求懋源置业支付未按样板间标准交付房屋的违约金860800元(按精装费用双倍计算,即每平方米5000元);支付李慧君因室内空气质量严重超标导致无法入住的逾期交房违约金(自2012年5月1日按总房款5336564元,以每天万分之三支付至 2013 年 1 月 7 日）；懋源置业完成房屋内不合格部分的维修及更换，并支付改动装修逾期的违约金（自 2012 年 5 月 1 日按日房价款万分之一计算至实际更换、修复完毕为止）；支付李慧君在外租房费用（按此房现租价格每月 13000 元自 2012 年 5 月 1 日计算至李慧君实际可以居住为止）；赔付李慧君误工费 50000 元；赔付李慧君精神损失费 10000 元；支付李慧君检测费 900 元；支付李慧君物业费 4257.61 元、取暖费 4131.84 元。

各方观点

上诉人懋源置业观点：一审法院适用法律错误。涉案房屋本来只有微小的质量问题，修理起来很快，是李慧君不配合维修工作致使损失扩大。一审法院酌情判令懋源置业赔偿 15 万元损失没有事实和法律依据。

被上诉人李慧君的观点：房屋室内空气质量严重不符合国家标准，导致李慧君因接触屋内刺激有害气体导致头痛、头晕、恶心、扁桃体肿大。目前由于空气质量问题，导致房屋仍无法入住。

法院观点

一审法院的观点：涉案《北京市商品房预售合同》及《补充协议书》均系依法成立的合同，对双方当事人具有约束力。违约金的给付依据是存在违约情形以及双方进行了由违约方给付守约方一定数额或标准的违约金的约定，二者缺一不可。本案中，李慧君主张懋源置业给付违约金，需证明懋源置业存在违约事实及存在懋源置业就违约事项向李慧君支付违约金的约定，否则法院无法支持李慧君关于支付违约金的诉讼请求。本案中，李慧君要求懋源置业支付未按样板间标准交付房屋的违约金，但《北京市商品房预售合同》及《补充协议书》均未约定按照样板间标准交付房屋，双方亦未约定在懋源置业未按样板间标准交付房屋的情况下需向李慧君支付违约金，故李慧君此项诉讼请求没有事实及合同依据，法院不能支持。

李慧君要求懋源置业支付因室内空气质量严重超标导致无法入住的逾期交房违约金，双方所持检测报告内容不一致，且均系单方委托形成的鉴定结论，审理中双方均明确表示对涉案房屋内空气质量不申请进行鉴定。按照"谁主张、谁举证"的举证原则，李慧君对其主张未有效举证，法院对其主张内容不能采信。此外，双方之间亦不存在室内质量超标情形下懋源置业应向李慧君支付违约金的约定。综上所述,李慧君主张的此项诉讼请求缺乏事实及合同依据,法院不能支持。在此情况下,李慧君要求懋源置业承担鉴定费亦属依据不足,法院不予支持。

双方约定,查验商品房时发现质量或其他问题的,由懋源置业在合理期限内负责修复,懋源置业承担修复费用,该修复不影响商品房交接手续的办理,维修期间不视为延期交房,懋源置业也不因房屋修复而承担违约责任。根据本案查明的情况,涉案房屋存在需要修复或更换的情形,故法院对于李慧君此项诉讼请求应予支持,修复或更换的范围应以李慧君在庭审终结前提出的请求为限。李慧君在庭审之后提出的超出其诉讼请求的请求,鉴于懋源置业对部分请求表示同意,法院不持异议,本案中一并予以判决,其他超出部分本案中不予处理,李慧君有权另行主张解决。李慧君要求懋源置业支付改动装修逾期的违约金,双方在合同中没有相应约定,故法院对此项诉讼请求不予支持。

关于李慧君要求懋源置业支付误工费,缺乏证据依据,法院不能支持。本案系合同纠纷,李慧君在本案中主张精神损失费缺乏法律依据,法院不予支持。

因涉案房屋存在需要修复、更换或清除的情形,致李慧君不能完整、有效地使用涉案房屋,李慧君主张的租房费实际属于无法使用涉案房屋的损失,物业费、供暖费亦均属于损失范畴,故对以上费用法院结合案件情况一并酌情予以确定。

二审法院的观点:二审查明的事实与原审相同。二审法院认为,当事人一方不履行合同义务或者履行合同义务不符合约定的,应当承担继续履行、采取补救措施或者赔偿损失等违约责任;在履行义务或者采取补救措施后,对方还有其他损失的,应当赔偿损失。本案中李慧君与懋源置业于涉案《北京市商品房预售合同》及《补充协议书》中约定,查验商品房时发现质量或其他问题的,由懋源置业在合理期限内负责修复。现因涉案房屋存在需要修复、更换或清除相应设施之情形,李慧君于买受房屋后无法正常居住使用。一审法院结合本案情况,综合考虑李慧君在外租房费用以及在此期间李慧君为涉案房屋交纳的物业费、供暖费等,酌情确定损失数额为15万元,本院认为并无不当。

律师点评

本案主要涉及的问题是在涉案房屋为精装修房屋的情况下,原告李慧君在一审时提出了多项违约金的赔偿请求,但均未能获得一审法院的支持。因此,可以通过这个案例来分析精装修房屋的违约金条款的适用标准。

在本案中,原告李慧君提出了四项与违约金有关的请求。分别是:(1)未按照样板房进行交付的违约金;(2)无法入住,逾期交房的违约金;(3)装修逾期的违约金;(4)原告在外租赁房屋的费用。但最终这四项请求均未能或者未能全部得到一审法院的支持。笔者分析,具体理由如下。

(1)没有违约事实的存在。违约金支付的前提必须是出现了违约事实,而出现违约事实的前提又必须是双方对相关事项在合同中进行了约定。因此,如果在商品房买卖合同中没有对某事项进行约定,则就不可能存在违约的事实,也不能去主张违约金。这就像本案中的未按样板房进行交付的违约金一样,由于双方在《北京市商品房预售合同》补充协议中仅仅只对样板房的装修金额作出了约定,并没有对样板房的装修标准作出约定,更没有对违反样板房装修标准而应该支付的违约金数额作出约定,在这样的情况下违约金的主张当然不可能得到法院的支持。

(2)不能举证证明违约事实的存在。根据《最高人民法院关于民事诉讼证据的若干规定》第二条的规定,"当事人对自己提出的诉讼请求所依据的事实或者反驳对方诉讼请求所依据的事实有责任提供证据加以证明。没有证据或者证据不足以证明当事人的事实主张的,由负有举证责任的当事人承担不利后果"。因此,虽然在双方的《北京市商品房预售合同》中有关于逾期交房违约金的约定,但在懋源置业发出《交房通知书》的情况下,虽然李慧君提出因为室内空气质量不佳,无法达到交房标准的理由,认为懋源置业没有达到交房的条件,且在法院进行释明的情况下,依然不选择再次对房屋内的空气质量进行检测;则作为举证责任的承担人,李慧君就需要承担举证不能的不利后果。即正是由于其未能证明室内空气质量不佳,因此不能认为懋源置业有迟延交付的情况,故也不能要求懋源置业支付违约金。

(3)没有约定违约金的金额。关于装修逾期的违约金,由于该装修事项是购房人在补充协议中与开发商进行的约定,因此并不能够直接适用《北京市商品房预售合同》中的房屋交付条款,而且该装修逾期的时间与商品房本身逾期交房的时间相重合。最为重要的是,双方也没有就上述装修逾期事项设定具体的违约金金额;故自然也不能适用违约金的条款。

综上所述,从这个案例中可以得出精装修房屋适用违约金的标准主要如下:

第一，双方当事人必须在《北京市商品房预售合同》中对精装修的交付标准作出明确的约定。

第二，双方当事人必须在《北京市商品房预售合同》中对违反精装修标准支付的违约金的数额或者计算方式作出明确的约定。

第三，双方当事人可以在《北京市商品房预售合同》中对相应的举证责任进行明确；如未明确的，一般需要由购房者承担相应的举证责任。

四、房屋漏水的责任承担

案例29　赵兰芳、新疆捷达鸿业房地产开发有限公司与周巧丽财产损害赔偿上诉案

□ 刘陈甜

关 键 词:房屋漏水;相邻关系;损害赔偿;保修期

案件索引:一审案号:乌鲁木齐市沙依巴克区人民法院(2014)沙民三初字第1569号

二审案号:乌鲁木齐市中级人民法院(2015)乌中民四终字第819号

判决结果

一审:判决赵兰芳、新疆捷达鸿业房地产开发有限公司赔偿周巧丽房屋装修损失3805.37元。

二审:撤销原判,改判新疆捷达鸿业房地产开发有限公司赔偿周巧丽房屋装修损失3805.37元;驳回周巧丽要求赵兰芳承担赔偿责任的诉讼请求。

案情简介

上诉人(原审被告):赵兰芳

被上诉人(原审被告):新疆捷达鸿业房地产开发有限公司(以下简称"捷达鸿业公司")

被上诉人(原审原告):周巧丽

周巧丽居住于乌鲁木齐市沙依巴克区珠江路涵碧景苑小区3号楼1单元

1202室，赵兰芳居住于周巧丽楼上即该楼栋1302室。2013年10月17日，赵兰芳房屋供暖分水器发生漏水，水渗漏至周巧丽房屋，导致周巧丽房屋浸泡受损。

捷达鸿业公司系乌鲁木齐市沙依巴克区珠江路涵碧景苑小区住宅楼开发建设单位。赵兰芳于2013年5月15日购买乌鲁木齐市沙依巴克区珠江路涵碧景苑小区3号楼1单元1302室并入住，该房屋供暖分水器发生漏水时该供暖设施尚处于质量保修期内。2014年，赵兰芳以捷达鸿业公司为被告提起诉讼，要求捷达鸿业公司赔偿其房屋漏水造成的损失，在该案审理过程中，赵兰芳与捷达鸿业公司于2014年4月18日达成补偿协议，约定：捷达鸿业公司一次性补偿赵兰芳家具、装修损失各项合计20000元，上述费用支付后，捷达鸿业公司不再承担因漏水给赵兰芳造成的其他损失。之后赵兰芳撤回起诉。

在本案审理中，经周巧丽申请，本院委托福建宏电工程造价咨询有限公司新疆分公司对周巧丽因漏水受损的房屋装修损失价值进行鉴定。经鉴定，周巧丽房屋装修受损价值为3805.37元。周巧丽因该鉴定支付鉴定费3000元。

各方观点

上诉人赵兰芳观点：撤销原判，改判其不承担赔偿的责任。本案中房屋漏水是因为捷达鸿业公司提供的供暖分水器发生漏水所致，此时该供暖设施尚在保修期，故应由捷达鸿业公司承担赔偿责任。

被上诉人捷达鸿业公司的观点：撤销原判，改判其不承担赔偿的责任。理由：1. 本案案由是相邻关系发生的财产损害赔偿纠纷而非产品质量纠纷中发生的财产损害赔偿纠纷。赵兰芳的房屋漏水将楼下周巧丽的房屋渗漏后受损与我公司无关，我公司与周巧丽之间是房屋买卖关系。2. 本案诉争房屋使用的分水器系易耗品，质量是否存在问题一审未提交任何证据证明，所以一审认定事实错误。3. 赵兰芳提交的一份《补偿协议书》对本案不具有证明作用，双方是在未确定责任的前提下，本着善意同情作出的补偿行为，于本案没有证明力。综上所述，本案是相邻关系引发的财产损害纠纷，将两个不同的法律关系合并审理法律依据不足，基本事实也无法查清而且一审没有查清。故请求二审法院依法改判并驳回其诉讼请求。

法院观点

一审法院的观点：2013年10月17日，赵兰芳房屋内供暖分水器发生漏水，导致楼下周巧丽房屋受损事实存在，因赵兰芳房屋供暖分水器发生漏水时房屋建设工程尚处于质量保修期内，而涉案房屋的承建单位系捷达鸿业房产公司，参照建设部《房屋建筑工程质量保修办法》第十四条，"在保修期内，因房屋建筑工程质量缺陷造成房屋所有人、使用人或者第三方人身、财产损害的，房屋所有人、使用人或者第三方可以向建设单位提出赔偿要求。建设单位向造成房屋建筑工程质量缺陷的责任方追偿"之规定，其应当对房屋保修期内的供暖设施发生漏水造成的第三方损失承担赔偿责任；赵兰芳在发生漏水后未及时处理，导致水渗漏至楼下周巧丽的房屋，给周巧丽房屋造成损失，其对周巧丽房屋的损失存在过错，故赵兰芳应与捷达鸿业公司一同对周巧丽房屋所受损失承担赔偿责任。赵兰芳、捷达鸿业公司辩称其不应承担赔偿责任的意见不能成立，不予采纳。关于周巧丽房屋受损数额，其主张房屋装修损失 50000 元，但未提供相应证据证实，经周巧丽申请，本院委托福建宏电工程造价咨询有限公司新疆分公司对周巧丽因漏水受损的房屋装修损失价值进行鉴定。经鉴定，周巧丽房屋装修受损价值为 3805. 37 元，因鉴定意见是鉴定机构经现场勘查后依法作出，合法有效，对该意见予以采纳。对周巧丽房屋装修受损价值按该鉴定意见数额予以认定，周巧丽主张损失超出部分，不予支持。综上所述，依照《中华人民共和国侵权责任法》第三条、第六条、第十五条第一款第（六）项，《最高人民法院关于民事诉讼证据的若干规定》第二条，《中华人民共和国民事诉讼法》第一百四十四条之规定，判决如下：一、被告赵兰芳、被告新疆捷达鸿业房地产开发有限公司赔偿原告周巧丽房屋装修损失 3805. 37 元；二、驳回原告周巧丽其他诉讼请求。

二审法院的观点：二审查明的事实与原审基本一致。另查明，2013 年 11 月 12 日，乌鲁木齐市建设工程质量监督站向捷达鸿业公司发出《建设工程质量监督整改通知书》："你单位建设的珠江路涵碧景苑 3—1—1302（业主：赵兰芳）工程，经我站质量监督抽查，发现存在以下问题（该住户于 2012 年 5 月 15 日办理入住，采暖系统仍在建设单位保修责任范围内；住户反映情况属实，应由建设单位修复分水器漏水问题，并重新计算采暖保修期；建设单位应恢复住户因漏水造成损失部位或承担相应的经济责任，具体事宜由双方充分协商解决，若协商不成，可走其他途径解决）。要求你单位组织相关责任方于 2014 年 11 月 14 日前整改完毕，并将整改结果以书面形式报我站。以上事实有现场照片、鉴定报告、建设工程质量监督整改通知书、一审、二审庭审笔录等证据在卷为证。"

但二审法院认为，根据《中华人民共和国侵权责任法》第二十八条之规定：

“损害是因第三人造成的，第三人应当承担侵权责任。”依据上述规定，赵兰芳只是名义上的侵权人，其不应当对周巧丽的损害承担侵权责任，而应当由真正造成损害的第三人承担责任。由于赵兰芳房屋供暖分水器发生漏水，造成楼下周巧丽房屋墙面等受损。鉴于赵兰芳房屋供暖分水器发生漏水时其房屋的供暖系统尚在质量保修期内，作为建设单位的捷达鸿业公司应当依据相关规定予以修复，并承担由此给住户造成的损失。虽然是赵兰芳的房屋漏水导致周巧丽的房屋受损，但赵兰芳无过错，应由捷达鸿业公司赔偿周巧丽房屋受损的费用。赵兰芳上诉称其无责任，应由捷达鸿业公司承担赔偿责任的上诉理由成立，本院予以采信。一审判令赵兰芳承担赔偿责任于法无据，本院予以纠正。捷达鸿业公司上诉称其不应当承担责任的辩解理由不成立，予以驳回。

律师点评

本案主要涉及的问题是由于相邻关系发生的财产损害赔偿纠纷是否可直接要求产品质量过错方承担赔偿责任。针对这一问题裁判形成两种意见：

第一种意见认为：本案是一起由屋内供暖分水器发生漏水导致原告房屋装修损失的财产损害赔偿案件。要判断谁是承担责任的主体，就应当查出谁是真正的侵权责任人。本案中，捷达鸿业公司是涉案房屋的承建单位，且该建设工程尚在保修期内，其所建房屋的质量缺陷是导致原告损失的真正原因，应当对原告的损失予以赔偿。

第二种意见认为：本案是一起由相邻关系而产生的财产损害赔偿案件，而非产品质量纠纷中发生的财产损害赔偿纠纷。捷达鸿业公司并未给原告造成财产损害，至于原告购买捷达鸿业公司的房屋是否存在质量问题系另一法律关系，不能在本案中一并审理。本案应由赵兰芳承担赔偿责任，若捷达鸿业公司出售的房屋确实存在质量问题，是引发本次漏水事故的直接原因，赵兰芳可以通过向捷达鸿业公司追偿挽回自己的损失。

笔者同意第一种意见，理由如下。

第一，赵兰芳房屋内供暖分水器发生漏水，导致原告房屋受损事实存在，因赵兰芳房屋供暖分水器发生漏水时房屋建设工程尚处于质量保修期内，而涉案房屋的承建单位系捷达鸿业房产公司，根据原建设部《房屋建筑工程质量保修办法》第十四条的规定，“在保修期内，因房屋建筑工程质量缺陷造成房屋所有人、使用人或者第三方人身、财产损害的，房屋所有人、使用人或者第三方可以向建设单位提出赔偿要求。建设单位向造成房屋建筑工程质量缺陷的责任方追偿”，捷达鸿业公司应当对房屋保修期内的供暖设施发生漏水造成的第三方损失承担赔偿责任。另外，根据《中华人民共和国民法通则》第一百二十六条的规定，“建筑物或者其他设施以及建筑物上的搁置物、悬挂物发生倒塌、脱落、坠落造成他人损害的，它的所有人或者管理人应当承担民事责任，但能够证明自己没有过错的除外”，以及《最高人民法院关于民事诉讼证据的若干规定》第四条第一款第（四）项的规定，“建筑物或者其他设施以及建筑物上的搁置物、悬挂物发生倒塌、脱落、坠落致人损害的侵权诉讼，由所有人或者管理人对其无过错承担举证责任”，一旦出现建筑物或者其他设施以及建筑物上的搁置物、悬挂物发生倒塌、脱落、坠落造成他人损害的事实，它的所有人或者管理人就应当承担民事责任。只有在该建筑物或者其他设施以及建筑物上的搁置物、悬挂物的所有人或者管理人有证据证明自己没有过错或者损害是由于受害人本人、不可抗力、第三人的过错造成的情况下，建筑物或者其他设施以及建筑物上的搁置物、悬挂物的所有人或者管理人才可以免除责任。因此，本案适用过错推定和举证倒置原则，即捷达鸿业公司要达到免责的目的，必须提供本案供暖分水器发生漏水是由于不可抗力、受害人的过错、第三人的过错造成的证据。事实上，在发生此次漏水事故之前，捷达鸿业公司已经就房屋漏水问题向赵兰芳承担赔偿责任。依此可以推出，此次漏水事故造成原告损失，是由于捷达鸿业公司出售的房屋内供暖分水器的质量问题。

第二，如果本案原告未将捷达鸿业公司列为共同被告，赵兰芳作为 1302 室房屋的所有人，对该房屋负有管理职责，因其屋内房屋供暖分水器发生漏水造成原告损失负有赔偿责任，先由赵兰芳赔偿责任，再由其向捷达鸿业公司进行追偿，未尝不妥。但本案原告已将捷达鸿业公司列为共同被告，而赵兰芳实际上是本案的名义侵权人，未免减轻当事人的讼累，就应当查清捷达鸿业公司是否是由于质量问题而造成原告损失的真正侵权人。

第七章

商品房合同解除与赔偿

一、未提供“两书”能否主张解除合同

案例30　施德平、韩波与杭州华建置业有限公司商品房销售合同纠纷上诉案

□ 刘陈甜

关 键 词：一般违约；逾期；解除；根本性违约；诚信原则

案件索引：一审案号：杭州市余杭区人民法院(2015)杭余瓶民初字第54号
二审案号：杭州市中级人民法院(2015)浙杭民终字第1606号

判决结果

一审：驳回原告施德平、韩波的诉讼请求。

二审：驳回上诉人施德平、韩波的上诉，维持原判。

案情简介

上诉人(原审原告)：施德平、韩波

被上诉人(原审被告)：杭州华建置业有限公司(以下简称“华建公司”或“开发商”)

2011年6月4日，施德平、韩波与华建公司签订《浙江省商品房买卖合同》一份，约定由施德平、韩波向华建公司购买位于杭州市余杭区瓶窑镇柳郡苑璟轩幢单元室的商品房一套，价格987790元。同日，施德平、韩波与华建公司签订《小区地下车位使用权转让协议》一份。《浙江省商品房买卖合同》第九条对“商品房交付期限及条件”约定：“出卖人应当在2013年2月28日前，将符合下列条件的商品房交付买受人使用：1. 建设工程经竣工验收合格，并取得建设工

程竣工验收备案证明;2. 取得法律、行政法规规定应当由规划、公安消防、环保等部门出具的认可文件或准许使用文件;3. 用水、用电、用气、道路、排污设施等,具备商品房正常使用的基本条件;……"合同第十二条交接中约定:"商品房达到交付使用条件后,出卖人应当书面通知买受人办理交付手续,双方进行验收交接时,出卖人应当出示本合同第九条规定的证明文件,并签署房屋交接单。在签署房屋交接单前,出卖人不得拒绝买受人查验房屋。所购商品房为住宅的,出卖人还需提供《住宅质量保证书》和《住宅使用说明书》。出卖人不出示证明文件或出示证明文件不齐全,买受人有权拒绝交接,由此产生的延期交房责任由出卖人承担。"合同第十六条关于产权登记的约定:"出卖人负责办理土地使用权初始登记,取得《土地使用权证书》或土地使用权证明。出卖人负责申请该商品房所有权初始登记,取得该商品房《房屋所有权证》。出卖人承诺于2013年5月28日前,取得前款规定的土地、房屋权属证书,交付给买受人。"《浙江省商品房买卖合同》附件八补充协议第十九条约定:"买受人在房屋验收中及其后发现的除主体结构质量问题外的质量瑕疵,出卖人将根据法律规定和合同约定在保修范围及保修期限内承担保修责任,买受人不得以此拒绝接受房屋交付。买受人拒绝接受交付的,出卖人不承担逾期交付的责任。"施德平、韩波在2012年12月26日收到华建公司寄来的《房屋交付通知书》,要求施德平、韩波在2013年1月3日16时前办理交付手续。施德平于2012年12月30日前往华建公司指定的地点办理相关交付手续,经查验,施德平认为厨房窗户、入户门等存在诸多问题,拒绝收房。

华建公司开发的涉案商品房建设项目经各单项竣工验收,于2012年12月17日经杭州市余杭区住房和城乡建设局审核同意竣工验收备案,并达到交付条件。华建公司分别于2013年1月28日、2月28日取得涉案房屋的《房屋所有权证》《国有土地使用权分割登记许可证》。2011年8月,施德平在向杭州住房公积金管理中心余杭分中心申请办理公积金贷款手续时,出具《委托代理协议》一份,将涉案房屋抵押登记及涉案房屋交付后三证(契证、房产证、土地证)和房屋他项权证的办理委托杭州绿庭房地经纪服务有限公司办理。2013年3月25日,华建公司将涉案房屋的《房屋所有权证》《国有土地使用权分割登记许可证》交给杭州绿庭房地经纪服务有限公司。

2014年12月29日,施德平、韩波起诉至法院,请求判令华建公司将坐落于杭州市余杭区瓶窑镇柳郡苑璟轩幢单元室的住宅房屋一套及位于小区地下一层B2区域地下车位一个立即交付施德平、韩波;判令华建公司立即办理上述房屋的产权证、土地使用证并交付给施德平、韩波；判令华建公司支付施德平和韩波自2013年3月1日至实际交付日的逾期交房的违约金，其中至起诉日（2014年12月9日，暂计648天）的违约金计人民币64008.8元部分先予支付、支付施德平、韩波自2013年5月28日至实际交付日的逾期交付权属证书的违约金，其中至起诉日（2014年12月9日，暂计560天）的违约金计人民币55316.20元部分先予支付，两项共计人民币119325元（违约金以每天按已付房款987790元的万分之一计算）。

各方观点

上诉人施德平、韩波观点：一、华建公司未依约提供《住宅质量保证书》和《住宅使用说明书》。在2011年6月4日，双方所签订的《浙江省商品房买卖合同》第十二条中明确约定："商品房达到交付使用条件后，出卖人应当书面通知买受人办理交付手续，双方进行验收交接时，出卖人应当出示本合同第九条规定的证明文件，并签署房屋交接单。在签署房屋交接单前，出卖人不得拒绝买受人查验房屋。所购商品房为住宅的，出卖人还需提供《住宅质量保证书》和《住宅使用说明书》。出卖人不出示证明文件或者出示证明文件不齐全，买受人有权拒绝交接，由此产生的延期交房责任由出卖人承担。"但是，施德平、韩波在验收房屋时，华建公司并未依约将该两书提供给施德平、韩波。在施德平、韩波验房时由华建公司提交该两书是约定的义务更是法定的附随义务。华建公司主张已履行了该义务，那么应当由华建公司提交相应的证据予以证明。二、华建公司未依约交付《房屋所有权证》《国有土地使用权分割登记许可证》。双方签订的《浙江省商品房买卖合同》第十六条"关于产权登记的约定"中明确约定："出卖人承诺于2013年5月28日前，取得前款规定的土地、房屋权属证书，交付给买受人。"但是，华建公司未依约将该相关证书交付给施德平、韩波，而将相关证书交给委托的中介公司。三、施德平、韩波自起诉时至庭审结束始终未主张或提出因涉案房屋存在主体结构质量问题，华建公司由此构成违约的问题。

被上诉人华建公司观点：一、华建公司交付的房屋符合合同约定的交付条件，交房手续完备，不存在逾期交房，华建公司不承担逾期交房的责任。1. 涉案房屋符合《商品房买卖合同》第九条约定的交付条件，经规划、公安消防、环保等部门，勘察、设计、施工、监理等单位验收合格，取得竣工验收备案证明；用水、用电、用气、道路、排污设施等具备商品房正常使用的基本条件。华建公司向施德平、韩波送达了交房通知书,并向施德平、韩波提供了《住宅质量保证书》及《住宅使用说明书》。上述所有验收文件以及《住宅质量保证书》《住宅使用说明书》在交房前华建公司均已向有关部门备案,交房时向业主出示或交给业主。2. 华建公司按《商品房买卖合同》第十二条的约定在房屋交接时向施德平、韩波出示《住宅质量保证书》《住宅使用说明书》,因施德平、韩波对房屋质量瑕疵有异议,因此拒绝办理房屋交接手续,拒收《住宅质量保证书》《住宅使用说明书》。3. 施德平、韩波在验收交接时也未在《房屋交付验收单》中载明因华建公司未出示《住宅质量保证书》《住宅使用说明书》而拒收房屋。二、施德平、韩波应按约收房,除房屋主体结构质量不合格、房屋质量问题严重影响正常居住使用外,不得拒绝收房,否则,由此造成的责任由施德平、韩波承担。《商品房买卖合同》附件八补充协议第十九条约定:"施德平、韩波在房屋验收中及其后发现的除主体结构质量问题外的质量瑕疵,华建公司将根据法律规定和合同约定在保修范围及保修期限内承担保修责任,施德平、韩波不得以此拒绝接受房屋交付。"买受人拒绝接受交付的,出卖人不承担逾期交付的责任。根据《商品房销售管理办法》《最高人民法院关于审理商品房买卖合同纠纷案件适用法律若干问题的解释》的相关精神,施德平、韩波仅在房屋主体结构质量不合格、房屋质量问题严重影响正常居住使用的情况下可以拒绝收房。三、华建公司作为房产开发商已按约完成《商品房买卖合同》第十六条约定的土地、房产初始登记,取得《国有土地使用权分割登记许可证》《房屋所有权证》(俗称"大证"),且已将大证交付给了施德平、韩波委托的中介机构;办理商品房转移登记(即办理小证)的义务主体为业主自己。《商品房买卖合同》第十六条约定:"出卖人负责办理土地使用权初始登记,取得《土地使用权证书》或土地使用权证明。出卖人负责申请该商品房所有权初始登记,取得该商品房《房屋所有权证》。买受人办理该商品房转移登记。"2011 年 8 月,施德平、韩波在向杭州住房公积金管理中心余杭分中心申请办理公积金贷款手续时,出具《委托代理协议》一份,将涉案房屋抵押登记及房屋交付后三证(契证、房产证、土地证)和房屋他项权证的办理委托杭州绿庭房地经纪服务有限公司办理。2013 年 3 月 25 日,华建公司将涉案房屋的《房屋所有权证》《国有土地使用权分割登记许可证》交给杭州绿庭房地经纪服务有限公司,华建公司已完成了合同义务。

法院观点

施德平、韩波以华建公司存在根本性违约行为为由向法院起诉要求判令华建公司交付涉案房屋、办理相关产权证并承担逾期交房、逾期交付权属证书的违约责任。具体针对施德平、韩波的上诉理由，本院作如下评述：1. 关于《住宅质量保证书》和《住宅使用说明书》问题。根据双方当事人所签订的《浙江省商品房买卖合同》第十二条的规定，双方当事人办理房屋交接的流程为：出卖人向买受人出示合同第九条规定的证明文件，买受人对房屋进行查验，查验后出卖人向买受人提供《住宅质量保证书》和《住宅使用说明书》，最后双方签署房屋交接单。本案中买受人对房屋进行查验后认为房屋存在质量问题，在房屋交付验收单中提出关于房屋质量方面的具体整改意见，并明确需要待整改完毕后再进行验收。买受人所提交的房屋交付验收单已经表明涉案房屋未能如约交付的原因在于买受人认为房屋质量未能达到交付标准，而非因出卖人未提供《住宅质量保证书》和《住宅使用说明书》。故鉴于涉案房屋未能如约交付的原因不在于提供《住宅质量保证书》和《住宅使用说明书》的问题，买受人施德平、韩波上诉以此为由拒绝接收房屋，并要求华建公司承担逾期交房违约责任，本院不予采纳。2. 关于华建公司将《房屋所有权证》《国有土地使用权分割登记许可证》交付给施德平、韩波委托办证的中介公司，有无不当的问题。根据涉案《浙江省商品房买卖合同》第十六条的约定，出卖人华建公司在办出“大证”以后，买受人施德平、韩波委托出卖人华建公司办理商品房转移登记，结合施德平、韩波在办理涉案房屋公积金贷款时明确委托中介公司代理办证的事实，华建公司将办理涉案房屋产权证所需要的“大证”交付给施德平、韩波委托的中介公司，并未违反合同约定。施德平、韩波以此为由拒绝接收房屋并要求华建公司承担逾期交房违约责任，理由不成立，本院不予采纳。

律师点评

在商品房预售证制度下，买房者已经提前付清了全部房款，开发商应当在房屋销售合同约定的期限前将符合要求的商品房交付给买房者，并按照合同及相关法律法规的规定提供《住宅质量保证书》《住宅使用说明书》等文件，否则就要承担逾期交房的违约责任；另外，房屋作为不动产，其权属变更采用登记制。开发商除了向买房者交付房屋外，还需要协助买房者取得房屋的产权登记，也就是通常所称的提供“大证”。买房者根据开发商提供的“大证”再配合自己手头所持有的《商品房买卖合同》、发票等文件，在缴纳契约等费用后方可取得属于自己的不动产登记证书。那么为什么本案中买房者提出的看似合理地要求开发商交付房屋、提供“两书”并提供“大证”的诉求没有得到法院的支持呢？这里就涉及诉讼的证据和策略问题了。

一、房屋交接单的法律意义

商品房在建成后，开发商应当按照合同规定向买房者进行交付。所谓的“交付”在法律上定义为对某种物品的占有转移。对于商品房这种不动产而言，因为接受钥匙的一方就可以直接使用该房屋，所以一般认为交付就是钥匙交接的过程。为了固定交付过程，开发商一般都会使用交接单之类的文件来表明开发商已经完成了交付。一旦发生争议，该交接单上的记载往往会作为房屋交接过程中的直接反映。本案中，买房者在验房过程中发现房屋存在质量问题，并在交接单上明确写明了对房屋质量方面的意见和整改要求，并注明需要待整改完毕后再进行验收。据此可以认定买房者拒不收房的理由是房屋存在质量问题，而非开发商未能提供“两书”。买房者在嗣后的诉讼过程中本应当坚持该观点，而不是提出新的理由来试图增加买房者未按期收房的正当性。殊不知，诉讼过程的目的是向法院还原之前争议的过程，而非给双方当事人新的机会“整理”案件的事实和理由。买房者这种自行变更理由的行为只会让法院觉得买房者出尔反尔，缺乏诚信。法院最终按照交接单的记载否定了买房者的“两书”要求也是诉讼公平性的体现。

二、买房者何种情形下方可拒绝收房？

抛开买房者所谓的“两书”理由不谈，即便房屋存在质量问题，买房者是否可以基于此拒绝收房呢？

众所周知，房屋作为大宗商品，其占有权益极为重要。只有占有了房屋，才会使得买房者开始享受房屋的使用价值。买房者拒绝收房，会使得买房者失去对房屋的实质占有，导致买房者无法正常使用房屋，如果开发商对此有过错的，所承担的违约责任也是十分高昂的。因此，对于买房者何时可以拒绝收房，法律法规以及商品房销售合同都有明确的规定。《中华人民共和国合同法》第一百四十八条规定：“因标的物质量不符合质量要求，致使不能实现合同目的的，买受人可以拒绝接受标的物或者解除合同。……”本案中，开发商开发的涉案商品房于2012年12月17日通过了竣工验收备案，房屋也符合合同约定的交付条件。即便买房者认为房屋存在质量问题，但是该质量问题并未涉及房屋的户型、主体结构，使用功能并未发生变化，该质量问题的存在不会导致合同目的实现，即不属于根本性违约，买房者不能因为局部的瑕疵就拒绝受领全部标的物，这也是不符合诚信原则的。

由此可以看出，除非房屋存在着涉及主体结构、户型、使用功能方面的严重问题、足以导致买房者无法正常使用房屋或者存在安全隐患的情形外，对于一般的质量问题，买房者不能拒绝交接房屋；即便买房者拒绝受领，法院也不会据此认定开发商存在逾期交付行为。

三、关于合同履行所涉及的诚信原则

《中华人民共和国合同法》第六条规定："当事人行使权利、履行义务应当遵循诚实信用原则。"该原则也是贯穿于所有合同行为的基本原则。在商品房销售合同履行过程中，虽然涉及的各种因素很多，很多情形下任何一方都很难完全按照合同一丝不苟地履行。此时就要求双方都要按照诚信原则来判断对方履行过程中的行为是否存在违约。

归结到本案中，买房者按照双方合同的字面约定要求开发商必须将"大证"提供给买房者"自己"，否则就是违约。但是结合本案的实际可以发现，买房者是委托了中介公司代办产权证书的。即便开发商向买房者提供了"大证"，买房还是要将这些资料转交给中介公司代为办理。所以虽然开发商直接向中介公司提供"大证"的行为看似不符合双方合同的字面意思，但是却不仅没有损害买房者的利益，反而有利于买房者更便捷地办理产权登记，该行为是符合诚信原则的，也符合一般社会经验的认知。相反，对于买房者来说，指责开发商向中介公司提供"三证"的行为不仅忽视了整个办理流程的客观过程，而且是片面对于合同文字的坚持，更像是一种吹毛求疵的行为，当然无法得到法院的支持。

二、商品房面积差导致合同解除的标准

案例 31　卢军彪与杭州云恒置业有限公司商品房预售合同纠纷案

□王启明

关 键 词：面积差；套内使用面积；公摊面积

案件索引：一审案号：浙江省杭州市余杭区人民法院（2013）杭余余民初字第 883 号

二审案号：浙江省杭州市中级人民法院（2014）浙杭民终字第 941 号

判决结果

一审判决：驳回卢军彪的诉讼请求。

二审判决：驳回上诉，维持原判。

案情简介

上诉人（原审原告）：卢军彪

被上诉人（原审被告）：杭州云恒置业有限公司（以下简称"云恒公司"）

2010 年 11 月 17 日，卢军彪、云恒公司签订《浙江省商品房买卖合同》及《补充协议书》各一份。《浙江省商品房买卖合同》约定卢军彪以按揭贷款方式向云恒公司购买位于杭州市余杭区五常街道爱丁郡公寓 11 幢 1 单元 602 室商品房一套，建筑面积共 87.12 平方米，其中套内建筑面积 74.13 平方米，应分摊共有建筑面积 12.99 平方米。合同第六条"面积确认及面积差异处理"中约定：

"合同约定面积与产权登记面积有差异的,以产权登记为准。1. 当事人选择建筑面积作为计价方式时,商品房交付后,产权登记面积与合同约定面积发生差异,双方同意按以下方式处理:(1)面积误差比绝对值在3%以内(含3%)的,据实结算房价款。……"《补充协议书》第三条对合同第六条的补充中规定:"1. 该商品房的合同约定面积系按现行房产测量规范及有关补充文件预测所得,在该商品房交付前,如因政府的相关房产测量规范、文件调整导致合同约定面积与产权登记面积产生差异的,不视为出卖人违约,也不适用本条款之面积差异处理方式,而按产权登记面积据实结算房屋价款;2. 按上述方式进行商品房建筑面积差异处理的,即不存在对商品房建筑面积构成部分套内建筑面积或公摊面积单项差异的处理。……"《补充协议书》第二十一条附则中约定:"在签订本合同(协议)前,出卖人已就本合同(协议)的全部条款,包括涉及免除或减轻出卖人责任、加重买受人责任、排除买受人主要权利等内容的条款,向买受人进行了充分说明,买受人对此并无疑义。补充协议与商品房买卖合同主文不一致的,以补充协议为准。"

2013年4月初,云恒公司以邮政快递方式向卢军彪送达《爱丁郡房屋交付通知书》,通知卢军彪爱丁郡项目将于同年4月10日正式交付,于每天的上午9时至下午4时30分在项目现场办理房屋交接手续。交付当天,卢军彪至项目现场办理房屋交接手续,但发现所购房屋的套内实测面积与合同约定套内面积存在较大的差距。浙江经视、杭州电视台等曾对此事件作了相关的新闻报道,余杭区住建局也于2013年5月29日和2013年7月26日两次作出相关答复意见,主要内容是关于面积测绘的问题,该局通过对测绘单位的资格、测绘成果和使用性、界址点准确性、面积测算依据和方法等内容进行审核,杭州余杭临平同创房产测绘有限公司(以下简称"同创公司")将电梯厅计入套内面积不符合相关规范要求,责令其改正,现改正后的测绘成果已经审核备案。当事人对房产测绘成果有异议的,可以委托国家认可的房产测绘成果鉴定机构鉴定。如认为因预售时获悉的面积与现在实测面积有误差而给其造成损失的,可以通过民事诉讼进行解决。

此后,云恒公司对存在问题进行了整改,但与卢军彪等拒收房业主一直未达成一致的处理意见。

2013年11月8日,卢军彪向法院提起诉讼,请求:1. 判令解除卢军彪与云恒公司签订的《浙江省商品房买卖合同》;2. 本案诉讼费用及评估费用等相关费用由云恒公司承担。

另查明:一、云恒公司在开发销售爱丁郡项目商品房中,委托同创公司进行房屋面积测绘,云恒公司根据同创公司的预测绘数据与购房业主签订商品房买卖合同。项目竣工验收后,同创公司又进行了房屋面积的实测。由于前后二次测绘中对电梯厅面积是否计入套内面积不一致,造成实测套内面积与合同约定的面积差距较大。其中卢军彪所购商品房实测建筑面积为86.61平方米,套内面积为69.15平方米,分摊面积为17.46平方米。二、同创公司在商品房竣工验收后的实测成果已经得到余杭区住建局的确认,并依据该实测成果数据进行了房屋权属登记。

各方观点

上诉人观点:一、一审法院适用法律错误,依法应当改判。根据上诉人与被上诉人签订的商品房预售合同及补充协议,本质上讲是一种格式合同及格式条款,可是一审法院却没有对该合同的性质作出应有的认定,没有依法对该合同采用的格式条款的效力进行审查,导致作出了错误不公平的判决。本案中,上诉人与被上诉人签订《浙江省商品房买卖合同》和《补充协议书》各一份。在这两份协议当中规定了各种各样的格式条款以免除被上诉人的责任,排除上诉人各种重大合法权益,而且皆以是格式条款为由,根本不向上诉人解释各种条款的法律效力,基本上排除了上诉人的所有权益,明显违反公平原则及告知原则。根据《中华人民共和国合同法》第三十九条规定,采用格式条款订立合同的,提供格式条款的一方应当遵循公平原则确定当事人之间的权利和义务,并采取合理的方式提请对方注意免除或者限制其责任的条款,按照对方的要求,对该条款予以说明。格式条款是当事人为了重复使用而预先拟定,并在订立合同时未与对方协商的条款。合同法第四十条规定:格式条款具有本法第五十二条和第五十三条规定情形的,或者提供格式条款一方免除其责任、加重对方责任、排除对方主要权利的,该条款无效。合同法第四十一条规定:对格式条款的理解发生争议的,应当按照通常理解予以解释。对格式条款有两种以上解释的,应当作出不利于提供格式条款一方的解释。格式条款和非格式条款不一致的,应当采用非格式条款。《最高人民法院关于适用〈中华人民共和国合同法〉若干问题的解释(二)》第六条规定:提供格式条款的一方对格式条款中免除或者限制其责任的内容,在合同订立时采用足以引起对方注意的文字、符号、字体等特别标识,并按照对方的要求对该格式条款予以说明的,人民法院应当认定符合合同法第三十九条所称“采取合理的方式”。提供格式条款一方对已尽合理提示及说明义务承担举证责任。该解释第九条规定:提供格式条款的一方当事人违反合同法第三十九条第一款关于提示和说明义务的规定,导致对方没有注意免除或者限制其责任的条款,对方当事人申请撤销该格式条款的,人民法院应当支持。该解释第十条规定:提供格式条款的一方当事人违反合同法第三十九条第一款的规定,并具有合同法第四十条规定的情形之一的,人民法院应当认定该格式条款无效。根据双方签订的《浙江省商品房买卖合同》第六条“面积确认及面积差异处理”中的约定,虽然双方约定以建筑面积作为计价方式,但是,双方签订的《补充协议书》及被上诉人在各种宣传资料及销售过程中,一再强调商品房电梯前室至入户门之间的空间,因具备独占使用的特点,故根据测量规范确定为该商品房套内建筑面积。根据该约定,电梯前室是作为套内使用面积的,但是为了达到排除上诉人权益的目的,被上诉人又设置了大量的条款来排除上诉人的权益:1. 如因政府相关房产测量规范、文件调整导致合同约定面积与产权登记面积产生差异的,不视为出卖人违约,也不适用本条前款之面积差异处理方式,而按产权登记面积据实结算房屋价款;2. 按上述方式进行差异处理的,即不存在对商品房建筑面积构成部分套内建筑面积或公摊面积单项差异的处理。面积差异处理时,无论是返还房价款还是补足房价款均不计算利息;3. 因本合同第十一条规划、设计变更造成面积差异,买受人不退房的,应在出卖人书面通知设计变更之日起的 20 日内与出卖人签订补充协议确认面积;买受人未与出卖人签订补充协议的,本合同继续履行且第三条中约定的建筑面积自动变更为设计变更后的建筑面积;4. 若实测面积或产权登记(指初始登记)面积与合同约定面积误差比绝对值超出且买受人决定退房的,则买受人应当于知道或者应当知道实测面积或产权登记面积之日起 15 日内向出卖人书面提出退房要求并办理相关手续,否则视作不退房,并按合同第五条中约定的不退房条款处理。正是根据这一霸王条款,被上诉人虽然违反了双方约定的电梯前室作为套内使用面积的约定,导致上诉人减少房屋使用面积近五个平方米(占购买房屋的 5% 左右),其仍然认为是正常的调整行为。而实际上,这是一种商业欺诈,这种行为严重损害上诉人合法权益的条款根本不应当生效,应当予以撤销。

一审法院认为,“虽然由于测绘部门在套内面积预测和实测时对电梯厅面积分摊计入不一致,使实测的套内面积比合同约定的套内面积减少较多,但房屋实际建筑面积与合同约定的差异在 3% 以内,不符合原告退房条件……卢军彪以套内面积差异较大为由主张退房,缺乏依据”,这是一种错误的认定。如前所述,首先,双方签订的合同是一种格式合同,对于此类排除上诉人权利的条款是不应当生效的或者应当撤销的。其次,双方对公摊面积、套内使用面积分别进行了约定,说明双方对于套内使用面积、公摊面积是很重视的,是双方权益的重要方面,而一审法院只提到双方约定以建筑面积为计价单位,却故意回避双方对公摊面积和套内面积的约定,这是不公平的。最后,套内面积的大幅度减少,被上诉人严重违反了合同的约定,导致上诉人的权益严重受损,这种情形下,法院不进行调整双方的利益,明显是不公平的。对于被上诉人的这种严重违反合同的行为,即使合同中没有约定处理的方法,但是根据合同法的规定,一方严重违反合同,另一方也是可以要求解除合同的,而一审法院竟然视而不见,这种不尊重法律的行为请求二审法院予以纠正。

被上诉人观点:一、被上诉人开发建设的爱丁郡项目已经于 2013 年 3 月 29 日通过了政府规定的各项验收并取得了竣工验收备案证明,达到了合同约定及法律规定的交付条件。二、被上诉人已经按合同约定向上诉人寄发了交付通知书,通知上诉人前来领房。上诉人未能及时领房的,根据《商品房买卖合同》的约定,视为上诉人已经领房,由此产生的后果和责任由上诉人自行承担。三、上诉人与被上诉人签订的《商品房买卖合同》合法有效,对双方具有约束力:1. 双方均具有完全民事行为能力,其签署的合同当然具有约束力。2. 双方签订的《商品房买卖合同》不存在违反法律行政法规强制性规定的情形。3. 经过多年的宏观调控,房地产市场早已不是卖方市场了,上诉人作为买受人享有选择买或不买,买这里或买那里,以及在买房中对合同条款修订调整的选择权。因此,本案中的《商品房买卖合同》绝非如上诉人所言属于格式条款。四、上诉人要求解除合同并赔偿损失,没有事实及法律依据:关于套内建筑面积的减少。《商品房买卖合同》对面积发生差异是否有权解除合同已经作了明确约定,只有在建筑面积误差绝对值超过 3%,才有权解除合同。本案中,建筑面积误差绝对值并未超过 3%,因此不存在上诉人有权单方解除合同的情形。

法院观点

一审法院认为:本案卢军彪、云恒公司双方争议的问题是云恒公司是否存在构成合同解除的违约情形。关于卢军彪主张的实际套内面积与合同约定不相符的问题,根据《最高人民法院关于审理商品房买卖合同纠纷案件适用法律若干问题的解释》第十四条的规定,出卖人交付使用的房屋套内建筑面积或者建筑面积与商品房买卖合同约定面积不符,合同有约定的,按照约定处理。本案双方当事人在《商品房买卖合同》及《补充协议书》中均约定以建筑面积作为计价方式，合同约定面积与产权登记面积有差异的，以产权登记面积为准，并约定面积发生差异时的处理方式。虽然由于测绘部门在套内面积预测和实测时对电梯厅面积分摊计入不一致，使实测的套内面积比合同约定的套内面积减少较多，但房屋实际建筑面积与合同约定的差异在3%以内，不符合卢军彪退房条件，且房屋的户型、结构也与合同约定相一致。卢军彪以套内面积差异较大为由主张退房，缺乏依据，不予支持。

二审法院认为：（一）关于相关合同条款的效力问题。双方间签订的《补充协议书》确实是根据云恒公司提供的格式样本签订，而卢军彪提出的其中第三、四、五、十八条的内容也的确存在一些对云恒公司更为有利的约定，但这些争议条款本身也尚不足以认定存在免除了云恒公司的责任和排除了卢军彪的主要权利的情形，且《补充协议书》第二十一条附则中也约定："在签订本合同（协议）前，出卖人已就本合同（协议）的全部条款，包括涉及免除或减轻出卖人责任、加重买受人责任、排除买受人主要权利等内容的条款，向买受人进行了充分说明，买受人对此并无疑义。补充协议与商品房买卖合同主文不一致的，以补充协议为准。"现原审法院以双方签订的《商品房买卖合同》及《补充协议书》作为审理依据，作出相应的事实认定，并无不当，故本院对卢军彪的该上诉理由，不予支持。

（二）关于房屋的套内建筑面积减少的问题。本案中，双方在《浙江省商品房买卖合同》第三条中约定："该商品房建筑面积共87.12平方米，其中套内建筑面积74.13平方米，应分摊共有建筑面积12.99平方米。"同时，由于房屋买卖合同标的物的特殊性，最终交付房屋的面积可能会与合同约定的面积存在一定范围内的差异，故双方又在合同第六条（面积确认及面积差异处理）及《补充协议书》第三条中分别作出了："合同约定面积与产权登记面积有差异的，以产权登记为准。1. 当事人选择建筑面积作为计价方式时……"及"2. 按上述方式进行商品房建筑面积差异处理的，即不存在对商品房建筑面积构成部分套内建筑面积或公摊面积单项差异的处理……"等约定。从上述条款的内容分析，其只是房屋买卖合同中房屋出卖人与买受人之间根据我国相关法律法规所采用的通常条款，该些条款主要是针对房屋面积的确认标准、以哪个面积作为价款的结算依据所作出的约定。该些条款本身并不能理解为购房人对房屋套内建筑面积与合同约定不符的情况必须无条件地予以接受。本案中，云恒公司用于交付的房屋在建筑面积上确实符合合同约定的标准，但该房屋套内建筑面积与建筑面积之间的比例则与合同中所体现出的比例存在较大差距。在该《商品房买卖合同》的履行过程中,虽然实际交付房屋的建筑面积通常会与设计建筑面积存在一定差异,但仍应当是在合理的范围内,而房屋建筑面积变化所导致的套内建筑面积的变化同样也应具有合理性。现云恒公司向卢军彪所交付房屋的套内建筑面积与该房屋按合同中约定的套内建筑面积与建筑面积之间的比例计算所得的套内建筑面积明显减少,超出了合理的范围,故云恒公司的行为已构成违约。而对于该违约行为的产生原因。根据已查明的事实,上述违约行为是由于测绘公司前后二次测绘中对电梯厅面积是否计入套内面积做法不一致的原因造成的。而云恒公司准备交付的房屋与合同中约定的房屋在格局上并未发生变化,只是因电梯厅面积是否计入的原因才造成交付房屋的套内建筑面积与建筑面积之间的比例与合同约定的比例存在出入,即云恒公司所交付房屋的户型结构与合同附件房屋平面图中的户型结构还是完全吻合的。

律师点评

根据《最高人民法院关于审理商品房买卖合同纠纷案件适用法律若干问题的解释》第十四条规定:“出卖人交付使用的房屋套内建筑面积或者建筑面积与商品房买卖合同约定面积不符,合同有约定的,按照约定处理;合同没有约定或者约定不明确的,按照以下原则处理:(一)面积误差比绝对值在3%以内(含3%),按照合同约定的价格据实结算,买受人请求解除合同的,不予支持;(二)面积误差比绝对值超出3%,买受人请求解除合同、返还已付购房款及利息的,应予支持。买受人同意继续履行合同,房屋实际面积大于合同约定面积的,面积误差比在3%以内(含3%)部分的房价款由买受人按照约定的价格补足,面积误差比超出3%部分的房价款由出卖人承担,所有权归买受人;房屋实际面积小于合同约定面积的,面积误差比在3%以内(含3%)部分的房价款及利息由出卖人返还买受人,面积误差比超过3%部分的房价款由出卖人双倍返还买受人。”本案中,因为双方签订的《浙江省商品房买卖合同》第六条面积确认及面积差异处理中约定:“合同约定面积与产权登记面积有差异的,以产权登记为准。1. 当事人选择建筑面积作为计价方式时,商品房交付后,产权登记面积与合同约定面积发生差异,双方同意按以下方式处理:(1)面积误差比绝对值在3%以内(含3%)的,据实结算房价款……”双方约定是以建筑面积作为计价方式,而非套内建筑面积。所以,建筑面积的误差比绝对值并未超过3%,不符合《最高人民法院关于审理商品房买卖合同纠纷案件适用法律若干问题的解释》第十四条规定,因此,原告不能解除商品房买卖合同。

三、可变空间的改造是否导致合同解除

案例32 毛朝臣、任燕燕与杭州恒滕房地产开发有限公司商品房预售合同纠纷上诉案

王永皓

关 键 词:可变空间;改造;解除;诚信原则

案件索引:一审:杭州市余杭区人民法院(2015)杭余余民初字第220号
二审:杭州市中级人民法院(2015)浙杭民终字第2028号

裁判结果

一审:驳回原告毛朝臣、任燕燕诉讼请求。

二审:驳回上诉人毛朝臣、任燕燕上诉。

案情简介

上诉人(原审原告):毛朝臣、任燕燕

被上诉人(原审被告):杭州恒滕房地产开发有限公司(以下简称"恒滕公司"或"开发商")

2013年8月27日,毛朝臣、任燕燕与恒滕公司签订《浙江省商品房买卖合同》一份。约定:毛朝臣、任燕燕向恒滕公司购买位于杭州市余杭区余杭街道恒滕悦湖花苑19幢2单元402室商品房;合同总价772629元;交房期限为2014年10月31日前。签订合同时,毛朝臣、任燕燕支付首付款232629元,余款540000元于2013年11月4日交付。

因部分业主提出要求对C户型中的可变空间改造由恒滕公司统一安排,费

用由购买客户自理。恒滕公司与杭州中意物业管理有限公司余杭分公司(以下简称物业公司)协商后,由物业公司委托台州龙翔建设有限公司对相关户型进行了统一改造。原可变空间的北部阳台改造成小房间、赠送面积飘窗部分拆除后改成房间一部分,并在临近电梯井的卧室安装减振隔音板。

2014年10月16日,恒滕公司向毛朝臣、任燕燕发出入住通知书,请毛朝臣、任燕燕于2014年10月29日按期前来办理入住手续。后毛朝臣、任燕燕以实际交付的房子与合同约定不符为由拒绝收房。

2015年2月11日,毛朝臣、任燕燕以恒滕公司违约为由,向法院提起诉讼,请求判令解除双方签订的《浙江省商品房买卖合同》;判令恒滕公司返还毛朝臣、任燕燕所交购房款772629元,并赔付利息损失(自2013年8月28日起至判决给付之日止);按银行同期贷款利率计算判令恒滕公司赔偿毛朝臣、任燕燕其他经济损失15180元;判令恒滕公司负担本案诉讼费用。

2015年4月10日,恒滕公司向杭州杰诺建筑设计有限公司发送咨询函,询问对改造前后的户型是否存在结构的改变,改造后是否对房屋的结构安全及使用功能产生影响。2015年4月16日,该公司回复恒滕公司:认为未发生结构的改变,不会对结构安全产生影响,使用功能没有发生变化。

另查明,恒滕公司在推广销售澜山公馆印制的楼书中,对原北部阳台标注为可变空间,并附有空间改造示意图。

又查明,因近来房价下跌的原因,目前毛朝臣、任燕燕所购房屋区域的房价,均有不同幅度的下行。

各方观点

上诉人毛朝臣、任燕燕观点:一、一审判决明显认定事实错误,适用法律不当。1. 一审判决的思路是因房价下跌,毛朝臣、任燕燕提出解除合同,而恒滕公司改变行为未造成结构型式的改变,对毛朝臣、任燕燕不会有影响,恒滕公司不构成根本性违约。这是法定解除的思路,而毛朝臣、任燕燕是行使合同约定的解除权,根据合同法第九十三条,合同约定的解除合同的条件成就时,解除权人就可以解除合同。2. 一审判决理由,明显不符合法律思维的逻辑,在没有证据支持的情况下,以想当然地推测来确定本案法律事实,甚至于完全采纳恒滕公司的陈述直接作为本案的法律事实。如判决书第5页第2自然段,首句就说:"因部分业主提出要求对89方C户型中的可变空间改造由恒滕公司统一安排,费用由购买客户自理。"这只是恒滕公司自说自话的陈述,没有任何证据能证明,而且与现实情况明显不符。其他认定事实内容,据以确定事实的证据三性就存在问题。3. 对于判决书第 5 页另查明这段,这楼书就是恒滕公司提交的证据三,不需要一审法院另行查明。恒滕公司想通过其提交的证据三和证据七,证明已经向毛朝臣、任燕燕说明告知,而本案恰恰是恒滕公司没有如实告知才导致这场诉讼。按恒滕公司的陈述和证据,其说辞自相矛盾。恒滕公司提交证据七是为了证明“上下两户购买时间是在毛朝臣、任燕燕购买之前,而当时已在改造并签订了房屋改造协议,故毛朝臣、任燕燕是知晓的”。这两户的合同签订时间是 2013 年 8 月 17 日和 8 月 25 日,按其所说,2013 年 8 月已经在改造该阳台位置,但这个时候房屋都还没有建造完成,按其证据里所说,改造是在规划验收通过后,而规划验收时间是 2014 年 10 月 11 日。而实际改造时间也只可能是在竣工验收后,不然无法通过竣工验收。而且,作为楼书,恒滕公司起草的合同补充协议第十二条其他约定中的第一款里说,“本合同签署前有关文件、楼书及其他资料中就《商品房买卖合同》项下商品房及相关设备设施(含建筑区划内公共部分、绿地)所作的表述,与《商品房买卖合同》及其附件规定不一致的,以《商品房买卖合同》及其附件为准,原有表述不视为合同的要约或组成部分。销售宣传资料、户型布置图、精装修示意图、沙盘模型等仅作为参考,不属于合同附件”。4. 一审判决对事实认定明显违背生活常识,“白马非马”,在论述中偷换概念,明显的结构改变硬是说没有发生结构型式改变。如果连建筑结构型式都改变了,整个小区工程都无法通过竣工验收。而且,认定该法律事实的证据三性都存在问题。5. 判决书中对毛朝臣、任燕燕的理由没有任何评价和回应。6. 本案中恒滕公司合同履行过程中行为违法,根据《商品房销售管理办法》第二十四条的规定:“房地产开发企业应当按照批准的规划、设计建设商品房。商品房销售后,房地产开发企业不得擅自变更规划、设计。经规划部门批准的规划变更、设计单位同意的设计变更导致商品房的结构型式、户型、空间尺寸、朝向变化,以及出现合同当事人约定的其他影响商品房质量或者使用功能情形的,房地产开发企业应当在变更确立之日起 10 日内,书面通知买受人。买受人有权在通知到达之日起 15 日内作出是否退房的书面答复。买受人在通知到达之日起 15 日内未作书面答复的,视同接受规划、设计变更以及由此引起的房价款的变更。房地产开发企业未在规定时限内通知买受人的,买受人有权退房;买受人退房的,由房地产开发企业承担违约责任。”虽然这只是违反部门规章,但也是违法行为。而这样的判决实际上就是在鼓励开发商的违法行为。二、相反,毛朝臣、任燕燕要求解除合同有充分的事实与法律依据,应予支持。毛朝臣、任燕燕一审起诉的理由之一是根据涉案合同第十七条和补充协议第六条约定情形,也就是《浙江省实施〈中华人民共和国消费者权益保护法〉办法》第二十八条退房情形,行使约定解除权,要求解除合同。而对此,恒滕公司在诉讼中并没有进行有效的抗辩,一审判决书则完全抛开毛朝臣、任燕燕的主张和辩论意见,另起炉灶,按照法定解除的思路进行审理,而且所依证据不足。1. 根据《浙江省实施〈中华人民共和国消费者权益保护法〉办法》第二十八条第一款第(三)项规定,商品房建筑面积、使用面积、结构、朝向、楼层、交付时间等违反合同约定的,房地产经营者应当根据消费者的要求负责退房,并承担其他民事责任。而且在补充协议第六条第六款也作了进一步的约定。2. 毛朝臣、任燕燕根据涉案合同第十一条规定和《商品房销售管理办法》第二十四条规定,也有权解除合同,要求退房。根据合同第十一条约定,经规划设计单位、规划行政主管部门批准的规划设计变更,出卖人应在批准同意之日起 10 天内,书面通知买受人,否则买受人有权退房。具体情形包括:"该商品房结构型式、户型、空间尺寸、朝向变化。"而按合同及附图所示,房子北面应该有一个非封闭式阳台,现在被封闭了,阳台外原为公共部分的空间被包进来封闭为一个私人使用的小房间,这明显是户型改变了。3. 因为恒滕公司在竣工验收后将原来设计为阳台的位置改造成房间的不规范的做法,增加了实际建筑面积,容积率增加,事实上也改变了关于容积率的规划要求。根据《浙江省实施〈中华人民共和国消费者权益保护法〉办法》第二十八条第一款第(五)项的规定,房地产经营者也应当根据消费者的要求负责退房,并承担其他民事责任。而这条规定已经被合同约定作为合同第十七条的退房情形,毛朝臣、任燕燕完全可以依此行使约定解除合同的权利。三、判决存在的其他问题。1. 判决书记载,本案开庭时间是 2015 年 4 月 1 日,但恒滕公司提交的证据六和七,证据形成时间却在 2015 年 4 月 10 日以后。2. 一审中未保障毛朝臣、任燕燕合法诉讼权利,连恒滕公司提交的证据复印件也没有给毛朝臣、任燕燕一份。3. 减震隔音板问题,恒滕公司也承认设置减震隔音措施是强制性规定,也说明其原来没有做好,现在提交证据说明他已经做好了,而且就订在涉案房屋卧室里,这样奇葩的整改措施,判决书还说,本院认为,对靠近电梯井处应设置减震隔音板予以认定,不知道认定了什么?难道说恒滕公司这样做是对的?综上所述,毛朝臣、任燕燕在一审中是行使合同约定的解除权,而不是法定解除权,案件审理应围绕毛朝臣、任燕燕诉请展开。合同约定解除条件成就,毛朝臣、任燕燕就有权提出解除合同。一审判决明显存在问题,对案件事实认定不合逻辑,明显错误且显失公正,偏袒一方当事人,适用法律错误,请求撤销原判,依法改判支持毛朝臣、任燕燕在一审起诉时提出的所有诉讼请求。综上,判令恒滕公司承担本案一审、二审所有的诉讼费用。

被上诉人恒滕公司观点:一、毛朝臣、任燕燕上诉状通篇充斥着强烈的个人情绪,言语明显过激,且有针对一审法官进行诋毁和人身攻击的言词。希望大家都以事实为依据、以法律为准绳。二、毛朝臣、任燕燕上诉状中列举理由较多,多有重复,就毛朝臣、任燕燕所述的所谓依合同条件解除的情形,恒滕公司列举几个有代表性的进行抗辩:1.“房屋结构型式”之概念,及能否解除合同?毛朝臣、任燕燕多次提出《浙江省实施〈中华人民共和国消费者权益保护法〉办法》第二十八条第一款第(三)项规定:商品房建筑面积、使用面积、结构、朝向、楼层、交付时间等违反合同约定的,房地产经营者应当根据消费者的要求负责退房,并承担其他民事责任。毛朝臣、任燕燕认为“结构”的概念,应包括建筑结构型式和户型结构等多方面的含义。恒滕公司不清楚这多方面的包括出自何处,因为无论从百度搜索还是建筑技术专业书籍中,虽略有差异,但都是认为房屋结构基本包括砖木结构、砖混结构、钢筋混凝土结构和钢结构等几类,从没出现过还包括户型或户型等说法。且作为地方性法规条款中可以退房的一一列举式的适用条件,一般也应作狭义说,怎么能随便作扩大解释?否则肯定会影响合同的稳定性,造成纠纷的大量增加,相信这肯定也不会是立法者的原意。在合同第十一条第一款第(一)项中也明确列举了:该商品房的结构型式、户型、空间尺寸、朝向变化……等,另外《商品房销售管理办法》第二十四条第二款中也明确列举了商品房的结构型式、户型、空间尺寸、朝向变化等情形,可以清晰地表明,结构肯定是不包括户型这个概念的。在恒滕公司一审提交的证据中,无论是作为房屋原设计单位浙江省工业设计研究院还是恒滕公司特意咨询请教的杭州杰诺建筑设计有限公司,两者作为设计的专业机构,对争议部位的结构均作出不影响、未改变的结论。一审法院据此作出认定,认为未对结构安全产生影响,改造对毛朝臣、任燕燕的使用并不会产生实质性影响,该浙江省地方性法规第二十八条不适用于本案的情形,不能退房,完全是合理合法、有理有据的。2.“使用功能”有否影响?能否达到解除条件?毛朝臣、任燕燕依据合同第十一条规定和原建设部规章《商品房销售管理办法》第二十四条要求退房,但该《商品房销售管理办法》一来没有在合同中引用;二来是部门规章,不能作为法律依据。那么依据合同第十一条是如何规定呢?该条规定:“经规划设计单位同意、规划行政主管部门批准的规划设计变更,导致下列情形(一般为影响到买受人所购商品房质量或使用功能等）之一的，出卖人应当在有关部门批准同意之日起10日内，书面通知买受人，(1)该商品房的结构型式、户型、空间尺寸、朝向变化……出卖人未在规定时限内通知买受人的，买受人有权退房，等等。”请注意，在该条中明确说明，如果出现所述情形，只有在影响到买受人所购商品房质量或使用功能情况下，买受人才能有权退房。该商品房首先验收合格，设计单位也认为结构安全没影响，质量方面没有问题；其次在使用功能方面，相关建筑设计公司也认为使用功能没有发生变化，相反，该可变空间略加改装后，实际增加了使用面积，使用功能和作用更多样化，对于绝大多数买受人都是好事，而毛朝臣、任燕燕却吹毛求疵，为达到解除合同的目的，对自身有利之处视而不见，却抓住小瑕疵不放。实际上，恒滕公司在推广销售该房屋楼盘时印制的楼书中，早已对原北部阳台标注为可变空间了，且附有空间改造示意图，对此情形，毛朝臣、任燕燕不可能不知晓。另外，恒滕公司委托的售房机构杭州合创房地产营销策划有限公司在所有客户购房时均会对阳台改造事宜进行告知说明，在毛朝臣、任燕燕签订购房合同时，其上下层两户502室和302室在其之前就已签订了购房合同和阳台改造协议，后签订合同的毛朝臣、任燕燕在购买时对房屋交付时的情形客观上也早已知晓。因此，依据合同第十一条，在商品房质量或使用功能没有影响的情况下，即使出现如户型变化的情形，买受人也无权退房。另外，需要特别指出一点，在《商品房买卖合同》的附件八补充协议中，第八条第一款明确写明：合同第十一条第一款规定的“使用功能”仅指本合同第三条约定的该商品房用途；补充协议第十二条第三款说明补充协议与商品房合同主文不一致的，以补充协议为准。而合同第三条约定的用途为“住宅”，也就是说，只要商品房未违反“住宅”这一用途，均为对使用功能无影响，这一约定理应对双方有效，据此，毛朝臣、任燕燕无权退房，一审法院的认定为正确的。3.“容积率”问题及能否解除合同？毛朝臣、任燕燕单方面认为北部阳台改造后，增加了实际建筑面积，容积率增加了，依据合同第十七条欲行使解约权。但并未举证证明增加了多少建筑面积，容积率又增加了多少，属举证不能。而实际情况是，该改造实际增加了用户使用面积，但建筑面积因为有一套严格的计算方法，依据国家标准《建筑工程建筑面积计算规范》(GB/T 50353—2005)中3.0.18条规定，建筑物的阳台建筑面积均应按其水平投影面积的1/2计算，并不区分封闭和非封闭阳台。也就是说，无论阳台封闭和非封闭，建筑面积都按水平投影面积的1/2计算，所以该商品房改造即使封闭了阳台，对建筑面积的计算根本是没有影响的，自然对容积率也没有影响，毛朝臣、任燕燕所依据的合同第十七条的退房情形或者是《浙江省实施〈中华人民共和国消费者权益保护法〉办法》第二十八条第一款第(五)项的规定均不能适用,无权退房。三、综上所述,一审法院的判决认定完全依据合同条件是否达到解除条件进行了充分的事实和法理上的论述,并从而得出毛朝臣、任燕燕未达到解除合同的条件,并不是毛朝臣、任燕燕所说的是在论述法定解除权的问题。在此商品房买卖中,恒滕公司最多就是在交付时有瑕疵,但远未达到根本性违约的程度,毛朝臣、任燕燕为此不能拒绝收房。如一审法院所述,在毛朝臣、任燕燕收房后,其完全可以向恒滕公司主张"瑕疵赔偿损失",其权利救济手段仍旧存在,但如果一有小瑕疵就动辄以解除合同相应对,则合同的稳定性、严肃性何在?与我国民法原则的尽量维护交易有效性也不符。因此,请求驳回上诉,维持原判。

法院观点

毛朝臣、任燕燕与恒滕公司签订的《商品房买卖合同》系双方当事人真实的意思表示,内容并不违反法律的强制性规定,故合同应属有效。双方当事人均应按合同的约定履行各自的义务。本案所涉房屋恒滕公司已在2014年10月24日通过竣工验收备案,符合交付条件。但恒滕公司将讼争房屋北部阳台改成小房间并拆除飘窗;该行为虽是依据恒滕公司在楼书中已对该阳台标注为可变空间,且附有空间改造示意图;并根据部分业主的要求,对该户型房屋进行统一改造,该房屋也未发生结构改变,不会对结构安全产生影响,使用功能亦没有发生变化。但与双方所签订的合同不符,改建也未征得毛朝臣、任燕燕同意。因此,毛朝臣、任燕燕在恒滕公司通知收房后,有权要求恒滕公司进行整改等方式来解决。但毛朝臣、任燕燕在没有要求恒滕公司整改,恒滕公司也没有表示拒绝整改的情况下,径行要求解除双方签订的《商品房买卖合同》,原审法院未予支持并无不当。毛朝臣、任燕燕的上诉理由依据不足、不能成立、本院不予采纳。原审判决认定事实清楚,适用法律和实体处理正确。

律师点评

本案涉及的是商品房"可变空间"改造的问题。由于受到相关国家及地方的法规及政策的约束,以及考虑到群众购买力的局限,市场主要的住宅户型面积以90平方米为主。开发商为了体现差异化竞争,增加商品房的性价比,往往会采用设置设备阳台(平台)等方式来减小商品房户型的建筑面积,满足不大于

90平方米的客观要求;另外,该部分结构很多会被开发商标注为"可变空间",在房屋竣工验收后由开发商或者业主自行改造为房间,增加房屋的使用面积和实用性。

客观上讲,这种做法既提升了房屋的实用性和竞争性,又增加了房屋的使用面积,无论是对开发商还是业主,都是有好处的。但是这种改造还是要遵循业主的个人意愿,无论出发点和动机多么好,开发商也不能代替业主作出决定,更不能将这一后果强加到业主头上。否则就难免出现个别的争议,甚至导致诉讼的产生,反而"吃力不讨好"。下面是笔者结合法律规定和司法实践情况,从以下几个方面对本案进行的法律分析。

一、房屋户型的正确标注

作为商品房建设开发这种需严格审批的行业,无论是在土地的规划、建设、施工以及户型的确定、测绘等环节都有相关的审批和严格的要求。就本案而言,商品房户型的设计也是在签订该商品房预售合同前就已经确定了。而客户获知这种设计的最直接的方式就是查看开发商的楼书或者广告。现在有些开发商在广告中仅仅提供户型的示意图或者效果图,所标注的文字也与设计方案有差异。到了交房时客户看到现房必然会提出质疑,从而产生纠纷。这种做法实质上侵害了交易对象的知情权。因这种未充分告知或者未妥善标注的行为导致承担赔偿责任的例子不胜枚举。

本案中,开发商在这个问题上的做法值得借鉴。尽管开发商在楼书中提供的也是户型效果图,但是将北部阳台的情况予以了特别标注,写明为"可变空间",并附有改造示意图,应该说这种标注方式已经可以充分地提示和告知业主房屋的真实情况。此时,如果业主再以不知情为由主张相关权利的话,就很难得到法庭的认同和支持。

二、改造的要求

本案中的核心焦点之一就是开发商未经通知或者协商就实施改造的行为是否正当。虽然从开发商提供的证据中可以看出,很多业主都是主动要求开发商在交房时一并对可变空间以及房屋的其他部分进行改造;而通过改造和加装减震隔音板等措施的确也能够有效地给业主带来实惠,但是需要指出的是,这一切均应当按照业主的个人意愿进行。业主要求或者同意改造的,应当和开发商签订协议,开发商方可改造;否则无论出发点多么正当、改造后效果多么完美,开发商都无权代表业主擅自作出决定。而且,这种改造的决定应当是业主独立作出的,即便该楼其他业主同意改造,只要其中有一户不同意,那么开发商就无权对该户进行擅自改造。本案中,开发商未经业主同意,就擅自替业主进行了改造,客观上侵害了业主的选择权和对于房屋的事实处分权,显然是违约或者侵权行为。

从现实的情况来看,这种"好心办坏事"的情况还是比较常见的。笔者建议开发商在遇到此类问题时,应当充分尊重业主的选择权,充分征询业主意见。如果达不成一致意见,就应当搁置改造等进度。如果要施工,前提必须是要求业主签署同意书或者协议。千万不要为了区区改造施工费,而自说自话,擅自动工,那样有可能给开发商带来更大的损失。

三、法律后果及诚信原则的适用

在本案中,改造行为未经业主同意,客观上改变了房屋的内部形态,构成了违约或者侵权的后果,这是比较明确的。但是为什么两级法院都没有支持原告的退房要求呢?这里就涉及发生违约或者侵权后受害一方应当如何主张权利的问题。

我国合同法第一百零七条规定:"当事人一方不履行合同义务或者履行合同义务不符合约定的,应当承担继续履行、采取补救措施或者赔偿损失等违约责任。"按照该法条,一方在履行合同时违约的,应当采取各种补救手段来弥补违约所带来的后果,这其中首选的行为就应当是继续履行合同。因为合同系双方当事人的约定,履行合同必然是双方当事人都愿意看到的情形。因此,尽可能地保障合同履行必然符合双方当事人最大利益。除非当事人有明确的约定,否则只有因为违约行为的影响导致继续履行已经不可能或者履行成本过高或者合同目的无法实现等根本性因素出现时,法律上才会赋予当事人解除合同的权利。

本案中,虽然开发商有违约行为,但是该行为显然可以通过整改的方式来纠正,无非就是多费些功夫,将改造好的房间和设施恢复原样即可,不会影响房屋今后的正常使用,不会影响原告购房的合同目的。对于耽误的时间完全可以通过经济补偿的方式来处理。原告对于改造后的房屋不满但是不通过要求整改的方式来经济地处理该纠纷,反而直接起诉要求解除,显然是"醉翁之意不在酒"。

另外,合同法第六条也规定:"当事人行使权利、履行义务应当遵循诚实信用原则。"原告这种动辄解除合同的做法,显然已经违背了诚信地行使权利的基本要求,因此两级法院对于原告不合理的诉请不予支持也是合情合法的。

四、房屋质量瑕疵与合同解除条件

案例 33 连志宏与海墅房地产开发(杭州)有限公司商品房预售合同纠纷案

□ 王启明

关 键 词:质量问题;解除合同

案件索引:一审案号:杭州市滨江区人民法院(2015)杭滨民初字第 1182 号
二审案号:杭州市中级人民法院(2015)浙杭民终字第 3440 号

判决结果

一审判决:驳回连志宏的诉讼请求。

二审判决:驳回上诉,维持原判。

案情简介

上诉人(原审原告):连志宏

被上诉人(原审被告):海墅房地产开发(杭州)有限公司(以下简称"海墅公司")

2013 年 5 月 22 日,连志宏与海墅公司签订《商品房买卖合同》一份,购买海墅公司开发的御江苑 4 幢 1 单元 4502 室商品房,合同签订后连志宏付清了全部购房款 9966302 元,海墅公司于 2013 年 12 月 26 日向连志宏寄发了《房屋交付通知书》。2014 年 1 月 15 日,连志宏到海墅公司御江苑小区办理了《房屋交接书》和《交房流转单》,连志宏在验房过程中发现该商品房房顶渗漏、瓷砖大面积空鼓、阳台积水、卫生间排水不畅、部分墙角渗水地板霉变等质量问题,连志宏将房屋钥匙暂放物业处，要求物业整改完成后再通知连志宏，海墅公司承诺及时整改、维修。后海墅公司于2014年3月31日前取得了涉案房屋《房屋所有权证》和《土地使用权证》，但因双方沟通不畅未能在合同约定时间内办理商品房转移登记，连志宏至今也未入住。现连志宏起诉至原审法院，请求判令：1. 解除连志宏、海墅公司于2013年5月22日签订的《商品房买卖合同》；2. 海墅公司支付自2013年4月1日起至实际退还房价款日止的违约金（其中计算至起诉日为419400元）；3. 本案诉讼费用由海墅公司承担。

各方观点

上诉人连志宏的观点：2013年5月22日，连志宏与海墅公司签订《商品房买卖合同》一份，购买海墅公司开发的御江苑4幢1单元4502室商品房，并就商品房情况、面积、价款、付款方式、违约责任等作了约定，合同签订后，连志宏付清了全部购房款9966302元（后双方于2014年1月15日交验前进行了结算、面积补差等，连志宏共向海墅公司支付4502室商品房房款9985731.03元）。2013年12月26日，海墅公司发来《房屋交付通知书》，2014年1月15日连志宏到海墅公司御江苑小区按海墅公司要求在房屋交验前付清了物业维修基金16369.60元、燃气开通费800元等费用。2014年1月15日，在海墅公司工作人员、上海世茂南京物业服务有限公司御江苑服务中心工作人员陪同下验房，验房过程中发现该商品房房顶多处渗漏、多处瓷砖大面积空鼓、阳台积水、卫生间排水不畅、部分墙角渗水地板霉变等质量问题，严重影响居住使用，海墅公司承诺及时整改、维修并通知连志宏。之后，海墅公司既没有整改维修完成的回复，也没有整改维修合格的报告，反而是连志宏多次主动联系询问整改维修结果，并联系海墅公司御江苑维保部、世茂物业要求约好时间上门验房，但发现之前的问题仍然存在或未整改维修至合格。直至2015年2月11日海墅公司御江苑维保部、世茂物业，称已整改维修，连志宏再次上门验房，但仍然发现了大面积墙体空鼓、卫生间地面不平、排水不畅、部分墙角渗水、地板变色、墙纸脱落、门窗存在质量问题、阳台结构改变等问题，之前几次验房发现并由海墅公司、世茂物业承诺整改维修的质量问题，仍然大范围存在（详见验房过程中海墅公司御江苑维保部、世茂物业御江苑服务中心工作人员签署的《房屋验收交接单》等）。该商品房因上述质量问题至今未整改维修完毕，部分整改维修仍未合格，房屋未交付，钥匙至今未交接给连志宏，连志宏至今也未能入住。连志宏在此过程中，还发现购买的4幢1单元4502室商品房阳台位置结构发生变化，原来设计空缺的区块不知在什么时间被浇筑了地面,原有的护栏被拆除,而且也未安装任何安全设施。海墅公司在双方合同签订后,没有履行《商品房买卖合同》第十六条"关于产权登记的约定",至今也没有将办理商品房转移登记所需的土地、房屋权属证书交付连志宏。连志宏认为:一、海墅公司应严格履行合同义务,海墅公司在《商品房买卖合同》履行过程中,出售的商品房不符合交付使用条件;二、海墅公司未按合同约定提供办理商品房转移登记所需的土地、房屋权属证书等,已违反合同约定。依据《商品房买卖合同》的约定及相关法律法规规定,连志宏有权要求解除合同,海墅公司应承担违约责任。一审判决认定了部分事实,但在综合认定及判决结果上存在错误。综上所述,请求:1. 撤销杭州市滨江区人民法院(2015)杭滨民初字第1182号民事判决书;2. 解除连志宏、海墅公司于2013年5月22日签订的《商品房买卖合同》;3. 本案一、二审诉讼费用由海墅公司承担。

被上诉人海墅公司观点:第一,被上诉人向上诉人交付的涉案商品房符合国家规定及合同约定的品质,可以正常使用。上诉人购买的御江苑住宅项目,于2013年11月22日完成竣工验收,12月25日完成竣工验收备案,被上诉人认为该项目的工程质量设计要求装修规格等均符合国家规定的标准及合同约定的标准,并通过竣工验收,可以进行交付并完全满足上诉人居住使用的要求。第二,被上诉人依约履行交付房屋的义务,上诉人已收房,依据双方签订的商品房买卖合同第九条,被上诉人通知上诉人于2013年12月21日进行收房,上诉人于2014年1月15日前来办理交接手续并办理手续,被上诉人依约履行瑕疵担保义务。第三,从客观事实角度来说,被上诉人向上诉人交付的商品房,装修部分存在小的瑕疵,已经按照上诉人的要求整改完毕,被上诉人与上诉人办理完毕交房手续后,由物业陪同,上诉人提出整改要求,作为物业部门对上诉人的要求进行如实记载,经被上诉人物业、工程、维保部门统一汇总核实后对房屋内部确实存在的瑕疵进行维修整改,维修完成后通知上诉人验收,鉴于上诉人并未在国内生活,被上诉人已将整改材料整理附在证据中。第四,即使被上诉人在装修中存在小的瑕疵,并不影响上诉人的居住使用,被上诉人不构成违约,上诉人无合同解除权,依据双方签的商品房买卖合同,即使存在小的瑕疵,被上诉人按照国家规定完成竣工验收,被上诉人提出的房屋存在的问题,房屋地板划伤、墙面开裂等,均不影响上诉人的居住使用,被上诉人已承担瑕疵担保义务,并且该问题已全部整改完毕,因此上诉人以此为由要求解除合同没有事实依据。另外,被上诉人交付的房屋上诉人并未居住使用,上诉人提出的因房屋质量问题不能居住使用没有事实依据。综上所述，上诉人的诉讼请求没有事实与法律依据，请求法院驳回诉讼请求。

法院观点

一审法院认为：一、连志宏、海墅公司于2013年5月22日签订的《商品房买卖合同》系双方自愿协商订立，符合法律规定，应为有效。依照双方在合同中约定的交房及产权登记的期限，海墅公司应在房屋交付使用之日起90日内办理权属登记，由海墅公司提供资料报产权登记机关备案。实际履行中，海墅公司虽然在连志宏付清房款后即取得涉案房屋《房屋所有权证》和《土地使用权证》，但海墅公司仍有及时通知连志宏交付两证的义务。与此同时，连志宏也应当在约定时间内积极配合办理商品房转移登记。故因双方沟通不畅而未及时办理登记，连志宏、海墅公司双方均应对此承担责任，而不应究责于一方。因此，本案中未及时办理商品房转移登记不属于合同中连志宏（买受方）有权解除合同的情形。二、因涉案房屋房顶渗漏、瓷砖空鼓、阳台积水、卫生间排水不畅、部分墙角渗水地板霉变等质量问题而产生的纠纷，因并不涉及房屋主体结构质量，也并未因质量问题严重影响正常居住使用，根据《最高人民法院关于审理商品房买卖合同纠纷案件适用法律若干问题的解释》（以下简称《商品房买卖合同解释》）第十二条、第十三条，亦不属于可以解除合同的情形。三、根据《商品房买卖合同解释》及连志宏的诉讼请求，本案的焦点及所要解决的问题是连志宏、海墅公司双方签订的商品房买卖合同是否符合解除条件，连志宏可否主张解除合同，故因涉案房屋房顶渗漏、瓷砖空鼓、阳台积水、卫生间排水不畅、部分墙角渗水地板霉变等质量问题以及因阳台结构位置发生变化所产生的纠纷不属于本案处理范围，连志宏可另行主张权利。综上所述，依照《中华人民共和国民事诉讼法》第六十四条的规定，判决驳回连志宏的全部诉讼请求。案件受理费7592元，减半收取3796元，由连志宏负担。

二审法院认为：二审人民法院应当围绕当事人的上诉请求进行审理，当事人没有提出请求的，不予审理。本案连志宏上诉主张海墅公司在履行合同过程中存在以下违约行为：1. 出售的商品房不符合交付使用条件；2. 未提供办理商品房转移登记所需的土地、房屋权属证书。海墅公司的违约行为导致连志宏有权解除合同。针对连志宏的主张，本院作以下评述：一、关于涉案房屋所存在质量瑕疵是否导致合同解除的问题。虽然连志宏在交接验收涉案房屋过程中，发现房屋存在一定装修质量问题，但是这些问题并不涉及房屋主体结构质量问题,也未严重影响正常居住使用。故连志宏以此为由主张解除合同,理由不成立。二、关于海墅公司未提供办理商品房转移登记所需的土地、房屋权属证书的问题。虽然海墅公司未提供证据证明其已经在2014年3月31日前通知连志宏领取土地、房屋权属证书,但是海墅公司在2014年3月28日已取得涉案房屋的所有权证,表明在合同约定日期前其客观上完全能够交付权属证书。结合此前连志宏在验房过程中发现房屋存在装修质量问题,双方关于维修问题沟通不畅的事实,本院有理由相信海墅公司未在约定日期起90日内向连志宏交付权属证书系因双方当事人沟通不畅而引起,而非合同所约定的客观上不能交付权属证书,故连志宏以此为由主张其享有合同解除权,理由也不成立。

律师点评

根据《最高人民法院关于审理商品房买卖合同纠纷案件适用法律若干问题的解释》第十三条规定:"因房屋质量问题严重影响正常居住使用,买受人请求解除合同和赔偿损失的,应予支持。交付使用的房屋存在质量问题,在保修期内,出卖人应当承担修复责任;……修复费用及修复期间造成的其他损失由出卖人承担。"又根据《中华人民共和国建筑法》,商品房质量瑕疵严重程度达到"不符合质量要求,致使不能实现合同目的"须符合下列情形:一、工程未经验收或验收不合格;二、因房屋主体结构质量不合格不能交付使用或者房屋交付使用后,房屋主体结构质量经核验确属不合格;三、因房屋质量问题严重影响正常居住使用;四、房屋存在其他《商品房买卖合同》约定的构成根本性违约的质量瑕疵。国务院《城市房地产开发经营管理条例》第三十二条规定:"商品房交付使用后,购买人认为主体结构质量不合格的,可以向工程质量监督单位申请重新核验。经核验,确属主体结构质量不合格的,购买人有权退房;给购买人造成损失的,房地产开发企业应当依法承担赔偿责任。"原建设部《商品房销售管理办法》第三十五条亦有类似的规定。最高法院《商品房买卖合同司法解释》第十二条也明确规定,"因房屋主体结构质量不合格不能交付使用,或者房屋交付使用后,房屋主体结构质量经核验确属不合格,买受人请求解除合同和赔偿损失的,应予支持"。

可见,对于因房屋主体结构和地基基础工程不合格而引起的房屋质量问题,法律赋予了买受人合同解除权和出卖人的损害赔偿责任,并且区分了质量问题及严重质量问题所导致的不同结果。对于其他房屋质量问题,法律和行政法规只规定了出卖人在保修期内的保修责任,并未赋予买受人以合同法定解除权。

根据笔者收集的案例来看，法官在认定买受人能否以房屋质量问题取得合同解除权时，一般都以房屋主体结构是否存在质量问题来判断。具体到裁判文书中，法官往往采用的两步推论法，一是判断房屋质量问题是否属于主体结构问题或者该质量问题对房屋的主体结构是否会产生影响，产生多大程度的影响；二是判断该质量问题能否得到修复，如果是非主体结构质量问题，或者该质量问题并不影响主体结构的安全时，只要该质量问题在理论上经过维修能够解决时，往往以没有达到“严重”影响房屋正常居住使用程度为由不支持买受人的解除合同请求。

本案中，该商品房项目于2013年11月22日完成竣工验收，12月25日完成竣工验收备案，交付的商品房符合国家规定的标准及合同约定的标准，也完全满足上诉人居住使用的要求。不存在房屋主体结构质量问题。且2013年12月21日，被上诉人已经依据合同第九条的约定履行了通知交房的义务，虽被上诉人向上诉人交付的商品房存在部分瑕疵，但该瑕疵不影响上诉人的居住使用，属于售后维修义务范畴。截至起诉之日，被上诉人也已经完全履行了修复义务，因此上诉人不能依此要求解除《商品房买卖合同》。

笔者认为，要达到“严重”影响居住使用应从以下三方面考虑：1. 是否危害居住及人身安全。2. 维修的次数。修订前的消费者权益保护法第四十五条规定，商品在保修期内两次修理仍不能正常使用的，经营者应当负责更换或者退货。浙江省《实施〈中华人民共和国消费者权益保护法〉办法》第二十九条规定，在保修期限内，发生地基下沉、房屋倾斜、墙体开裂等严重质量问题的，或者屋面、墙面、地面等部位发生质量问题经两次修理仍不能正常使用的，经营者应当根据消费者的要求按本办法第二十八条第三款规定负责退房并赔偿损失。这是我国目前关于房屋维修次数的最直接的规定。但是，基于维护经济稳定发展的角度，法官在作出判断时往往从严考虑，在维修次数上会以更低的标准要求开发商。3. 房屋的附加值与房屋价值相当的舒适程度与配套设施环境也是正常居住使用的标准，严重低于此标准也应认定为严重影响居住使用。

五、违规改造导致售房合同解除的情形

案例34 金倩与浙江德信金沙置业有限公司商品房预售合同纠纷上诉案

□王永皓

关键词：违反规划；改造；解除

案件索引：一审案号：杭州市经济技术开发区人民法院（2013）杭经开民初字第1035号

二审案号：杭州市中级人民法院（2014）浙杭民终字第964号

判决结果

一审：驳回原告金倩诉讼请求。

二审：驳回上诉人金倩诉讼请求。

案情简介

上诉人（原审原告）：金倩

被上诉人（原审被告）：浙江德信金沙置业有限公司（以下简称"德信公司"或"开发商"）

2010年4月4日，金倩、德信公司签订《商品房买卖合同》一份，合同编号2010预1063461，约定：金倩向德信公司购买位于杭州经济技术开发区早城4幢1单元104室商品房，该房建筑面积112.81平方米，属框剪结构，设计用途为一般住宅，层高为2.8米，房屋价款人民币2227998元，付款方式为签订合同之日支付首付款677998元，剩余房款1550000元办理商业按揭贷款，德信公司应于

2012年10月31日前向金倩交房。合同中还约定：本住宅小区1幢、4幢地下室（储藏室）及下沉式庭院的所有权归出卖人所有，使用权归1幢、4幢一层买受人专用，其他业主对此放弃使用权。合同签订当日，案外人陈立波以转账的方式为金倩向德信公司支付了涉案房屋首付款677998元。2010年4月7日，金倩与杭州联合农村合作银行四季青支行签订个人购房担保借款合同，合同约定金倩向该行贷款1550000元，用于购买涉案商品房，贷款期限为360个月，自2010年4月7日起至2040年4月6日止。2012年10月16日，德信公司通知金倩交房。2012年10月21日，金倩发函德信公司要求退房。同月24日，德信公司回函金倩认为金倩要求退房缺乏事实和合同依据，德信公司不予接受，请金倩继续履行合同。

涉案杭州经济技术开发区早城4幢商品房，于2009年8月开工建造，于2012年9月13日竣工验收合格。2012年7月20日，金倩曾向德信公司提交“早城4-1-104业主关于通风、排水的调整申请”，申请德信公司调整该套房屋地下室排水及通风事宜，使地下室能够满足厨房的使用功能。2012年10月德信公司向金倩交房时，该房屋一楼与地下室间开有洞口。

金倩起诉请求判令：一、解除金倩、德信公司双方于2010年4月4日签订的《商品房买卖合同》（2010预1063461）；二、德信公司退还金倩购房款2227998元；三、德信公司按已付购房款的5%支付违约金111399.9元；四、德信公司赔偿金倩损失561074.53元（包括金倩已支付的银行按揭贷款利息274274.53元、金倩应支付的首付款借款利息283800元、公证费3000元。已支付的银行按揭贷款利息暂计算至2013年11月20日，之后至实际退还购房款之日的利息仍按银行同期按揭贷款利率计算；应支付首付款借款利息暂计算至2013年11月4日，之后至实际退还购房款之日的利息仍按月利率计算）。

各方观点

上诉人金倩观点：一、一审判决认定事实错误，本案被上诉人提供的房屋竣工验收合格资料与涉案房屋交付时现状不一致。一审判决书在第7页第二自然段中称：“另查明，涉案杭州经济技术开发区早城4幢商品房，于2009年8月开工建造，于2012年9月13日竣工验收合格。”该认定是错误的。理由是：1. 被上诉人所提供给法院验收合格的早城4幢商品房（具体涉案房号为早城4幢1单元104室），该幢虽于2012年9月13日竣工验收合格，但这仅仅表明涉案房屋在2012年9月13日这个时点是符合规划、具备交付条件的；2. 被上诉人实际通知交房的时间为2012年10月16日，此时被上诉人已经将2012年9月

13日通过竣工验收的房屋进行了涉及主体结构的变更,该变更未通过任何审批和验收,变更后的涉案房屋不再符合规划和验收条件,更不再具备交付条件;3. 被上诉人为什么会在2012年9月13日之后将通过竣工验收的房屋进行重大变更?这是因为:①涉案房屋原规划设计一层为单独套房,地下室为存放公共排污管道的公摊地下室,即:一层房屋与地下室不连通,更非跃层结构;②被上诉人想把地下室当成商品房销售掉,于是在向上诉人售房时即承诺房屋为跃层结构,以地下室的名义赠与、实际上在一层房屋上加价的方式销售给了上诉人;③涉案房屋要想做成跃层结构,必须将一层房屋和地下室上下连通,这除了在一层开洞之外,别无他法;④基于此,被上诉人才会在2012年9月13日之后将通过竣工验收房屋一层客厅走廊处开了一个面积约为1.5平方米的大洞。这样,形式上既逃避了政府相关验收部门的监管,又符合了和上诉人关于房型结构的约定。但是一个事实无法改变,被上诉人将通过竣工验收的房屋进行了重大改造,改造后的房屋未经任何审批和验收,不再符合当初的竣工验收条件,也不再符合时下的交付条件。但这仅仅是被上诉人为应对房地产开发主管部门备案的法定验收资料。事实上被上诉人交付上诉人的涉案房屋,与该幢验收合格并备案给下沙区规划局的图纸不相符,也与双方所签订的购房买卖合同的图纸不相符(合同与规划图纸一致)。换言之,上诉人的涉案房屋与被上诉人提供的竣工验收合格的涉案房屋并不相同,即:本案被上诉人通过竣工验收的房屋并不是实际交付给上诉人的涉案房屋,而是被其改建过的、并未通过竣工验收的涉案房屋,不具备交付条件。二、一审判决关于上诉人以购房合同目的不能实现为由要求解除合同,缺乏事实和法律依据的认定完全错误。理由如下:1. 上诉人与被上诉人双方在商品房预售合同签订之时约定了上诉人所购买的涉案房产即为跃层结构。理由为:①根据双方签订的《商品房买卖合同》第十九条第五项第(六)目约定:涉案房屋的地下室归上诉人专用:地下室"专用"即表明所购买的房屋结构为跃层(一套住宅占两个楼层,有内部入口联系上下层),若按被上诉人所说非跃层,则其地下室因没有任何入口而无法使用,显然不符合购房合同中所述"专用"的约定;②从房屋的交付现状可以证实:事实上,被上诉人实际建造的、于2012年10月交房时交付的涉诉房屋已是跃层式结构,只不过是非法跃层、违章建筑,故被上诉人负有向上诉人交付合法跃层结构房屋的义务。2. 被上诉人在与上诉人签订买卖合同之初(地下室归买受人专用的跃层结构)即存在不诚信的违规行为。理由是:①上诉人提供的买卖合同图纸和涉案房屋在规划局备案的图纸,明确标识涉案房屋地面为全封闭、无上下连接的口子,但被上诉人在向上诉人售房和签订买卖合同时均明确涉诉房屋可做跃层使用,真实交房的现状有连接地下室的口子,也系跃层结构。即:合同、规划与事实、被上诉人的承诺均不一致;②被上诉人在签订合同时就以违规谋取非法利益为目的,将公建配套(地下室)赠送并加价在销售合同中,实为变相销售。被上诉人的这种行为使得上诉人购买合法跃层房屋的合同目的自始至终都不能实现。3. 被上诉人现欲交付的跃层结构房屋(带地下室)未通过竣工验收,更不具备交付条件。4. 因被上诉人不能按买卖合同要约的内容交付合法的跃层结构房屋(上下两层必须符合政府审批的规划图纸要求),致使上诉人签订房屋买卖合同的目的不能实现的事实清楚、法律依据充分,故依照合同法第九十四条第(四)项之规定,上诉人应享有解除合同的权利。三、上诉人还享有依约解除合同的权利,对此,一审判决未作任何认定和评述,造成判决结果错误。理由为:1. 被上诉人欲交付的涉案房屋是被其改建过的违章建筑,不具备交付条件;2. 被上诉人欲交付的涉案房屋与双方合同约定不符;3. 被上诉人欲交付的涉案房屋内存有大量公共设施,从居住的基本条件、公共设施的维护和安全考虑,根本无法用于私人居住;4. 被上诉人至今未能依约交付合法房屋,视为逾期交房。根据双方签订的《商品房买卖合同》第十条规定:被上诉人逾期交房超过 90 日,上诉人有权解除合同。请求撤销一审判决,支持上诉人的一审诉讼请求。

被上诉人德信公司观点:一、一审法院认定事实清楚,适用法律正确,被上诉人交付的涉案房屋符合合同约定和法律规定,上诉人要求解除合同缺乏事实和法律依据。(一)被上诉人交付的涉案房屋符合合同约定和法律规定。上诉人诉称一审法院对"涉案房屋于 2012 年 9 月 13 日竣工验收合格"的认定错误显然与事实不符,一审法院对相应事实的认定符合客观实际和法律规定。根据被上诉人提供的《竣工验收备案表》显示竣工验收日期为 2012 年 9 月 13 日,该竣工验收备案表已取得相关建设工程主管部门同意备案。根据《中华人民共和国建筑法》《建设工程质量管理条例》等相关法律法规,竣工验收通过备案能证明工程竣工验收合格,且竣工验收同意备案的前置程序是取得规划、公安消防、环保等部门出具的认可文件或准许使用文件。因此,一审法院认定"涉案房屋于 2012 年 9 月 13 日竣工验收合格"符合客观实际和法律,并且根据《商品房买卖合同》第九条规定,被上诉人交付的涉案房屋亦符合合同约定的条件。(二)双方签订的《商品房买卖合同》合法有效且被上诉人已经充分履行合同义务,上诉人要求解除合同缺乏事实和法律依据。1. 双方签订的《商品房买卖合同》是双方的真实意愿并未违反我国法律强制性规定。2. 被上诉人在《商品房买卖合同》约定房屋交付期限之前即2012年10月31日前已经通知上诉人交房,且上诉人亦收到交房通知并到了交付现场。根据《商品房买卖合同》第十二条约定,被上诉人已经履行《商品房买卖合同》中约定的交付义务。3. 被上诉人所交付的房屋已经通过竣工验收,并符合合同约定的条件。因此,上诉人适用《商品房买卖合同》第十条逾期交房超过90日解除合同缺乏事实和法律依据。二、上诉人在上诉状的多处表述均颠倒黑白,没有事实和法律依据。(一)上诉人称其所购买的涉案房产为跃层结构没有事实和法律依据。首先,双方签订的《商品房买卖合同》合同条款均未出现涉案房产为跃层结构的内容;其次,根据《商品房买卖合同》第三条约定(……该商品房合同约定建筑面积共112.81平方米……)能明确上诉人所购房屋所有权对应面积仅为地上一层共112.81平方米,并不包括地下室,因此上诉人所购买的房屋并非其所述的跃层性质;最后,根据《商品房买卖合同》中第十九条第五款第(六)项约定:"本住宅小区1幢、4幢地下室(储藏室)及下沉式庭院的所有权归出卖人所有,使用权归1幢、4幢一层买受人专用,其他业主对此放弃使用权。"故双方达成房屋买卖合同关系时明确约定地下室为储藏室用途,且上诉人仅享有地下室的使用权,而非所有权,上诉人对一储藏室用途的地下室享有专用的使用权就认为涉案房产为跃层性质显然也不符合客观事实和合同约定。(二)上诉人认为房屋现状的存在是被上诉人过错显然颠倒黑白,涉案房屋现状实际上系根据上诉人的委托申请进行房屋改造形成,被上诉人受托行为的后果应由上诉人承担。1. 上诉人称所购涉案房产一楼与地下室之间存有洞口是由于被上诉人想将地下室当成商品房加价销售导致,显然颠倒黑白,涉案房屋所有权对应面积仅为地上一层共112.81平方米,并不包括地下室,上诉人对地下室仅享有使用权,上述内容已由合同明确约定。杭州市房价遵循一房一价原则,房产价格由买卖双方依据房屋的具体因素综合考虑协商议价,涉案房产所达的房屋价格是双方自愿形成的合意,因此涉案房产一楼与地下室之间存有洞口与房屋销售价格并无关联。2. 涉案房产一楼与地下室之间存有洞口的原因系根据上诉人委托申请进行房屋改造而成。根据被上诉人提供的《早城4-1-104业主关于通风、排水的调整申请》,该申请为上诉人在2012年7月、8月,即在合同约定房屋交付日期之前向被上诉人提出,表示其因居住需要,预备将地下室北面改造为厨房,为此希望被上诉人考虑对4-1-104室地下室进行调整改造,以便满足其对地下室通风和排水等需求。被上诉人接受了上诉人的房屋改造委托后,为完成受托工作,综合考虑了施工可行条件、上诉人在改造及装修期间的通行需要以及以后装修将搭设楼梯的需要后，即对涉案房产1楼的玄关处（靠近上诉人准备做厨房用途的地下室北面空间）开设了通风口。3. 涉案房产并非违章建筑。根据被上诉人提供的《竣工验收备案表》，涉案房产已经通过合法验收。涉案房产地下室顶板的洞口是基于双方当事人之间的房屋改造委托关系，洞口的改造行为发生在房屋建造完成并通过验收合格之后，系为满足业主对所购房屋的装修改造需要才实施，因此根本无须办理只有在房屋建造过程中才需办理的规划变更手续。4. 上诉人基于其委托行为造成的后果而引用商品房买卖合同纠纷中的退房条件要求解除合同无事实和法律依据。被上诉人和上诉人之间存在两个独立的法律关系：一是商品房买卖合同关系；二是房屋改造委托代理关系。被上诉人所建房屋已通过各项验收，为具备完备交付条件的合法房屋，且被上诉人已经按照合同约定的时间和要求通知交付房屋，上诉人无权拒收。被上诉人又依据房屋改造委托代理关系对上诉人所购涉案房屋进行装修改造，在一楼和地下室开有洞口，被上诉人实施受托行为所形成的房屋现状和后果应由上诉人作为委托人承担。现上诉人基于对被上诉人受托行为的不满而引用商品房买卖合同纠纷中的退房条件要求退房无事实和法律依据，也违反了民法的诚实信用原则。一审法院认定事实清楚，适用法律正确，上诉人要求解除合同无事实与法律依据，请求驳回上诉人的诉讼请求。

法院观点

本院认为，金倩与德信公司所签订的商品房买卖合同系双方真实意思表示，合法有效，双方均应按约全面履行各自的义务。本案合同是否应予解除，应结合双方的合同约定及履行情况，审查是否具有法定解除或约定解除的情形。关于法定解除权，金倩主张双方约定金倩所购买的涉案房产为跃层结构，德信公司交付的是未经竣工验收的非合法跃层，导致其合同目的不能实现，本院认为，双方签订的合同明确约定“该商品房建筑面积共112.81平方米”“本住宅小区1幢、4幢地下室（储藏室）及下沉式庭院的所有权归出卖人所有，使用权归1幢、4幢一层买受人专用”，且该购房合同还附有所购房产平面图，故金倩主张其所购买的涉案房屋为跃层结构与合同约定不符。德信公司将2012年9月13日通过竣工验收的房屋进行变更，在德信公司通知金倩收房时，一楼和地下室之间存在洞口，该变更未经过规划重新验收通过，是否能够认定金倩购房合同目的不能实现，本院认为根据金倩的申请，德信公司在涉案房屋的一层和地下室之间开洞,该行为虽有违规划要求,但不足以导致购房合同目的不能实现。综上所述,本案不存在《中华人民共和国合同法》第九十四条规定的法定解除情形。关于约定解除权,金倩主张德信公司逾期交房超过90日,其享有合同约定解除权,本院认为德信公司在房屋建造完成并通过竣工验收合格之后,于2012年10月16日通知金倩交房,而同月21日,金倩发函德信公司要求退房,因此是金倩拒绝收房,金倩以德信公司逾期交房为由要求解除合同,缺乏事实和法律依据,本院不予支持。

律师点评

高层、小高层是目前大城市商业住宅的常见形式。对于客户而言,在面对高层住宅时,一般都喜欢选择较高层次的房屋,而鲜有问津底层的住宅。开发商为了更好地推销底层的房屋,往往会通过赠予额外空间的方式作为房屋的卖点。在开发商销售这些房屋时,销售顾问往往还会进一步夸大其词。例如,本案中,明明是下沉式庭院、储藏室等空间,却被开发商的销售顾问称为"跃层"房屋,价格也明显超过了其他层次的同类房屋,但是这种宣传显然是不足取的。若购房者一旦对于交付的房屋不满,就很容易产生受骗上当的想法,并以此为由提出解约,造成纠纷。不过另一方面,此类解约的要求是否能够得到法院的支持,还是要看具体的情形。以下笔者就从几个方面出发,对本案涉及的问题进行分析和探讨。

一、商品房买卖合同的根本目的

商品房买卖,本质上是为了使得买房者获得商品房的所有权并就该商品房占有、使用、收益为目的的法律行为。《商品房买卖合同》就是完成该产权交易过程的法律文书,也是商品房销售的载体。对于商品房这一类的不动产,其产权变更也好、实际使用也好,必须依法进行登记。这一登记行为本身就已经对于商品房的面积、使用范围等进行了明确的规范。即便是预售房屋,买房者也会从开发商提供的户型图、平面图等资料中清楚地得知所购房屋的具体面积、户型和范围。

本案中,虽然开发商在销售时对购房者称该房屋是"跃层",但是在预售合同中还是将该房屋标注为正常的层高,在平面图中也标注了房屋的面积和范围。开发商所宣传的下沉式庭院等均未包含在内。作为购房者,通过这些资料应该能够充分地了解到房屋的面积和使用范围。另外,购买房屋对正常人来说是一笔非常巨大、而且影响今后十余年生活的重要投资,必然是慎之又慎;更何况在预售房屋时,购房者是看不到房屋的实际情况的,那么就更加会对房屋的具体细节进行询问和查看,也会更加仔细地阅读相关图纸等资料。

按照双方合同——“该商品房建筑面积共 112.81 平方米”“本住宅小区 1 幢、4 幢地下室(储藏室)及下沉式庭院的所有权归出卖人所有,使用权归 1 幢、4 幢一层买受人专用”等约定,作为购房者的上诉人在签订该房屋的预售合同时就应当知道本案所涉的房屋并非跃层,同时也应当知道下沉式庭院、地下储藏室等均是开发商利用该房屋的公建配套区域改建的,并非属于购房者的专有部分,其对于这些区域更不具有专属的产权,仅有使用权。既然这些额外的区域原本就属于公建配套区域,那么在这些区域内必然存在着管道等公共设施。

总而言之,购房者在购买该房屋时对于下沉式庭院、储藏室等区域应当有一定的了解,在双方的合同中又明确对此进行了约定,更加可以作为开发商对于该部分区域性质已经作了充分告知的佐证。购房者在房屋交付后,又以这些区域存在管道等公共设施为由提出解约,显然是难以得到法院的认同和支持的。

二、开发商的违规改造行为的法律责任

本案中上诉人一方另一个观点是认为开发商在其房屋和地下储藏室之间的楼板上开了一个洞,该行为未经规划部门同意,属于违规改造,由此造成该房屋不符合竣工交付条件,致使上诉人签订房屋买卖合同的目的不能实现,由此上诉人应当有权解除该合同。

从法院查明的事实来看,开发商在“开洞”前的确未经规划部门批准变更设计,“开洞”行为完成后也未向规划部门申请重新竣工验收,该行为的确是违反了规划要求和相关规划的法律法规。但是,该行为的违规并不表示上诉人就有权解除该合同。

上诉人提出的理由是该“开洞”行为使得房屋不符合竣工条件,从而导致其购房的合同目的不能实现。这种说法在本案中显然是过于夸张了,有些牵强。

一方面,根据双方提供的证据和法院查明的事实,该“开洞”行为本身是上诉人一方主动提出,开发商才实施的。也就是说,上诉人对于“开洞”一事不仅仅是明知的,更是认可的。就算该行为未经规划审批通过,也不能将全部的责任归结到开发商一方的身上。上诉人据此认为其合同目的不能实现并要求解除合同的做法显然有违诚信。

另一方面,即便认为开发商作为专业的房产开发单位应当对于“开洞”行为是否合法承担主要责任的话,那么目前该“开洞”的后果也不当然造成购房者合同目的的落空。从事实上看,目前所谓的违规行为仅仅限于在地板上开了一个大约 1.5 平方米的洞口而已,如果购房者对此不满,完全可以要求开发商填补,不会影响到购房者对于整体房屋的正常使用。从这个角度上看,购房者以如此小的瑕疵作为理由否定整个房屋交易,明显超越了比例原则,更是对于其合同权利的滥用。

当然,前面提到开发商作为专业的房产开发单位应当对于"开洞"行为有更加明确的认知和判断,而不能简单地以客户申请等作为搪塞的借口。即便是客户申请在先,开发商也应当主动告知客户由此可能带来的法律后果和责任。如果客户后期对该行为不满或者相关职能部门要求整改的,开发商应当无条件地恢复原状。如果开发商以客户申请为由试图免责的,笔者认为至少应当提供客户同意开发商免除赔偿责任的豁免书方可予以考虑。而且该豁免书应当满足一定的形式及实质条件,豁免书以书面形式签订,开发商还应举证证明开发商已经对客户就该豁免书中的内容进行了充分的告知和解释;该豁免书同时不应具有合同法所规定的格式条款无效等的法律情形等,此种情形均满足的,该豁免书方可认定有效。否则,开发商应赔偿由此给客户带来的实际损失(例如,房屋在施工期间无法正常使用所带来的损失等)。

六、规划设计变更能否解除合同

案例35　吴正力与浙江保利房地产开发有限公司商品房预售合同纠纷案

□ 王启明

关 键 词：规划变更　设计变更

案件索引：一审法院：杭州经济技术开发区人民法院(2015)杭经开民初字第1185号

二审法院：杭州市中级人民法院民事判决书(2015)浙杭民终字第3851号

判决结果

一审：驳回吴正力的诉讼请求。

二审：驳回上诉，维持原判。

案情简介

上诉人(原审原告)：吴正力

被上诉人(原审被告)：浙江保利房地产开发有限公司(以下简称"保利公司")

2011年7月3日，吴正力与保利公司签订《商品房买卖合同》一份，约定吴正力购买杭州经济技术开发区保利天地中心6幢2507室(商务办公室)；该商品房建筑面积共71.25平方米，其中，套内面积50.95平方米，单价为每平方米13028.29元，总价款928266元；买受人选择分期付款方式支付，应于签署合同之日支付总房款30%计278480元，应于2012年6月30日前支付总房款的20%计185653元，应于2012年12月30日前支付总房款的30%计278480元，应于2013年6月30日支付剩余房款185653元；若买受人未付清全部购房款的，出卖人可将交房时间延长至买受人付清全部购房款之日。合同第十一条规划设计变更的约定中，双方约定经规划设计单位同意、规划行政主管部门批准的规划设计变更，导致该商品房结构型式、户型、空间尺寸、朝向变化的，出卖人应当在有关部门批准同意之日起10日内，书面通知买受人；买受人有权在通知到达之日起15日内作出是否退房的书面答复，未按期作出书面答复的，视同接受变更；出卖人未在规定时限内通知买受人的，买受人有权退房。同日，双方还签订了《保利天地中心委托装修管理协议》，吴正力同意委托保利公司对其购买的保利天地中心6幢2507室房屋进行装修管理；吴正力同意按照装修设计平面图（详见附件一）对房屋进行装修施工，装修后的户型布局及使用功能，吴正力已认可且没有异议；保利公司按照双方确认的装修设计平面图进行施工而改变该商品房原结构型式、户型、空间尺寸等或使用功能的，保利公司无须通知吴正力，变更后的结果由吴正力承担。吴正力在装修设计平面图上签字确认。

2011年7月3日，吴正力支付涉案房屋首期购房款278480元。2013年8月16日，杭州市规划局（杭州市测绘与地理信息局）就涉案房屋建设项目出具《浙江省建设工程规划核实确认书》。2013年8月27日，涉案房屋所在楼盘通过竣工验收并备案。2015年7月底，吴正力现场查看涉案房屋，发现涉案房屋某房间一角多了一根柱子，与房屋毛坯结构图不相符，遂委托律师分别于2015年7月30日、8月7日向保利公司发送律师函，但均未成功送达。

一审法院于2015年11月11日到现场勘验，证实吴正力所述涉案房屋某房间内的柱子系排烟管道。

现吴正力起诉至原审法院，请求判令：一、解除吴正力与保利公司于2011年7月3日签订的《商品房买卖合同》；二、保利公司返还首期购房款278480元；三、保利公司支付自2011年7月4日起占用首期购房款的利息81400元（以278480元为基数按日万分之二暂计算至2015年8月1日，要求计算至实际支付之日）；四、本案诉讼费用由保利公司承担。

各方观点

上诉人（吴正力）观点：一、双方签订的《商品房买卖合同》附件一图纸上清楚显示，二楼房间内是没有柱子的，只有房间外阳台上有个柱子。然而标的房屋二楼房间内实实在在地存在一根柱子。一审法院所查明的事实"保利公司按照双方确认的装修设计平面图进行施工而改变该商品房原结构型式、户型、空间尺寸等或使用功能的,保利公司无须通知吴正力,变更后的结构由吴正力承担"前提就是错误的,一审法院于2015年11月11日组织双方进行现场勘验,证实此柱子为从一楼通至三十三楼天台的一根柱子。且现场双方亦明确该柱子并非装修形成,而是房屋毛坯时就已经存在的一根柱子。二、吴正力提供的样板房照片亦显示,二楼房间内是不存在柱子的,与双方所签订的《商品房买卖合同》附件一所确认的图纸一致,但实际标的房屋却与保利公司所展示的样板房不符。根据《商品房销售管理办法》第三十一条规定,"房地产开发企业销售商品房时设置样板房的,应当说明实际交付的商品房质量、设备及装修与样板房是否一致,未作说明的,实际交付的商品房应当与样板房一致"。保利公司交付的标的房屋应当与样板房一致,且必须符合《商品房买卖合同》所确定的结构、户型。三、吴正力与保利公司签订的《保利天地中心委托装修管理协议》中的图纸上明确注明:"本图仅为室内装修格局示意,设计外立面及其他均以保利天地中心商品房买卖合同户型销售白图及实际现场交付为准。"因此,标的房屋的结构、户型图纸必须以《商品房买卖合同》中所确定的图纸为准。一审法院完全不予考虑此因素是错误的。最后,一审法院在2015年11月11日组织双方进行现场勘验时,吴正力曾提出,该柱子若为装修所产生的,那么该柱子必然可以拆除。但保利公司明确答复,"此柱子为楼下住户的排烟道,此排烟道从一楼直通三十三楼天台,不可拆除"。所以此柱子系装修前就已经形成的,并且此柱子已经造成房屋的结构、户型的变化。根据《商品房买卖合同》第十一条约定,其有权解除本合同。一审法院错误地认定此柱子为装修形成,涉案柱子的实际形成时间及种种不合理的情形并未考虑,一审认定的事实明显与实际情况不符。

被上诉人(保利公司)观点:涉案房屋主体结构并未进行变更,吴正力所述涉案房屋内增加的柱子系排烟道管并非柱子。并不存在规划设计变更等情况,实属装修装饰的内容。应按照双方签订的《保利天地中心委托装修管理协议》的内容履行。

法院观点

一审法院认为:吴正力与保利公司签订的《商品房买卖合同》及《保利天地中心委托装修管理协议》系双方真实意思表示,对双方当事人均具有约束力,双方均应按照合同约定全面履行各自的义务。吴正力向保利公司购买的房屋系精装修房屋,保利公司按照双方确认的装修施工图纸进行施工并无不当,且吴正力所述涉案房屋内增加的柱子确为排烟管道,吴正力主张涉案房屋主体结构变更缺乏相应的依据,故该院对吴正力的诉请不予支持。

二审法院认为:本案吴正力主张讼争房间内的排烟管道属于规划设计变更,保利公司未向其履行通知义务,其有权依据《商品房买卖合同》第十一条的规定要求解除合同。本院经审查认为,首先,《商品房买卖合同》第十一条规定买受人有权解除合同的情形是指经规划设计单位同意、规划行政主管部门批准的规划设计变更,导致商品房结构型式、户型、空间尺寸、朝向变化。现无证据证明讼争房屋内的排烟管道设计属于经规划行政主管部门批准的规划设计变更,故《商品房买卖合同》第十一条的规定在本案中不能适用。其次,吴正力在与保利公司签订《商品房买卖合同》的同日又签订了《委托装修管理协议》,而《委托装修管理协议》附图中涉案房屋房间内有方格标识,讼争房间内的现有结构与装修设计平面图一致,讼争房间内的排烟管道设计应视为买卖双方当事人的合意。至于讼争房间内的排烟管道具体形成时间,鉴于规划部门验收时讼争房屋内没有排烟管道,吴正力主张排烟管道系在毛坯房时已经建好与现有证据不符,本院不予采纳。综上所述,吴正力的上诉理由不成立,原审法院事实认定基本清楚,法律适用正确,实体处理结果并无不当。

律师点评

《商品房销售管理办法》第二十四条规定:“房地产开发企业应当按照批准的规划、设计建设商品房。商品房销售后,房地产开发企业不得擅自变更规划、设计。

经规划部门批准的规划变更、设计单位同意的设计变更导致商品房的结构型式、户型、空间尺寸、朝向变化,以及出现合同当事人约定的其他影响商品房质量或者使用功能情形的,房地产开发企业应当在变更确立之日起 10 日内,书面通知买受人。

买受人有权在通知到达之日起 15 日内做出是否退房的书面答复。买受人在通知到达之日起 15 日内未做书面答复的,视同接受规划、设计变更以及由此引起的房价款的变更。房地产开发企业未在规定时限内通知买受人的,买受人有权退房;买受人退房的,由房地产开发企业承担违约责任。”

根据法律及合同的规定:上述条款适用的前提是“经规划部门批准的规划变更、设计单位同意的设计变更”,结果要导致“结构型式、户型、空间尺寸、朝向变化”。《最高人民法院关于审理商品房买卖合同纠纷案件适用法律若干问题的解释》对“规划设计变更”是这样解释的:所谓“规划”是针对住宅小区整体的,而“设计”则是针对单体建筑、单元乃至房间的。

本案中,第一,涉案房屋不存在需要“规划主管部门批准”的规划设计变更。根据《杭州市建设工程规划许可证批后修改操作细则》,只有细则中列明必须批准同意的调整内容才需规划部门批准,其他调整不属于规划设计变更、更无须规划部门批准。事实上,本案中涉案的柱子经查证属于排烟管道,鉴于规划部门验收时讼争房屋内没有排烟管道,应为被上诉人保利公司事后添加。即本案中不存在规划设计变更,涉案房屋竣工后早已通过规划部门的规划验收、早已取得《建设工程规划核实确认书》,而且也通过了消防验收、交警验收、质监验收、环保验收等所有行政部门审批手续,早已取得《竣工验收备案表》,具备房屋交付的所有法定条件和约定条件。第二,涉案房屋更不存在“房屋结构型式、户型、空间尺寸、朝向变化”。所以涉案房屋既不存在“规划主管部门批准”的规划设计变更,更不存在“房屋结构型式、户型、空间尺寸、朝向变化”,不符合《商品房买卖合同》约定的解约条件,上诉人无权解约。

且上诉人与被上诉人在签订《商品房预售合同》之时一并签订了《保利天地中心委托装修管理协议》,上诉人同意委托保利公司对其购买的保利天地中心6幢2507室房屋进行装修管理;同意按照装修设计平面图(详见附件一)对房屋进行装修施工,装修后的户型布局及使用功能,上诉人已认可且没有异议;保利公司按照双方确认的装修设计平面图进行施工而改变该商品房原结构型式、户型、空间尺寸等,或改变使用功能的,保利公司无须通知上诉人,变更后的结果由上诉人承担。上诉人在装修设计平面图上签字确认。而装修设计平面图(即附件一)上对该排烟管道的位置有方格标志,即交付的商品房与装修设计图相一致,被上诉人已严格按照双方合同约定交付了精装房屋,不存在违约情形。所以上诉人无权解除合同。

房屋的规划、设计变更是否属于法定的四种解除情形是很容易判断的,难以判断、易引起争议的主要是约定情形。实践中有些情形虽未在商品房买卖合同中以条款形式加以明确,但也存在可以被认定退房的可能性。

《最高人民法院关于审理商品房买卖合同纠纷案件适用法律若干问题的解释》第三条规定:“商品房的销售广告和宣传资料为要约邀请,但是出卖人就商品房开发规划范围内的房屋及相关设施所作的说明和允诺具体确定,并对商品房买卖合同的订立以及房屋价格的确定有重大影响的,应当视为要约。该说明和允诺即使未载入商品房买卖合同，亦应当视为合同内容，当事人违反的，应当承担违约责任。”从上述规定可知，虽然购房者在购买房屋时看重的某些条件未被写进合同条款中，但如果该条件出现在开发商的销售广告和宣传资料中，且其内容具体明确、对购房者是否购买房屋有重大影响，那就可以被视为合同内容的一部分，购房者可以据此要求开发商承担违约责任。